教科书里没有的宋史

The Untold History of Song beyond Textbook

李之亮 著

图书在版编目（CIP）数据

教科书里没有的宋史 / 李之亮著 . -- 南京 : 江苏凤凰文艺出版社 , 2022.1
ISBN 978-7-5594-6119-3

Ⅰ . ①教… Ⅱ . ①李… Ⅲ . ①中国历史 – 宋代 – 通俗读物 Ⅳ . ① K244.09

中国版本图书馆 CIP 数据核字 (2021) 第 142520 号

教科书里没有的宋史

李之亮　著

责任编辑　白　涵

责任印制　刘　巍

出版发行　江苏凤凰文艺出版社

南京市中央路 165 号，邮编：210009

网　　址　http://www.jswenyi.com

印　　刷　三河市金泰源印务有限公司

开　　本　710mm × 1000mm 1/16

印　　张　19

字　　数　250 千字

版　　次　2022 年 1 月第 1 版

印　　次　2022 年 1 月第 1 次印刷

书　　号　ISBN 978 - 7 - 5594 - 6119 - 3

定　　价　68.00 元

前　言

北宋和南宋加起来一共319年（960—1279），是中国封建时期延续时间最长的朝代之一，也是创造中世纪高度文明（包括精神文明和物质文明）的一个朝代。那三百多年，给后人留下了很多动人的故事，很多美丽的诗词文章。然而这些仅仅是表象，宋朝留给后人最宝贵的财富，应当是以人为本、民命至上的民生理念。

我对宋朝文化感兴趣，最初是从十几岁时迷恋宋词开始的。我读完了《水浒传》《说岳全传》等不少描写宋朝的小说，甚至在老师的指点下认真读完了万树的《词律》。感谢《词律》，它让我品咂到一千年前的宋朝人在想什么，在做什么。我喜欢文科，如果文科大学不办了，我宁可不上大学。我曾对朋友说过："如果以后还办文科大学，那我肯定要上。"20世纪70年代，这话无异于痴人说梦。谁知沧海桑田，1978年，痴人的梦呓居然成了现实，于是我考进了文科大学，考进了中文系。中断了十二年的文学梦、宋朝梦，竟如鸾胶续弦一样地接续上了。从那一刻直到今天，我没日没夜地在古代文化的大野中俯拾、开掘、劳作、拓展、甄别、收获，在浩瀚无垠的古代文化中，我还是回到少年时的起点，最终选择了宋朝。没有人强迫我，也没有人引导我。

我这样选择是有道理的，因为几十年读书的感悟，如同一直待在影院里看电影：先秦，两汉，六朝，隋唐，两宋，元明清，一部接一部，整个儿看了一遍，最后觉得最不血腥、最有人情味儿、最拿人当人的朝代，莫过于两宋。

陈桥兵变，赵匡胤建立了宋朝，这件事几乎没人不知道。然而在很多情况下，人们一提起陈桥兵变，总会鄙夷地说："赵匡胤是个大野心家、大阴谋家。"大概是由于赵匡胤夺权的手段不太"光彩"，于是乎导致后人对整个宋朝的轻蔑。什么积贫积弱啦，民不聊生啦，奸臣横行啦，官逼民反啦，一言以蔽之，似乎除了宋词和欧阳修等人的散文，再加上杨家将、包公、岳飞几个英雄模范人物之外，其余一无是处。如果我们能把"陈桥兵变"放在历史的大背景下冷静分析一下，或许会使这种偏见减少许多，甚至整个翻转过来。也就是说，赵匡胤的历史功绩是不容忽视的。没错儿，赵匡胤确实有野心，没有野心的人怎么可能当开国皇帝？他的确是夺了后周柴氏的天下，但这一次的改朝换代，结束了自中唐以来一百多年愈演愈烈的、毫无人性可言的野蛮杀戮，使国家重归于统一，为后来宋朝创造无比辉煌的中古文明奠定了基础。换句话说，如果没有那次"黄袍加身"的嬗变，中国封建社会能否出现一个最讲人权、最重民命的仁治时代，还要打个大大的问号儿呢。

正因为宋朝是个非常仁义的朝代，我才会把大半生的精力投入到这个朝代的研究和分析中来。因为我不喜欢血腥，我不会让自己置身于晋朝、南北朝、元朝、明朝那样非理性的泥淖朝代而无力自拔。

从死人堆里爬出来的赵匡胤深深懂得，如果再重复军阀攻杀的老路，他的宋朝绝不可能长治久安，说不定十年八年又要改朝换代了。他更懂得，受尽苦难的华夏子民多么盼望有一位发政施仁的君主结束战争，让他们过上正常人的生活。他尤其懂得，华夏民族要想强大起来，绝不仅仅表现在哪个军阀征服了哪个军阀，而一定要实现民族的统一，要统一就要行仁义，要行仁义，就要认真听取孟子那句"民为贵，社稷次之，君为轻"的殷殷教导，领会"不嗜杀人者能一之”的千古名言。在这样的理念驱动下，赵匡胤为他的子孙后代设计了一整套以人为本的约束和制度，好在他的子孙们在这一点上还算孝顺，十几代帝王相传，基本上没有太大的背离。综观有宋一代，诬杀的人比任何一个朝代都要少得多：被大众熟悉的，无非是靖康年间的陈东、欧阳澈，南宋初年的岳飞父子等。这和明朝一个冤案就杀数万人相比，哪家仁义哪家残暴，还用细细比对吗？

我对复原宋朝历史一向有种冲动，很早以前就想写点东西，把我了解到的宋朝讲给别人听。但因工作的繁忙和知识的欠缺，一直没有动笔。直到2003年，我才把酝酿了数年之久的长篇小说《赵宋王朝》写作付诸实施。这部小说初步打算写十卷，800万字。目前全书的前八部已经出版，最后两部也将很快面世。我想让爱好宋朝历史和文化的朋友读到一个相对完整、相对真实、充满喜怒哀乐的宋朝。

十几年前，中华书局宋志军先生和我联系，想让我把大众读者关心的一些宋朝典故和隐藏在教科书背后的故事写一写，也可与已经出版的几部《赵宋王朝》相得益彰。的确，很多朋友喜爱宋朝文史，却无暇或没有途径去阅读那些古奥艰涩的史书，更多的人是通过小说、戏曲、评书、电视剧等通俗文艺作品接触那段历史岁月的。遗憾的是，其中虚假的成分太多，违反史实的杜撰俯拾皆是，又由于年代久远，难以理解的历史概念、制度和现象也不在少数，更有些读者希望了解除了小说、戏文之外更真实、更详细的宋史——人们早已不满足于《水浒传》《说岳全传》那几本小说了。再说明白点，志军先生是想让我把小说戏文中的谬误纠正过来，把人们有些了解又了解得尚不深透的事件真相揭示出来，把宋朝名人的性情和生活细节勾画出来，把“宋押司”“武都头”“提刑官”之类人们耳熟能详却又不明就里的概念解释清楚。一言以蔽之，让读者读了这本小书之后，能够比较轻松又比较准确地把积在脑子里的模糊印象尽可能地澄清，从而渐渐复原那个遥远时代的真实面貌。

这个付托使我产生了一种使命感，我深知现在戏说惑众的东西太多，而且大有愈演愈烈之势。元明清时期，文人戏说还只局限在几个草台班子中间，流毒未广。如今则不然，很多胡说歪批堂而皇之地向数以亿计的读者和观众肆意倾倒，致使很多年轻朋友误以为那就是历史真相，这实在是民族文化的一大悲哀。大概就是因为这点儿使命感，我接受了这项任务，并下决心尽可能把这件事做好。

最后补充说明几句。这本小书最早于2010年1月由中华书局出版，如今十余年过去，出版人刘玉浦先生找到我，希望我能对原书中的错误做些修订，并补充一些内容之后再版印行。我很感谢刘先生对这本小书的不弃，同时还要对为此付出很多心血的宋志军先生说一声感谢，如果没有他当初的精心指导和修改，就不可能有今天的继续印行。不过，我自知尽管读了大半辈子宋朝书，也未必能把那三百多年的历史事件、人物故事及制度风物了解透彻，只有边学边做，即便这次修订再版，也很难说清还存有多少不妥之处。书中如有谬误，诚恳希望读者不吝批评指教。

李之亮

2021年1月

目录

故事人物

德宫贤妃。靖康之变，她作为俘虏跟随徽、钦二帝北行到了金国。建炎改元那一年（1127），被高宗赵构遥尊为宣和皇后。

063 / 赵普是个啥人物

提到宋朝的宰相，人们最先想到的可能是王安石、司马光，也可能是秦桧，想起“赵普”这个名字的恐怕不会太多。其实此人才是宋朝最值得关注的一个人物：如果说赵匡胤是宋朝开锣大戏的制片人，那么赵普则是这出戏的总策划、总导演和头牌大腕儿；如果说创建宋朝这项超级大工程的总分为十分，赵匡胤充其量只能占到一半儿，剩下的五分精彩，大部分都应该归到赵普的名下，这么说一点儿都不算夸张。

072 / 赵匡胤的两个“担儿挑”

“担儿挑”是个北方民间常用的一个俗语，意思是指同门女婿。本文要说的是：宋朝开国皇帝赵匡胤和大家很熟悉的名臣寇准，还有大家不太熟悉的武将王德用所尊的，竟然是同一位老丈人。乍听这话，您是不是觉得有点儿耸人听闻，很不靠谱？这三个同门婿，一个是大宋朝的开国皇帝，一个是太宗、真宗时期的大臣，还有一个是真宗、仁宗时期的大将军，这都挨得上边儿吗？耐心看完下面这些叙述，您很有可能会发出感慨：不看不知道，世界真奇妙。

077 / 王诜不是神宗的驸马

《水浒传》第二回里说高俅经“小苏学士”介绍，来到驸马王晋卿府里做了亲随，并由此得路青云。关于王晋卿，书里是这么说的：“这太尉乃是哲宗皇帝妹夫，神宗皇帝的驸马。”按照这种说法，王晋卿的夫人应该是神宗皇帝的女儿。其实不然，真实的王晋卿夫人是神宗的同胞妹妹，作者施耐庵把人家降低了整整一辈儿。

083 / 欧阳修两受诬谤始末

欧阳修历来被誉为宋代文坛的“旗手”，一生创作了大量优秀的散文和诗词，像“醉翁之意不在酒”（《醉翁亭记》）；“百忧感其心，万事劳其形”（《秋声赋》）；“百啭千声随意移，山花红紫树高低。始知锁向金笼听，不及林间自在啼”（《画眉鸟》）；“平山阑槛倚晴空，山色有无中”（《朝中措》）；“离愁渐远渐无穷，迢迢不断如春水”（《踏莎行》）等佳作，至今传唱不衰。俗话说“木秀于林，风必摧之”，大概是欧阳修太出类拔萃的缘故，他一生所受过的诬蔑和诽谤，也是文人当中罕有所闻的。

典章制度

228 / 宋朝独有的祠禄官

“祠禄官”这三个字，可能有人连听都没听说过。这种官只在宋朝出现过，其他朝代基本上都没有设置。说它“基本”，是因为这种官在唐朝时偶尔出现过，但那只是加在宰相头上的一个兼官，严格地说，和本文所指的只享受俸禄不干具体职事的祠禄官不属于同一个概念。

百事杂谈

236 / 宋朝有几人“连中三元”

在足球比赛的解说员嘴里，经常能听到“连中三元”这个词，意思是某球员接连踢进对方球门三个球。其实这只是借用罢了，真正的“连中三元”是古代科举方面的一个专用术语，指某举子在进士科的乡试、会试和殿试中均取得第一名。这可不是简单的事儿，在整个科举的历史上，这样的杰出人才可谓“百年一遇”。那么，宋代有多少个这样的大才子呢？

247 / 北宋文字狱第一大案

俗话说“病从口入，祸从口出”，用在一些文人身上，就成了“祸从文字出”——不管你是用嘴巴讲出来还是用笔墨写出来，只要是触动了某些人的神经，或者是某些人需要利用这些文字给你制造点儿罪名，这些文字立刻会变成比刀剑更锋利的锐器。文字狱，这个充满阴谋和血腥的词语，只有亲自尝过它苦头的人，才明白它的真正内涵。这里介绍的“监安上门郑侠案”，就称得上北宋时期文字狱的第一大案。

251 / 是谁挑起了“乌台诗案”

北宋第二件文字狱大冤案不幸让东坡居士苏轼给赶上了，这就是著名的“乌台诗案”。喜欢宋史的人，对这个案子想来都不会陌生，但您可能不会想到，加害苏轼的人中，除了大家熟悉的那几双“黑手”外，还有一个更危险也更阴险的人物，是他挑起了“乌台诗案”！这个人有一部著作叫作《梦溪笔谈》，他的名字叫——沈括。

257 / 一桩没人同情的文字狱

蔡确《车盖亭诗》案，似乎有点儿遭上天报应的意味儿，因为此人恶贯满盈，在熙宁、元丰那段“风起云涌”的峥嵘岁月里，不知有多少人倒在了他的脚下，连提拔他的大恩人王安石，都是被他的暗箭射倒的。而当他到了晚年，已经身为宰相，却因为一首小诗，被他无意间冷落过的一个小官儿送到了岭南炎瘴之地，最后死在那里。说起来他确实有点儿冤，却得不到人们的同情。

263 / 宋朝人起名儿有学问

一个时期的人名一定带有这个时期的特点，也可以叫作“时代的烙印”。拿我们身边的人来说吧，解放初期出生的人，有不少叫“解放”“建国”“和平”的；抗美援朝期间出生的，既有小“抗美”，又有小“援朝”；1954年颁布新中国第一部宪法，出现了很多叫“宪”的。宋朝人的名字也很有特点，在不同的阶段，又有明显的不同。

273 / 宋朝的相扑

相扑是日本流行很广的一个体育项目，没有人感到陌生。但如果说此项运动最早起源于中国，大概就会有人感兴趣了。其实相扑不但起源于中国，而且历史还非常久远呢。

276 / 宋朝人最喜欢福建茶

唐朝人饮茶已经十分讲究，权势之家饮的好茶名目繁多，比如剑南的蒙顶，湖州的紫笋，洪州的白露，寿州的黄芽，都是难得一见的上等茗茶。到了宋朝，士大夫渐渐开始青睐福建茶，并亲切地称之为“建茶”，他们批评唐朝人没见识，因为陆羽在《茶经》里提到不少州郡出产好茶，却唯独把福建茶放在最后一笔带过。

280 / 《水浒传》比《杨家将》更真实

同是写宋朝故事的小说，《杨家将演义》和《水浒传》却全然不能同日而语。按现在的流行说法，《杨家将演义》属于“戏说”之列，是穿着宋朝人的衣裳说明朝的事儿；而《水浒传》则基本上属于“正说”，讲得实实在在就是宋朝的故事，只是在某些史实的基础上进行了一定的艺术加工和处理。

故事人物

陈桥兵变的主谋究竟是谁

陈桥兵变，赵匡胤“黄袍加身”，建立了宋朝。这件事没有多少人不知道。所有宋代像样的史书几乎用同样的词语记载了赵匡胤的这次兵变，大概意思是说，赵匡胤事先毫不知情，一切都是手下人干的。事实真的如此吗？

故事的权威版本大概是这样：

庚申年（960）的正月初一，北临契丹的镇州（今河北正定）、定州（今河北定州）前线两大军事重镇同时传来消息，说契丹将要大举南侵，盘踞在今山西大部的北汉小朝廷也被裹挟着发兵南下，非要和后周拼个鱼死网破不可，真够吓人的。朝廷连夜召开紧急会议研究对策，最后决定由殿前都点检赵匡胤挂帅北上，抗击来犯之敌。

事不宜迟，第二天一大早儿，赵匡胤便先派出担任殿前副都点检的老将慕容延钊率前锋北上。大年初三，赵匡胤亲自率领的主力大军浩浩荡荡出了爱景门，行军四十里，到达了汴京往北的第一个大兵站——陈桥驿。

这天傍晚，先是略通天文的军士苗训“见日下复有一日，黑光久相磨荡，指谓太祖亲吏宋城楚昭辅曰：‘此天命也！’”（《续资治通鉴长编》卷一。本书以下均简称《长编》）造起了声势。什么叫“日下复有一日”？其实这只是一种称作“日晕”的天文现象，但从苗训嘴里说出来味儿就变了：底下那个大太阳就要吞掉上面那个小太阳了！这番议论迅速在军队中传播开来，接着是军士们“相与聚谋”，声言拥立赵匡胤为天子，为首的赵普、赵光义、李处耘、石守信、王审琦等人商议之后，于次日凌晨冲进赵匡胤休息的军帐，不容分说，便将一领黄袍披到了“醉卧，初不省”的赵匡胤身上，逼迫他必须答应众将士的要求，做个新朝天子。赵匡胤“被逼无奈”，只得向众人提出了交换条件：“小皇帝和太后都曾是我侍奉之人，公卿大臣都曾是我的同僚同辈，满城的百姓都是无辜黎民，你们不许乱杀一个人，否则这个皇帝我宁可不做！”众人心照不宣地答应了他的条件，于是大军返回汴京城，上演了一出政权更迭的历史大戏。

不论是正史还是野史笔记，对陈桥兵变的前期准备工作都没有作具体的交代，给人的感觉就是一个事先没有组织、没有预谋的突发事件。《长编》说：“春正月辛丑朔，镇、定二州言契丹入侵，北汉兵自土门东下，与契丹合。周帝命太祖领宿卫诸将御之。太祖自殿前都虞候再迁都点检，掌军政凡六年，士卒服其恩威，数从世宗征伐，洊立大功，人望固已归之。于是主少国疑，中外始有推戴之议。”

按照这种说法，赵匡胤的兵变完全是出于朝廷内外那些“服其恩威”的铁哥们儿策划，他本人根本就不知道，糊里糊涂被人挟持当了皇帝。鬼才相信！

《长编》接下来的说法就露了馅儿：“慕容延钊将前军先发，时都下喧言：将以出军之日，策点检为天子。士民恐怖，争为逃匿之计，惟内庭晏然不知。”司马光的笔记《涑水纪闻》也有类似的说法：“周恭帝幼冲（后周小皇帝柴宗训年纪幼小），太祖英主有肚量，将士归心。将北征，京师喧言：‘出军之日，当立点检为天子。’富室或携家逃匿，独宫内不知。太祖惧，密以告家人曰：‘外间汹汹若此，将如何？’太祖姊面如铁色，方在厨，引面杖逐太祖击之，曰：‘大丈夫临大事，可否当自决，乃来家内恐怖妇女，何为耶？’

太祖默然出。”好家伙，满京城的人都晓得天下要换姓易主了，内廷大臣们居然还被蒙在鼓里！这两段话很明显地透露给人们一个信息：兵变的准备工作其实早就做得滴水不漏了。

关于这一点，还可以找出不少的证据，比如宋人王明清的《挥麈后录》引《五季泛闻录》说：“太祖仕周，受命北伐，以杜太后（赵匡胤的母亲）而下寄于封禅寺。抵陈桥推戴，韩通闻乱，亟走寺内访寻，欲加害焉。主僧守能者以身蔽之，遂免。”（韩通是后周唯一一个誓死忠于旧主的大将，当天遇害）如果赵匡胤真没打算搞政变，为什么预先要把家属藏在寺庙里？所以说赵匡胤被人劫持做了皇帝，只能蒙骗三岁的小孩子。

既然如此，那么所谓契丹大举入侵、北汉发兵南下的说法，肯定是赵匡胤及其同谋者为政变所做的铺垫无疑，是彻头彻尾的谣言，甚至连慕容延钊率兵先发，都是赵匡胤等人预先谋划好的，因为慕容延钊是个忠于后周皇室、敢于并且有能力和赵匡胤抗衡的后周老将，不把他打发出汴京，局面就很可能失控。果不其然，赵匡胤回到汴京后，没有受到任何有效的抵抗，只杀了一个不怕死的韩通，便顺顺当当地当上了皇帝，至于“北上抗击契丹”的“头等大事”，自然也就没有人再提了。

由此可见，陈桥兵变是个阴谋无疑，而背后的主谋当然就是赵匡胤本人。大概宋朝的史家也觉得这种从孤儿寡母手里夺取天下的手段不很光彩，因而为尊者讳，变着法儿要说得好听点儿。

其实在夺取政权这种事儿上，历史上有几次是不要阴谋、光明正大的？如果我们抛开道德的评判，在所有的朝代更迭中，黎民百姓受害最轻最少的，就数宋朝了。

我们不妨大致梳理一番：秦末汉初的大混战，死了多少人？东汉光武帝刘秀起兵征战，死了多少人？三国到晋朝的连年大混战，死了多少人？隋末李渊起兵数年，死了多少人？朱元璋夺取天下，又死了多少人？而赵匡胤夺权，旧臣中却只死了韩通一个，还赠了他一个中书令，“以礼葬之”。其余所有的后周大臣将帅，只要不坚决反对新朝，该当什么官儿还当什么官儿，有的人甚至还升官儿。至于京城的老百姓，《长编》里说：“闾巷奸民往往乘便攘夺，于是索得数辈斩于市。被掠者，官偿其资。”处置这些趁火打劫的恶徒，总不能算是乱杀人吧？其余百姓，则是“市不易肆”。在中国历史上，再也找不出比宋朝初创时杀人更少的改朝换代了。苏轼曾说：“予观汉高祖及光武，及唐太宗，及我太祖皇帝，能一天下者四君，皆以不嗜杀人者致之，其余杀人愈多而天下愈乱。”（《宋史全文》卷一）

从此以后，持续了五六百年的武人强权时代宣告结束，人命重于一切的理性时代终于到来，老百姓终于过上了相对和平安定的日子。这正是孟子“不嗜杀人”（《孟子·梁惠王上》）理念在一千多年后的真正体现。

宋人陈世崇《随隐漫录》里的一则故事相当感人，说赵匡胤从陈桥驿返回汴京的时候，阎门祗候班的陆、乔两位警备队长认为他谋反而拒不打开南城门，赵匡胤没气没恼，命令大部队绕到北门进城。陆、乔二人誓死不投降，双双自缢而死。赵匡胤亲自来到值班室，面对两位义士感叹道：“忠义孩儿！”命人为他们建了一座庙，赐名“忠义庙”，接着组建了一支贴身卫队，取名就叫“孩儿班”。孩儿班的打扮和所有军人都不一样：帽后飘着两条彩带，一条为红色，表示一颗红心拥护大宋；另一条为粉青色，表示为后周皇帝柴荣“持服”（就是服丧）。这胸怀在整个中国历史上可以说是唯此一见，找不出第二例来。

宋人陆游的《避暑录抄》又载：赵匡胤曾命人秘密镌刻了一块石碑，放在太庙里警悚儿孙。这座碑同样是和儿孙们约法三章：

第一条，柴氏子孙，有罪也不准加刑，即使犯谋逆大罪，也只能在狱内赐自尽，绝不允许戮于市朝，也不允许连坐亲属。说到这儿，可能有人会联想到《水浒传》里那位持有“誓书铁券”的小旋风柴进。不错，柴进就是被作者写成柴荣的后代，享有不杀的特权。要知道《水浒传》中的柴进已经生活在赵匡胤死后一百四五十年的徽宗时代了。

第二条，不准杀士大夫和上书言事之人。赵匡胤一向把人命看得非常神圣，这和封建时代许多帝王和官吏草菅人命刚好形成了极其鲜明的对照。正是由于宋朝前期几代皇帝谨记老祖宗的训诫，才形成了北宋一百多年士大夫敢怒敢言的良好氛围。直到王安石变法，实行"顺我者昌，逆我者亡"的一言堂，才打破了这个优良传统。从这个意义上说，王安石从根基上破坏了士大夫"砥砺廉隅"的优良传统，说他是破坏宋朝"精神文明建设"的头号罪人，一点儿也没冤枉他。

第三条："子孙有渝此誓者，天必殛之。"真够狠！可惜不争气的哲宗、徽宗两兄弟忘记了祖宗遗训，任凭奸臣蔡京、蔡卞、章惇等人残害骨鲠之臣，甚至采取极其卑劣的暗杀手段害死忠良（比如副宰相刘挚、梁焘等，都是被贬到岭南后又惨遭奸臣毒手的）。结果怎么样？老天爷给了这兄弟不同的报应：哲宗短命夭折，只活了二十四岁零一个月；徽宗更是惨极了，连尸体都被金人丢进沤油池，化作了土著人用来点灯的"人油"（参看本书《宋徽宗是怎么死的》）。这不正是赵匡胤所说的"天必殛之"吗？

不但不准枉杀大臣，老百姓照样不准乱杀。张舜民《画墁录》中说：自唐末五代以来，每至改朝换代，部下分扰剽劫，没人能禁止得住，人称"靖市"，太祖陈桥之变，与众誓约，不得惊动都人。结果入城之日，市不改肆。就是说，政权都改变了，市场店铺却还在照常开门营业！这样的政变，中国历史上怕是只有这么一次。

当然，赵匡胤所说的"不准杀士大夫"，不包括贪赃枉法的"士大夫"。这类人不但要杀，而且要狠狠地杀。

《宋史 太祖纪》里记载了不少这类士大夫的可耻下场："（建隆二年三月丙申）酒坊使左承规、副使田处岩以酒工为盗，坐弃市。""（五月）庚寅，供奉官李继昭坐盗卖官船弃市。”“（八月）辛亥，大名府永济主簿郭颉坐赃弃市。”“（建隆三年四月）癸丑，职方员外郎李岳坐赃弃市。”“（八月）戊午，殿直成德钧坐赃弃市。”“（十月）己未，太子中舍王治坐受赃杀人，弃市。”啥叫“弃市”？《礼记·王制》说了：“刑人于市，与众弃之。”就是让犯人游街示众完再处死，叫你丢了命还得丢人，万人不齿，谁叫你贪呢！

司马光《涑水纪闻》里还记载了一个差点儿被砍头的家伙，说宋白担任科举大主考，谁给的钱多就把谁排在前头，不给钱的统统“拜拜”。可这家伙多了个心眼儿：他担心金榜一出，万一闹出麻烦来咋办？所以他事先把名单交给赵匡胤看，想借“圣旨”的威力把事情摆平。赵匡胤能看不透他那点小心眼儿？训斥道：“我来排定名次，还要你干吗？我只对你说一句话：如果金榜出来有人和你说事儿，我就把你的脑袋砍下来谢众！”吓得宋白赶紧把名次取舍改正过来。

赵匡胤非常清楚“千里之堤，溃于蚁穴”的道理，他知道“廉”才是仁政的根基，士风贪浊，社会风气能清明得了吗？不把这些“蚁”干脆麻利地清理掉，国家社稷早晚被他们蛀空拉倒！他个人也很能以身作则，已经当了皇帝，还经常穿着草鞋在宫里走来走去呢。

赵匡胤是个崇尚真实、大肚能容的人，最反对暗箱操作、秘密杀人。史书记载，北宋皇城大殿前面没有影壁墙，从大门之外一眼就能看见殿内。有大臣提意见说：古代诸侯王的宫殿不但有影壁，还有萧墙（古代王侯座前的屏风）呢。煌煌大宋朝，怎么可以不修建殿前的影壁？赵匡胤回答说：“我一辈子不做见不得人的事儿，用不着藏着掖着。我就是要让街前的行人们都看见大宋朝的皇帝整天在为他们干什么！”

宋人王珙的《国老谈苑》里有个小故事说，有一回赵匡胤召集文臣大宴，翰林学士王著乘醉大闹宴席，赵匡胤觉得他是前朝留用的旧臣，很给面子，只命人把他扶出去而已。谁知道王著死活不肯出门，还在大门口处号啕大哭。第二天有大臣上奏，称王著逼宫门大哭，分明是在哭前朝皇帝柴荣，请求把他处死。赵匡胤哈哈大笑：“就算他是在哭柴荣，不过是个书生，又能怎么样？”一千多年前的帝王能达到赵匡胤这个境界，已经是难能可贵了。

扑朔迷离的“金匮之盟”

若问起宋初的三件大事，很多人都能立即回答：陈桥兵变、金匮之盟、杯酒释兵权。但您是否知道，“金匮之盟”这个见之于正史记载、家喻户晓的历史故事，竟很有可能出自刻意的编造。编造者是谁？目的何在？那些史官是被欺骗了，还是在帮着“造假”？

“金匮之盟”故事的原版，即李焘《长编》卷二所说，赵匡胤的母亲杜老太后临终之前问赵匡胤：“我儿知道你为什么能得到天下吗？”赵匡胤回答说：“这都是祖宗和太后的余庆。”杜太后说：“不对，这是因为后周皇帝柴荣弄了个六岁半的小孩子当皇帝，得不到大臣和将帅的归心所致。如果柴荣有成年的儿子当皇帝，你凭什么得到这个大位？为了保住来之不易的大宋江山，千万不能再让小孩子继承皇位。如果你去世的时候儿子还小，就要把皇位传给弟弟光义。”这番话可谓语重心长，而且讲得明白透彻：小孩子怎么可能斗得过狡猾老辣而有权势的大臣呢？大宋朝必须接受后周小皇帝柴宗训被赵匡胤这个“狡猾老辣而有权势的大臣”夺取皇位的惨痛教训。赵匡胤听罢俯首承命。杜太后不放心，又把跟随赵匡胤多年、深得她信任的书记官赵普叫到榻前，吩咐他说：“把老身的话和皇上的话都记录下来，留作日后的证见！”赵普遵命，当着杜太后和赵匡胤的面儿写下了这道遗命，杜太后交给了“谨密宫人”藏之。

这个故事到司马光写《涑水纪闻》的时候开始走样儿，说杜太后要求赵匡胤“万岁后，当以次传之二弟，则并汝之子，亦获安耳”。“二弟”指的是赵匡胤的大弟弟赵光义和小弟弟赵光美（赵光义即位后改名赵廷美）。她让赵匡胤把皇位依次传给两个弟弟，这样他的儿子们才能“获安”。

到了《宋史纪事本末》里，内容进一步丰富和具体，说杜老太后命赵匡胤：“汝百岁后，当传位光义，光义传光美，光美传德昭（赵匡胤长子）。”《宋史纪事本末》虽然出于明人之手，但作者也是有所本的。《宋史·赵廷美传》里说：“初，昭宪太后（即杜老太后）不豫，命太祖传位太宗，因顾谓赵普曰：‘尔同记吾言，不可违也。’命普于榻前为约誓书，普于纸尾书云‘臣普书’，藏之金匮，命谨密宫人掌之。或谓昭宪及太祖本意，盖欲太宗传之廷美，而廷美复传之德昭。”这里预先提示一句：这一年赵匡胤三十五岁，赵光义二十三岁，赵光美十四岁，赵匡胤的长子赵德昭十来岁。

这个故事之所以流传甚广，不外乎两个原因，一是这个主意体现了杜老太后高瞻远瞩的政治远见，不是此前女流之辈所能发；二是宋朝的各种史书里记载甚多，反复渲染。但仔细想想，这件事儿既有它一定的合理性，又不尽合于人情事理。

从杜太后的角度而言，手心手背都是肉，赵匡胤、赵光义、赵光美都是她儿子（一说赵光美不是杜老太后所生，而是出于太宗的乳母耿氏。《宋史·赵廷美传》中，太宗从容谓宰相曰：廷美母陈国夫人耿氏，朕乳母也，后出嫁赵氏，生廷俊），无论将来谁坐江山，都是她老赵家的江山，所以这话从她嘴里说出来顺理成章，没什么问题。但对于赵匡胤、赵光义乃至赵光美和赵德昭来说，彼此间的利益就大不相同了。

俗话说“兄弟从来是两家”，如果赵匡胤遵从了这个遗命，就意味着他的子孙永远不会再有享国的权力（所谓赵光美再传赵德昭，纯属无稽之谈，鬼才会相信），赵匡胤有这么高的精神境界吗？他甘心自己辛辛苦苦打下来的江山就这样传到弟弟赵光义那一支去吗？就算赵匡胤出于孝心勉强同意，他儿子赵德昭能轻易认可吗？我们不妨用世俗的眼光来分析一下：兄弟之间拆借几万块钱，尚且要还清才是，更何况偌大一个天下呢？再说此前历代那些兄弟相传的帝王，都是因为自己没有儿子，或者出于权臣的逼迫，实在不得已，才把帝位拱手交给旁支的。赵匡胤不但有儿子，而且有两个，死掉一个还有一个呢！况且赵匡胤此时才三十五岁，他的长子已经十来岁了。假定赵匡胤能活五十五岁，赵德昭都三十来岁了，还能算是“孩子”吗？啥事儿都怕反过来寻思：杜老太后这么说，不是在诅咒赵匡胤短命无常吗？她凭哪一条断定赵匡胤死的时候赵德昭不能成人？这么一分析，杜老太后这道“遗命”就很值得怀疑了。

如果按照《宋史·赵廷美传》和《宋史纪事本末》的说法，则显得更为荒唐，不着边际，而且更难以让赵匡胤和赵光义接受。

我们不妨替杜老太太给她的子孙们算算年龄：赵匡胤活五十五不为过吧？那么赵光义四十三，赵廷美三十四，赵德昭三十岁左右。赵光义也按五十五岁的阳寿计，那么他死后，赵廷美应该是四十六岁，赵德昭四十一二岁；赵廷美也按五十五岁计，那么他死的时候，赵德昭应该是五十来岁。天哪，赵德昭能不能活到五十岁还很难说呢！天底下哪有这么传皇位的道理？杜老太太该不会是数学不及格的主儿吧？如果杜老太太真的说出这番话，究竟是聪明盖世还是糊涂过人，可真说不清了。所以这件事儿从年龄的排列上根本无法讲通。

另外，还有个很值得关注的问题：杜老太后说的是赵匡胤死时儿子还小，才能把皇位传给他弟弟赵光义，也就是说，赵德昭“年纪小”是这个遗命实施必须具备的前提条件。如果赵匡胤死时儿子已经长大，赵光义是不是就不可能再继承皇位了呢？按情理当然应该如此，可杜老太太有没有替二儿子想过？赵光义苦苦期盼若干年的皇位，一旦因为赵匡胤的儿子长大而自然被“取消资格”，他又会是一种什么感受？如果他执意要得到觊觎已久的皇位（皇位这东西实在是太诱人了），那就一定要在赵匡胤的儿子“没长大”之前，就把皇位抢到手。怎样才能达到这个目的呢？按常规只有一个办法：就是要在赵德昭没长大之前把赵匡胤干掉！同理可推：赵光美要想得到皇位，也必须尽快地将赵光义干掉。反过来说，赵匡胤如果不想让赵光义轻易得到皇位，是不是也要把赵光义尽早干掉呢？赵光义如果不想让赵光美轻易得到皇位，是不是也要把赵光美尽早干掉呢？这应该是一道最合乎逻辑也最简单的算术题，再傻的人也能算个八九不离十。我们不禁要问：杜老太后是不是做了一件逼着她的儿孙们自相残杀的大傻事呢？

还有一个涉及赵普和那个被命收藏盟书的“谨密宫人”的问题：这么要命的一件东西，无疑相当于一颗巨大当量的定时炸弹，赵氏子孙中的任何一个成员，只要想夺取皇位的，都会用尽各种手段向这个“谨密宫人”索要此物：符合自己心愿的，务须将此物收藏在自家才会放心；不合自己心愿的，则一定要想方设法把这件决定其不利命运的证据毁掉，这种事做得再“谨密”，也绝对不可能瞒天过海。那么担此风险的赵普和那位“谨密宫人”，必然会成为赵氏子孙疯狂追杀的目标，还可能有他们的好日子吗？试想，赵匡胤如果于心不甘，会不会把这个秘密告诉自己的亲生儿子赵德昭？赵德昭一旦知道了此事内幕，明白自己丧失了继承皇位的合法资格，会不会对“预备皇帝”赵光义施以报复，甚至把他杀死，以绝后来之患？还有，如果赵匡胤没死之前，赵普和那个“谨密宫人”先死了，或者赵普出于某种目的把“谨密宫人”害死了，再或者“谨密宫人”出于某种目的把赵普害死了，而遗命只有唯一的一份儿，死无对证，侥幸能活下来的赵普或那个“谨密宫人”，岂不是可以任意左右赵氏皇室的继承大权了？再或者赵普和那个“谨密宫人”都先于赵匡胤死了，那份遗命还有什么意义？如此严重的后果，杜老太后难道预先都没有考虑到吗？她以为这是小孩子在过家家儿吗？

史书上还说，赵普在赵光义即位之后被贬到孟州（今河南孟州）去做知州。为了重新得到宰相之位，他特地给赵光义写了一封奏章，挑明他曾经受杜老太后的委托保管“金匮盟书”（现在又不提那个“谨密宫人”了），并将所谓的“盟书”交给了赵光义。赵光义得到此物后不久，便召赵普回朝担任宰相，进而通过赵普之手除掉了弟弟赵廷美和追随赵廷美的宰相卢多逊。

《宋史·赵廷美传》说：“德昭不得其死，德芳（赵匡胤次子）相继夭绝，廷美始不自安。已而柴禹锡等告廷美阴谋（柴禹锡在赵光义当王爷的时候就是赵光义的门客），上召问普，普对曰：‘臣愿备枢轴，以察奸变。’退复密奏：‘臣忝旧臣，为权幸所沮。’因言昭宪太后顾命及先朝自愬之事。上于宫中访得普前所上章，并发金匮得誓书，遂大感悟。召普谓曰：‘人谁无过，朕不待五十，已尽知四十九年非矣。’辛亥，以普为司徒兼侍中。他日，太宗尝以传国之意访之赵普（就是赵光义把皇位传给谁的问题），普曰：‘太祖已误，陛下岂容再误邪？’于是廷美遂得罪。凡廷美所以遂得罪，普之为也。”这段话很值得推敲：第一，“金匮之盟”的事儿赵光义即位之前究竟知道不知道？如果不知道，他凭什么继承皇位？如果知道，又为什么须在赵普把这件大事向他汇报之后，他才想到“发金匮得誓书，遂大感悟”——从时间和逻辑上，这样做都犯了本末倒置的低级错误——他应该拿着那封遗命先昭告天下，再往龙床上坐才对嘛。既然赵光义已经即位，成了既定的事实，赵普还有什么必要把盟书交到赵光义手里？这不是明显的马后炮吗？精明过人的赵普能这么“二百五”吗？

第二，赵光义“发金匮得誓书”的时候有谁在场？是不是只有他本人和赵普两个人？那个所谓“谨密宫人”在不在场？如果“谨密宫人”此时还活着，为什么不在赵普之前把这封遗命交给赵光义，偏要等着远在孟州的赵普来揭开谜底？他（她）活腻歪了吗？如果“谨密宫人”此时已经死去，赵普又从何得到那只金匮？如果“发金匮得誓书”的时候还有其他证人在场，为什么史书隐而不露，而采用这么含糊的词语进行表述？难道写史书的人都是语文不及格的主儿吗？这分明是瞒天过海之术。

由此可以推断：上述“故事”，肯定是赵普自编自导的一幕滑稽剧，进而编成双簧剧，和赵光义一唱一和，闪亮登场：他可以轻而易举地伪造一份“盟书”，为赵光义的即位做伪证，替赵光义向天下和后世“正名”，以此讨好赵光义。这种做法可以达到他们两个人的双赢，一方面赵光义即位有了强有力的证据支撑，另一方面赵普也有了平息天下大疑大谤的功劳，成为赵光义的头号大恩人，使赵光义继承帝位从此无懈可击。当然，这出戏的背后还有更大的阴谋：赵光义还必须要借赵普之手，除掉那个对他有直接威胁的三弟赵廷美！

最后，还有一个重要的问题，那就是：这样一则完全经不起推敲的谎言，为什么我们今天能见到的大部分宋朝史书都要对它大肆渲染，甚至不惜添枝加叶地唠唠叨叨呢？

我认为，这完全是赵光义企图用一个重复千遍万遍的弥天大谎，来证明他继承皇位的合法性、正统性和必然性。要知道史书都是人写的，史官们极有可能迫于皇权的绝对杀伤力，帮着赵光义“作假”！所谓“金匮之盟”，其实是利益当事人共同编造出来的一个弥天大谎。如果真有“金匮”，为什么这么重要这么关键的东西，谁都没见过？那个“谨密宫人”究竟是什么人？为什么所有的史书都避而不谈？果真有“金匮”，为什么赵匡胤的死，恰恰在其长子赵德昭刚要成人还没成人的当口儿呢？他就不能晚死几年吗？根据情理推断，我以为此事的真相极有可能是：杜老太后出于对江山社稷的长远考虑，可能说过类似的话，但并没有真正形成什么“金匮之盟”。正因为杜老太后有过类似的说法，赵光义才在赵德昭没成人之前，迫不及待地把他哥哥杀死，自己夺取皇位。为了保住皇位，他又必须尽快把赵匡胤的两个儿子都害死，甚至把弟弟赵光美也害死。

北宋的皇帝，赵匡胤这一支只有他一人做了十七年，接下来就是赵光义，以后历代一直到南宋孝宗即位之前，都是赵光义这一支在代代相传，名正言顺地享受着本不名正言顺的帝王待遇。

赵匡胤晏驾之谜

关于宋太祖赵匡胤之死，按照正史的记载，应该是寿终正寝、自然死亡。但民间一直流传着八个字："烛光斧影，千古之谜"，反映出人们对赵匡胤的真正死因始终抱有深深的怀疑。这里边牵扯到一个人，就是在赵匡胤之后当上皇帝的赵光义。他是害死赵匡胤的凶手吗？还是阴差阳错背了黑锅？

"烛光斧影"的说法，最早出自北宋高僧文莹一本叫《续湘山野录》的笔记。书里面煞有介事地说：开宝九年（976），赵匡胤到洛阳去祭奠祖宗，无意间遇见了即位前就相识的道士真无。真无若干年前曾为赵匡胤掐算过当皇帝的日子，说得特别准，所以赵匡胤一向对他格外信任。这一回相见，赵匡胤又问真无："我寿还得几多在？"真无回答说："但今年十月廿日夜，晴，则可延一纪；不尔，则当速措置。"意思是说，今年十月二十日夜里如果是个大晴天，你还可以掌管天下十二年（古人曾以岁星和太岁纪年。岁星和太岁围绕地球走一圈儿大约是十二年，所以后来人就把岁星和太岁运行的一圈儿叫作一纪，并且用"子丑寅卯辰巳午未申酉戌亥"来表示）；如果当天夜里是个阴天，对不起，那陛下您就该抓紧准备山陵后事了。到了十月二十日这天晚上，赵匡胤来到后苑太清湖边，抬头一望，见满天星斗，明光灿烂的，心里非常高兴。谁承想不大工夫，阴霾四起，雪雹骤降。赵匡胤隐隐感觉到大限将到，于是匆匆忙忙回到他起居了十几年的万岁殿，把弟弟赵光义召进殿中。“酌酒对饮，宦官宫妾悉屏之。但遥见烛影下，太宗时或避席，有不可胜（难以忍受）之状。饮讫，禁漏三鼓，殿雪已数寸。帝引柱斧戳雪（柱斧是古代墙边摆放的象征性武器之一，还有矛、戟、钺、钩等，用竹木等制成，表示帝王永远不能忘记以武力保卫江山社稷。说它是具有象征性的道具也不为过），谓太宗曰：‘好做，好做！’遂解带就寝，鼻息如雷霆。是夕太宗留宿禁内。将五鼓，周庐者寂无所闻，帝已崩矣。太宗受遗诏，于柩前即位。”

上面引的这段文字并不艰涩，却让人们感到充满了玄机：第一，赵匡胤一代英主，能如此相信一个野道士的胡言乱语吗？这个道士长了几颗脑袋，敢对皇帝的天命寿夭信口雌黄？就算不山呼万岁，也断不敢明说陛下今年必死无疑吧。第二，在寝宫里，赵匡胤把所有的宦官和宫妾都撵出去，只留下赵光义一个人，究竟在和他说什么？第三，赵光义“时或避席，有不可胜之状”，究竟是在谦让帝位，还是在和赵匡胤争吵着什么？第四，赵匡胤既然在三鼓的时候还能出殿，手拿柱斧用力戳地，还能大声叫喊“好做好做”，根本不像是将死的人，为什么不到五鼓就死了呢？第五，赵匡胤睡下之后，那些太监宫人到底在什么地方？第六，是谁最先发现赵匡胤死的？如果当时赵匡胤身边只有赵光义一个人，那么赵匡胤之死，岂不是赵光义想怎么说就怎么说了？第七，什么叫“好做好做”？难道赵匡胤真的是在嘱托赵光义要“好好做皇帝”吗？说这种话用得着攥着斧子狠狠戳地大声叫喊吗？仔细玩味，这倒更像是兄弟在吵架（只有这样理解，赵光义的“不可胜之状”才能讲通），“好做好做”四个字完全可以翻译成“你小子做的好事！你小子做的好事！”因此“烛光斧影，千古之谜”，恰恰反映出人们对赵匡胤的真正死因始终抱有深深的怀疑，只是找不到足够的证据来证明是赵光义谋杀了他的亲哥哥，篡夺了皇帝之位。

和《续湘山野录》说法截然不同的一个版本，出自司马光的笔记《涑水纪闻》。司马光说：赵匡胤死的时间是“夜四鼓”，当时皇后宋氏就守候在赵匡胤身边，见赵匡胤已经晏驾，连忙命大太监王继恩（注意，这家伙是赵光义的贴身宦官）去宣赵匡胤的儿子赵德芳。王继恩却认为杜老太后早有遗命：赵匡胤死后让赵光义继承皇位，所以自作主张，没去叫赵德芳，而是急急忙忙跑到开封府衙门，把当时担任开封府尹的赵光义叫进了寝殿。宋皇后见到赵光义，“愕然，遽呼官家，曰：‘吾母子之命，皆托于官家！’王（赵光义当时是晋王）泣曰：‘共保富贵，勿忧也！’”

司马光是个极其严谨的史学专家，但在这段文字当中，却出现了好几处常识性的低级错误，比如赵匡胤的长子名叫赵德昭，按照古代嫡长继承的制度，宋皇后不可能丢开皇帝的长子，而命人宣召其次子来继承皇位。如果说赵德昭不是宋皇后所生，赵德芳同样也不是宋皇后所生（赵德昭是赵匡胤发妻贺后所生。宋皇后本人没有生育过，一说德芳之母死后，德芳由宋皇后鞠养，即使如此，她一个堂堂皇后，也该懂得德昭为长、德芳为幼的道理），宋皇后没有任何理由舍本取末。究其根源，只能解释为司马光把赵德芳当成宋皇后的儿子了。换个别人还有可能，司马光会犯这种低级错误吗？会不会是司马光死后有人篡改他的著作，或别有用心地把这段鬼话硬塞进《涑水纪闻》里了呢？又如到开封府去叫赵光义的宦官名叫王继恩，《涑水纪闻》里居然写成了“王继隆”。

按照《涑水纪闻》的说法，赵匡胤的死和赵光义没有任何牵连，因为赵光义当时并没有在“事发第一现场”，当然也就不可能背负谋杀兄长的重大作案嫌疑。司马光为什么要写这样一段文字？他的根据在哪里？资料来源又是什么？

要弄清这个谜团，还得从文莹和司马光的两种记载谈起。文莹是个野和尚，不属于统治集团圈儿内人，他那段话，或是来自民间广泛的流传，或是来自士大夫们的私下议论，也就是说，当时人们多在怀疑赵匡胤的死与赵光义谋杀有关。民间或士大夫当中存在着这样的猜测，作为朝廷高级官员和主持《资治通鉴》编纂的司马光不可能毫无耳闻。我们可不可以推断：司马光作为一个忠于朝廷的大臣，出于对皇权的维护，必须要对此事拿出一个态度，以阻止这种对赵光义及其后代十分不利的议论继续传播下去，所以他根据自己的理解和揣度，杜撰出了上面那段文字，为赵光义洗刷谋逆弑君的大罪名，使既定的正统皇权永远放射出仁义的光辉呢？事实证明，他这样做的目的达到了。南宋人李焘的《长编》和清人毕沅的《续资治通鉴》几乎原封不动地采用了《涑水纪闻》的说法。这些后代史学家在修史的时候，当然不可能置司马光议论于不顾，去相信一个疯和尚的话。再加上史学家从来有个约定俗成的习惯，就是为贤者讳、为尊者讳。既然连司马光都说赵匡胤的死和赵光义没有关系，别人又何必非要拗着前哲去写呢？然而直到今天，很多人宁可相信赵匡胤死于赵光义的黑手，也不去相信司马光那段煞费苦心的文饰，这又从反面说明，历史的真相也不是那么容易就被“毁尸灭迹”的。

我们还可以通过其他一些旁证，来印证赵匡胤极有可能是被赵光义害死的。

第一，赵光义是个好色之徒，后蜀俘虏来的花蕊夫人、南唐俘虏来的小周后之死，都和他有着直接的关系（为了得到小周后，他竟然残忍地把人家丈夫李煜用牵机药毒死；后蜀的孟昶封王七天就死在汴京，肯定也是中毒而死，是不是赵光义干的，很值得怀疑）。赵匡胤的皇后宋氏也是个极其美貌的女子，赵光义对她垂涎三尺，是情理之中的事（还有一种可能是因得不到花蕊夫人而起了恶念，也未可知，因为此时花蕊夫人已经进了赵匡胤的后宫。参看后面的《花蕊夫人之香消玉殒》）。史书上虽然没有也不可能有这方面的明确记载，但赵匡胤死后，赵光义立即封宋氏为“开宝皇后”（开宝是赵匡胤用过的最后一个年号），允许她不出后宫，自己竟然也不立皇后，这种做法与常情乃至当时的制度都大相乖违，究其原因，极有可能是他为了得到宋氏，二人达成妥协。《宋史·太宗纪》的最后一段明确记载说：宋氏死后，赵光义坚持不准将她与赵匡胤合葬，直到赵光义驾崩之前，宋氏一直没有下葬，而是“权殡普济佛舍”（古代“殡”和“葬”是完全不同的两个概念，“殡”是临时将死者安置在某一处，“葬”才是最终将亡者安葬。按理说，宋皇后去世后，本应很快将她安葬在太祖墓旁，这种制度在当时叫作“祔”，即皇后附葬于皇帝墓侧，以合于夫妇合葬的大礼），史官颇为无奈地感叹了一句：“宋后之不成葬，则后世不能无讥焉。”作为一代正史，话已经说到这份儿上了，读者还悟不出其中玄机吗？所以说赵匡胤临终的那个夜晚，以斧戳地，大叫“好做好做”，极有可能是发现了他弟弟的不轨行为，才忍不住大发雷霆的。完全可以想象，这个时候的赵光义已经完全处在要么当天子，要么作囚徒甚至刀下之鬼的艰难选择中。不要说他需要美女，需要帝位，首先他要保住的是自己的性命才是，所以他才一不做二不休，断然采取极端手段杀死了赵匡胤，这实在是情理之中的事。

第二，赵光义被王继恩叫到寝殿之后，宋皇后为什么那么害怕？最合理的解释就是，宋皇后深知赵光义是个下得了黑手的家伙，生怕自己和赵匡胤的后代们惨遭不测。如果她事先知道“金匮之盟”的事，她至于那么“愕然”，竟情急失措到“遽呼官家”吗（这也可以从另一个角度强有力地证明，“金匮之盟”根本就是子虚乌有的谎言）？这时的宋皇后已经吓得完全丧失了理智，本能地希求保住自家老小的性命而已，她毕竟是位三十冒头儿的女人啊。赵光义的回答更耐人寻味：“共保富贵，勿忧也！”言外之意就是：只要你们乖乖听话，别跟我过不去，就不用害怕我杀了你们！

赵光义得到帝位之后，再传的几代皇帝都是他的子孙，而赵匡胤那一支，则长期被排斥在帝位之外，成了一般性的宗族子弟。司马光生活在仁宗、英宗、神宗、哲宗四朝，为了维护赵光义嫡传和亲传的无上尊严，他有必要也有义务为赵光义彻底“正名”，这就是他非要和民间流传的“烛光斧影”唱反调儿的根本原因。不过，如果我们再多长个心眼儿，也不排除司马光没有完全丧失一个史官的良知，煞费苦心地在“冠冕堂皇”的背后，故意露出一点点可疑的痕迹，留给后来的细心人咂摸：他何必要让宋皇后“愕然，遽呼官家”呢？如果让这个可怜的女人泰然自若地接受赵光义当皇帝的现实，或者在那个关键性的场景中根本不让她抛头露面，岂不是更加完美、更加干脆吗——会写的不如会看的呀！

赵匡胤两个儿子怎么死的

宋太祖赵匡胤一辈子共生过四个儿子，活下来的有两个，长子叫赵德昭，字日新，是赵匡胤原配夫人贺氏生的；次子叫赵德芳，字不详，德芳年纪不大时生母就死了，其后由宋皇后鞠养。德昭死于太宗太平兴国四年（979）的八月，德芳的死距他哥哥的忌日只有一年零五个月。《宋史》里这样描述二人的死："德昭不得其死，德芳相继夭绝。"什么叫"不得其死"？德芳的"夭绝"真的是自然死亡吗？

赵德昭究竟生于哪一年，史书上没有明确的记载，但《宋史·宗室传》里说他"乾德二年出阁"，应该是基本能够自立的年龄。乾德二年是964年，假定德昭十三岁出阁，他应该生于后周广顺年间的951年前后。《宋史·陈思让传》说："（乾德二年）皇子兴元尹德昭纳思让女为夫人。"而《宋史·宗室传·赵德昭传》说德昭直到开宝六年（973）才授予"兴元尹"，二者的时间差了九年，因此必有一误。德昭娶陈思让之女为妻不错，但让德昭十二三岁就娶妻，显然不太合乎常理，他毕竟还是个孩子，离传统的"加冠礼"还有好几年呢。

《宋史·宗室传·赵德昭传》中说赵匡胤对德昭的要求非常严格，驾崩之前，一直没给他加封王爵。赵光义即位之后，才封了他一个武功郡王（郡王不等于王。比如赵光义封的“晋王”属于“国”字头儿的王，是最高级别的王，其下才是郡王、嗣郡王）。太平兴国三年（978），赵德昭娶了太傅王溥的女儿为夫人。可惜没过多久，便大难临头，撇下老婆孩子凄惨地走了！

先来看一看当时的背景。太宗赵光义即位后，南方仅剩的吴越和闽两个割据政权相继归顺大宋，此时尚未归附大宋的“伪国”，只剩下占据山西大部的北汉了。早在太平兴国三年，赵光义便开始谋划着收复北汉，统一全国。在宋朝多次劝降北汉主刘继元无效的情况下，太平兴国四年（979）春节刚过，赵光义便调集数十万大军，由他御驾亲征，潘美挂帅，将北汉都城太原围了个里三层外三层。尽管北汉军队骁勇善战，又有杨业、杨延昭那样的神武将帅，但毕竟只是一座孤城，契丹的外援也早被宋军切断，还能坚持多久？在宋朝大军轮番猛攻之下，太原终于被攻破，国主刘继元、大将杨业等人投降。赵光义取得这场胜利之后，没有顾及军队的惨重损失和将帅士卒的极度疲惫，意欲乘胜夺取被契丹占领数十年的燕、云十六州（五代后晋的石敬瑭为了得到皇位，自称“儿皇帝”，并将以幽州为中心的山前八州和以云中为中心的山后八州割让给了契丹），于是马不停蹄，挥师东进。在接连收复易州（今河北易县）、涿州（今河北涿州），进逼到契丹南京幽州（今北京市）时，遭到契丹劲旅的突然反扑。宋军猝不及防，又是劳师袭远，结果大败，退回白沟河（当时宋、辽的界河，在今河北雄安新区、霸州一线）以南，赵光义屁股上还挨了一箭，差点儿被契丹人抓了俘虏。这次亲征，以太原战役的大胜和幽州战役的大败而告结束。

出征之前，赵光义特地命弟弟赵廷美和侄儿赵德昭随军前往河东，摆出来的理由是要让他们经经风雨见见世面，体会体会什么叫枪林弹雨，什么叫九死一生。实际上是因他长期远行，要把这两个人留在汴京，心里不踏实。

就在赵光义率军进攻幽州受到重创的那天夜里，军营里突然传播开一条惊天的小道儿消息，说皇帝赵光义不知去向了，国不能一日无主，必须马上拥立德昭为新皇帝。这可真是乱上加乱，一时间闹得沸沸扬扬，军心大恐。好在有人迅速出来辟谣，说皇上现在安然无恙，才算平息了这场骚动。因为当时在战时状态，赵光义虽然很不痛快，还是隐忍着没有发作，没事人一样带领军队回到了汴京。

按照当时的规矩，打了胜仗，有功官兵应该得到奖赏，且一般不超过一旬（十天。古代采取的是旬休制，即每十天休息一天，叫作“休沐日”。当今七天一个礼拜日是按照西历公元纪元与世界接轨的），可赵光义回到汴京后，一直在为有人想拥立赵德昭为帝的事闷闷不乐，左思右想这事儿太不对劲儿，故而绝口不提奖赏北伐太原有功将士的事，搞得将帅们议论纷纷，大为不满。为了平息将士们的怨气，赵德昭寻了个在朝奏报的机会，建议赵光义赶快颁布有功人员的嘉奖令。谁知赵光义听罢勃然大怒，厉声训斥他道：“你急什么？等你当了皇帝再赏也不迟嘛！”

赵德昭挨了如此致命的一记闷棍，又惊又怕，回到家里便自杀了，时间是太平兴国四年的八月甲戌（二十七日）。赵光义听到赵德昭的死讯，急忙跑到他府上，趴在尸体前失声痛哭道：“傻侄儿啊，朕只是心里着急一时失口，你怎么会做出这样的傻事儿！”于是命人将赵德昭厚葬，“追封魏王，赠中书令”。其实赵光义当时的真实心情，傻子都能猜得出来。打个比方，当年刘邦在河北征讨叛军，路上听到韩信被吕后杀死的消息后，“且喜且怜之”。这五个字用在此时此刻的赵光义身上，一定没错儿。

关于赵德昭的死，还有两种不同的说法，一种说法出自司马光的《涑水纪闻》，称赵德昭回到府中，问侍从们带没带刀，侍从回答说王府之内不敢带刀，于是赵德昭跑到酒楼把门反锁上，用削水果的刀自杀而死。李焘的《长编》卷二十采纳了这个说法。另一种说法出自《宋史》本传，称赵德昭一向喜欢吃肥猪肉，属于食物中毒而死。

《宋史》本传明显是在掩盖赵德昭的真正死因，完全不可为据；司马光的说法也相当勉强。试想，一个王爷跑到酒楼去自杀，而且事前已经有了极为明显的征兆，他的侍从们就不能把门踹开救救主人？那还要这样的饭桶侍从干什么用？退一步说，用个削水果的小刀自杀，也够难为赵德昭的了！不过赵德昭怎么死的并不重要，重要的是在幽州军中，为什么会突然冒出拥立赵德昭为帝的议论。

按照情理，政变夺权这么大的事儿，不是哪个人脑袋一热想说就能说、就敢说的，如果没有事先充分周密的预谋策划，谁敢贸然出此狂言？这可是诛灭九族的弥天大罪呀！更何况赵光义“微闻其事”，仅仅“不悦”两个字就算了结了？历史上有哪个皇帝对犯上谋逆的首恶分子能如此大度，连问都不问？所以不管史书如何遮掩，都不能不令人产生极大的怀疑。据此完全可以断定，赵德昭一定在事前做了许多准备工作，想趁兵戎混乱之际，将本该属于他的皇帝之位从二叔赵光义手里夺回来，这才符合人性的规律、事物的逻辑。杜老太后不是说过嘛：如果赵匡胤去世时儿子太小，就让弟弟赵光义继承帝位。可实际情况是：赵匡胤死的时候，德昭至少已经二十出头儿，连次子赵德芳都十七八岁了，还能算是小孩子吗？由此可以推断，赵匡胤坚持要把帝位传给赵光义的说法，肯定是赵光义即位后编造出来欺骗世人的谎言（前面《赵匡胤晏驾之谜》一节已有分析）。

我们不妨做一个大胆的推论：赵匡胤生前很有可能已经秘密将帝位传给了长子赵德昭，而且当时必然有第三者晓得此事。但因为赵匡胤死得太突然，赵光义早就做好了夺取皇位的准备，所以赵德昭没能赶在赵光义坐上龙床之前抢到帝位。（这种宫廷之谜不可能有现成的文献流传，但寻找一点儿破绽还是不困难的。《长编》卷十七说：“癸丑，上崩于万岁殿。时夜已四鼓，宋皇后使王继恩出，召贵州防御使德芳。继恩以太祖传国晋王之志素定，乃不诣德芳，径趋开封府召晋王。……后闻继恩至，问曰：‘德芳来耶？’继恩曰：‘晋王至矣。’后见王愕然，遽呼官家，曰：‘吾母子之命，皆托于官家。’王泣曰：‘共保富贵，勿忧也！’”意思是说赵匡胤死时，宋皇后没在万岁殿，听到赵匡胤的死讯，她立刻命太监王继恩去叫赵德芳赶紧上龙床，可恨的王继恩却到开封府把赵光义叫进了大殿。宋皇后见到赵光义心中大惊，脱口哀告：“我们母子的性命，全在官家你手上了！”赵光义流着鳄鱼泪回答：“不必害怕！”试想，宋皇后如果预先得知有所谓的“金匮之盟”，她敢先去唤赵德芳吗？）处在弱势的赵德昭不可能与手握重兵、极富政治经验和军事经验的二叔相抗衡，这是谁都明白的道理。他只能暂时忍受下来，再慢慢寻找机会。

那么赵光义晓得不晓得赵德昭是他帝位的最大威胁呢？当然晓得，而且心如明镜，所以他对赵德昭的防范也是严上加严，御驾亲征时也一定要带上德昭，而不让他留在汴京。对于赵光义来说，未必一定要尽快尽早地除掉赵德昭，但事情发展到了不得不亮底牌的程度：赵德昭迫不及待要抢他的帝位，打算先下手为强了。这时的赵光义出于本能，也必须把这颗眼中钉果断地拔掉！

我们可以很明显地感到，赵德昭建议赵光义尽快颁发嘉奖令，并没有任何可指责之处，赵光义为什么发那么大的火，说出那么刺伤赵德昭的狠话来？那不是逼他去死又是什么？显然，在赵光义看来，赵德昭必须马上死，至于怎么个死法儿，当然也就不重要了。

赵德昭的死究竟是谁造成的？这倒是个很难回答的问题。我们可以设想：如果当年杜老太后不说那句“如果孩子太小，就把帝位传给光义”的自以为聪明的傻话，赵德昭极有可能顺顺当当地做了大宋朝的第二代皇帝；如果赵匡胤及时把立德昭为太子的诏书颁布于天下，赵光义就没有任何理由抢到帝位；如果宋皇后是个铁腕儿皇后，敢于把赵德昭或赵德芳托上龙床，赵光义想当皇帝，就要冒天下之大不韪了；如果宋皇后派出去的太监不是赵光义的亲信王继恩，而是忠于赵匡胤的人，结果也绝对不会是这个样子；如果赵德昭畏天知命，老老实实当他的武功郡王，也不至于死于非命；如果赵德昭手下没有人支持、怂恿和鼓动，没有人为他谋取帝位振臂呼喊，他的情绪也不至于恶性膨胀。然而所有这些，毕竟都只是“如果”，真实的历史，已经永远无法重新书写了。

《宋史·宗室传》载，赵德芳生于五代后周的显德六年（959），也就是宋朝建立的前一年。太宗太平兴国三年（978）冬，“加检校太尉”；太平兴国六年（981）三月，“寝疾薨”，年仅二十三岁。什么叫“寝疾薨”？就是今天所谓“因病医治无效死亡”。

这么重量级的一位王爷，而且是赵匡胤的爱子，《宋史》的记载竟然简略到如此地步，连号称翔实富赡的《长编》中，也只有“己酉，山南西道节度使、同平章事德芳卒，年二十三。赠中书令，追封岐王，谥康惠”三十一个字。

请特别注意一下，《长编》用的是一个“卒”字，难道大史学家李焘会犯这样低级的史家大忌，连王爷的死叫“薨”都不懂了吗？他凭什么要把赵德芳降格到大夫的级别（古代天子死叫崩，诸侯死叫薨，大夫死叫卒，士死叫不禄）？还有，《长编》只说德芳“卒”，可绝没有说是“病卒”，这和《宋史·宗室传》的说法可差远了！这个没爹没娘的可怜孩子，连个“字”也没留下。司马光《涑水纪闻》说赵德芳娶的是洛阳知府焦继勋的女儿，时间在开宝八年（975）七月，赵匡胤死的前一年。这么重要的事，《宋史·焦继勋传》《宋史·赵德芳传》和其他宋朝文献里为什么都没有记载呢？风华正茂的一个年轻人，怎么仓促之间就“卒”了呢？究竟“卒”于什么原因呢？

赵德昭的死，前面已经交代过，是在太宗太平兴国四年（979）的八月，德芳的死距他哥哥的忌日只有一年零五个月。赵匡胤的两个儿子就这么前后脚儿离开人世，不令人感到其中大有文章吗？

按照古代宗法制度，赵匡胤死后，应该由其长子赵德昭继承皇位；赵德昭死后，如果他没有成年的儿子，次子赵德芳同样有资格继承皇位。而赵光义凭借那个莫须有的“金匮之盟”夺取了帝位，他应该是很心虚的。赵德昭被铲除后，赵德芳还在，换言之，还有威胁他帝位的人活在这个世界上，活在他眼前，他依旧是如坐针毡，不可能毫无防范，坦然面对兄长这个仅剩的儿子。“看他的过去就知道他的现在，看他的过去和现在，就知道他的将来”，这真是一句至理名言！赵光义除掉了赵德昭，后来又除掉了他的弟弟赵廷美，凡对皇权有威胁的宗室，都死在了他的手下，是不是很有可能斩草除根，把赵德芳也顺手儿掐掉呢？

至于赵德芳究竟怎么死的，的确已经成了千古之谜，我们只能猜测：他很有可能死于毒杀——中毒而死也是“卒”嘛。

对于事实的真相，李焘绝不会一无所知，他用“卒”来表示赵德芳的死，用的是典型的“春秋笔法”，恰恰是要给后人留下一点儿思考的余地，不想让强权者控制的史书把罪恶掩盖得连蛛丝马迹都找不到。要说糊涂，应该是写《宋史》“本纪”和《宋史·宗室传》的那帮家伙，他们凭着臆断，为赵德芳的死使用了一个冠冕堂皇的“薨”字。大概他们认为自己很聪明——比李焘还聪明，实际上恰恰做了件极愚蠢的事儿——无意间帮助阴险毒辣的赵光义掩盖了诛杀宗族的罪恶。

为什么只说写《宋史》“本纪”和《宋史·宗室传》的人愚蠢呢？众所周知，这么大部头儿的史书，大都出于集体创作，写“本纪”的人不一定去写“列传”。同样是在《宋史》里，《宗室传·秦王赵廷美传》却有这样几句话：“德昭不得其死，德芳相继夭绝，廷美始不自安。”请注意：“德昭不得其死”说的是赵德昭被赵光义逼死；“廷美始不自安”说的是赵光义唯一的弟弟赵廷美也生怕遭到他二哥的毒手。这两层意思如此明白，那么夹在当中的“德芳相继夭绝”，不就不言自明了吗？“夭绝”二字给后人留下的思考，与李焘的“卒”字可以说是异曲同工啊。

赵廷美是个倒霉蛋

赵匡胤共有两个弟弟，大弟弟赵光义尽人皆知，赵廷美则是赵匡胤的小弟弟。按说有两位皇帝哥哥的赵廷美，应该享尽人间富贵才对，但事实上，他不仅遭迫害，英年早逝，而且被泼了满身的污水，连出身也变得扑朔迷离。为什么会这样？是遇人不淑，还是咎由自取？

赵廷美原来叫赵匡美，大哥当了皇帝需要“避讳”，于是随着二哥赵匡义改成了赵光美（老二改成了赵光义。匡、光两个字读音、字义皆有相近之处）。十几年后，二哥赵光义又当了皇帝，他还得改名儿，才变成了“赵廷美”。

避讳这个怪胎从先秦时期就有了，并不算什么稀罕物儿。《礼记·曲礼》提出避讳十条，大致分属于庙讳、君讳和家讳三大范畴，其中用得最普遍的是君讳。说起避讳的影响，可能很多人都不敢相信。正话之前，先举几个例子轻松一下。今人常说的“龙泉宝剑”，最初应该是“龙渊宝剑”，“潜龙在渊”嘛，哪有说巨龙待在泉眼里头的？那不委屈死了？就因为唐高祖名叫李渊，天下所有的人都不准再提“渊”这个字了，说了就是犯法。于是流传数个朝代的“龙渊”迫不得已改成了“龙泉”，久而久之，人们竟然完全忘记了此剑的本名。古代的地名因避讳改的也不在少数，比如浙江的嘉兴原来叫禾兴，因为孙权的儿子叫孙和，音同而改；常山赵子龙的家乡本来叫恒山，因汉文帝叫刘恒而改；武松打虎的阳谷本来叫春谷。如此之类，不胜枚举。唐朝的避讳闹得最凶，除了上面提到的“渊”字之外，整个一朝里，所有的“世”都改成了“代”，“民”都改成了“人”，甚至连李渊的祖上李虎的“虎”字都不准再说。不仅如此，连考进士做官儿也要“避家讳”，诗人李贺的父亲叫李晋肃，竟然害得那么聪明的儿子没有资格考进士，因为“晋”和“进”两字同音，所以对不起，别考进士了。为此韩愈极为愤慨，写了一篇《讳辨》说：“父名晋肃，子不得举进士；若父名仁，子不得为人乎！”愤慨归愤慨，规矩还得遵守，所以赵廷美三番五次改名儿，那叫一点儿辙也没有。

改名儿毕竟不是什么大事，真正的大事是，这位王爷究竟是赵匡胤的同父同母弟还是同父异母弟，到现在还没弄清楚呢。

《宋史·后妃传》说：“太祖母昭宪杜太后，定州安喜人也。……生邕王光济、太祖、太宗、秦王廷美、夔王光赞、燕国陈国二长公主。”光济和光赞在史书中提及甚少，据《宋史·赵廷美传》说，这两个人一个“早亡”，一个“幼亡”，而且都在宋朝建立之前。按照这种说法，赵廷美是杜老太太所生的第四子，活下来的第三子。

同样是《宋史》，《赵廷美传》里却有多处说法与此完全不同。第一处说他被贬到洛阳继而被贬到房州（今湖北房县）安置的当口儿：“（太平兴国）八年（983）正月，涪陵县公廷美母陈国夫人耿氏卒。”这里明说赵廷美的生母不是杜老太太，而是另一位“陈国夫人耿氏”。陈国夫人是个封号，耿则是这位妇女的姓。第二处说赵廷美死后，“太宗从容谓宰相曰：‘廷美母陈国夫人耿氏，朕乳母也，后出嫁赵氏，生廷俊。朕以廷美故，令廷俊属鞬左右，而廷俊泄禁中事于廷美。’”这里把耿氏的来龙去脉交代得比较清晰了：这女人原本是赵光义的奶妈，后来离开赵匡胤家，嫁给了另一个姓赵的男人（请注意，这个姓赵的男人绝不是赵匡胤的族人，而是和赵宋皇家没有任何血缘关系的陌路人），并和那个老赵生了一个儿子，取名廷俊。廷俊长大以后，太宗皇帝看在同父异母弟廷美的分上，让他做了自己的跟班儿。谁知道廷俊这小子不识抬举，竟然把他了解到的内廷秘密泄露给了赵廷美。按照这种说法，赵廷美的母亲出身微贱，但很可能生得有几分颜色，所以被赵匡胤的父亲赵弘殷收了房（只发生性关系，没有妻、妾等任何名分），生下廷美。这种事儿在那个时代是极普遍的，谈不上是什么“作风问题”，耿氏在内的所有相关人员，包括杜老太太、赵匡胤、赵光义和赵廷美本人，都不会为此而感到难堪。正因为耿氏在赵弘殷家里没有任何名分，所以当赵光义不再需要奶水喂养时，赵弘殷便把她打发出去嫁人了，但她所生的儿子可是自己的骨血，必须留下没商量，于是赵廷美便留在了赵弘殷家。耿氏离开赵弘殷之后，又和她后嫁的丈夫生下了赵廷俊。

关于这件事，《长编》卷二十四是这样说的：“（太平兴国八年正月）戊午，上乳母陈国夫人耿氏卒，涪陵县公廷美之亲母也。”这句话说得很死，完全不是信笔带过。到了第二十五卷，又有一段记载和《赵廷美传》文字相同，这说明撰写《赵廷美传》的那位史官肯定是抄撮《长编》的旧文而成，几乎没动什么脑子就交差了。这是后话，留待下面再说，先要弄明白的还是赵廷美的亲生母亲究竟是谁。

如果杜老太太真有“匡胤死后让光义为帝，光义死后让光美为帝”的金匮遗言，那么廷美的生母就应该是杜老太太，原因很简单：杜老太太绝不可能甘心让一个没名没分的野女人生的儿子继承皇帝大位，无论从感情上还是从道理上说，都是如此。而后来赵光义非要把弟弟廷美置于死地，恰恰证明了廷美绝不是出于野女人耿氏的肚皮，而是他的手足同胞，是一个有足够资格继承皇位的亲弟弟。

或许正因为赵廷美是赵光义的亲弟弟，才造成了他必然是个倒霉蛋儿的悲惨结局。为啥这么说呢？中国古代有句话叫“名正则言顺，名不正则言不顺”，如果赵廷美真是耿氏所生，用不着别人提醒，他自己就会感觉比赵匡胤和赵光义矮一头，理不直气不壮，哪里还敢有继承皇位的妄想？如果是杜老太太亲生儿子，那就大不一样了：兄终弟及，既然二哥可以接大哥的班儿，三弟凭什么不可以接二哥的班儿？

《宋史·赵廷美传》里还记载了宰相赵普的一句话，无意间也泄露了一线天机。赵光义问赵普应该如何对待赵廷美，赵普答道：“太祖已误，陛下岂容再误邪？”这话说得极其恶毒：太祖以慈爱为怀，没把陛下你尽早除掉，已经犯下了致命的错误。陛下难道还要重复太祖的错误不成？赵普的话有很强的逻辑性：既然赵光义是以赵匡胤亲弟弟的身份取得大位的，那么赵廷美当然也可以以赵光义亲弟弟的身份取得大位。如果赵廷美根本不是赵光义的亲弟弟，凭着赵普的心机，完全可以找出更加冠冕堂皇的理由来摆平此事，用不着这么杀气腾腾，凶相毕露。

由以上分析，赵廷美为杜老太太所生应该是基本可信的。如果事实的确如此，赵光义称赵廷美乃耿氏所生便又是一则谎言。他为什么要在这个问题上面也编造谎言呢？最合理的解释是，他要告诉天下人：赵廷美这小子本来就来路不正，生性又凶残，不管朕对他兄弟二人（赵光义必须要强调赵廷俊才是廷美的同母兄弟，故意透露出他本人和赵廷美不是一个娘生的）多么仁至义尽，他就是怙恶不悛，非要跟朕作对到底，朕有什么办法（换言之，除了灭掉他没有别的办法）？后人对此不加甄别，有意无意地继续为赵光义的阴谋增加着注脚，直到元朝徐大焯写《烬余录》时，还煞有介事地说：“宣祖（赵匡胤之父赵弘殷）微时，道出杜家庄，避雪门外。庄丁见状貌英伟，延款饮食。久之，主人爱其勤谨，赘为第四女婿，遂生太祖、太宗。”根本不提杜老太太生赵廷美这档子事儿。

赵廷美究竟怎么得罪了赵光义？这和一个叫卢多逊的大臣关系很大。

卢多逊是后周显德初年的进士，入宋之后很得赵匡胤的赏识，也为赵匡胤出了不少经邦治国的好主意，论功劳大概仅次于赵普。怎奈此人生性高傲，看不起赵普（卢多逊是一甲进士出身，赵普只是个混迹于军阀自学成才的穷秀才。“学历”问题是卢多逊瞧不起赵普的重要原因之一），尤其是在赵普的地位比他高的时候，心里别提多憋屈了，下狠心非把赵普给扳倒不可。所以他当翰林学士的时候，只要有机会，就跑到赵匡胤面前说赵普的坏话，到赵匡胤晚年，还真把赵普轰到孟州当知州去了。

卢多逊一直和赵廷美关系不错，赵廷美的不少作为，也都是他给出的主意。按情理说，卢多逊结交赵廷美，也从另一个角度反证了赵廷美是杜太后的骨肉。如果赵廷美真是个后娘养的，姥姥不疼舅舅不爱，聪明绝顶的卢多逊怎么可能跟他混在一起呢？

赵光义刚即位，赵普赶紧在孟州给他写信，诉说自己被奸臣卢多逊陷害，还煞有介事地向赵光义汇报说，杜老太后临终前有“金匮之盟”，明说要让赵光义继承皇位。此时的赵光义正愁自己的帝位受到臣下的质疑，听了赵普的话，立马把他召回朝廷，又瞅着整天和赵廷美拉近乎的卢多逊不顺眼，干脆任命赵普当了宰相。

好嘛，这下子形势急转直下，卢多逊坐不住了，整天往赵廷美府上跑。俗话说，常在河边走，哪有不湿鞋的，不知道是赵普买通了赵光义的旧僚柴禹锡，还是柴禹锡自告奋勇（八成是赵普授意柴禹锡，因为《赵廷美传》说“廷美所以得罪，皆赵普为之也”，话里有话呀），大胆“揭发”了卢多逊怂恿赵廷美篡位的阴谋。

“太宗怒，下诏数其不忠之罪。……狱具（案件审理完结），召文武常参官集议朝堂，太子太师王溥等七十四人奏议曰：‘谨案兵部尚书卢多逊，身处宰司，心怀顾望，密遣堂吏，交结亲王，通达语言，咒诅君父，大逆不道，干纪乱常，上负国恩，下亏臣节，宜膏斧钺，以正刑章。其卢多逊请依有司所断，削夺在身官爵，准法诛斩。秦王廷美，亦请同卢多逊处分，其所缘坐，望准律文裁遣。’”（《宋史·卢多逊传》）大概是担心夜长梦多，赵光义没多寻思，立即下旨：兵部尚书卢多逊，“包藏奸宄，窥伺君亲，指斥乘舆，交结藩邸，大逆不道，非所宜言。……其卢多逊在身官爵及三代封赠、妻子官封，并用削夺追毁。一家亲属，并配流崖州。”（《宋史·卢多逊传》）崖州在今海南省三亚市西，那时候的三亚是流放重罪犯人的地方，可不像现在灯红酒绿那么现代化。

就赵光义本心而言，收拾卢多逊只是搂草打兔子——带捎（烧）的。他真正想命中的目标，当然是对他帝位威胁最大的赵廷美！《赵廷美传》里说：（太平兴国）七年（982）三月，“或告秦王廷美骄恣，将有阴谋窃发。上不忍暴其事，遂罢廷美开封尹，授西京留守，赐袭衣、通犀带，钱千万缗，绢、彩各万匹，银万两，西京甲第一区。”这一回赵廷美究竟有什么阴谋，想怎么“窃发”，史书中大多没有明说——反正有人揭发你图谋不轨，朕就得把你轰到洛阳去，别在朕眼皮子底下烦朕了。

《赵廷美传》接着说，卢多逊被审讯的时候忍受不了酷刑，自言道：“累遣赵白以中书机事密告廷美。去年九月中，又令赵白言于廷美云：‘愿宫车晏驾，尽力事大王。’廷美遣樊德明报多逊云：‘承旨（卢多逊当时任翰林学士承旨）言正会我意，我亦愿宫车早晏驾。’……诏文武常参官集议朝堂。太子太师王溥等七十四人奏：‘多逊及廷美顾望咒诅，大逆不道，宜行诛灭，以正刑章。’”所谓“宫车晏驾”，就是指两个人都盼望着赵光义赶紧完蛋。

赵廷美和卢多逊的“罪行”暴露之后，赵光义很清楚自己已经取得了决定性胜利，可以没事儿偷着乐了，于是大张旗鼓地召集“文武常参官集议朝堂”，听取他们的“意见”。

这时候还有一个人没过够整人的瘾，那就是被卢多逊整垮又重返相位的宰相赵普。他恨透了卢多逊，当然也恨透了赵廷美，所以见到卢多逊被流放海南，而赵廷美还美滋滋地待在洛阳享福，也太便宜他了！于是“赵普以廷美谪居西洛非便，复教知开封府李符上言：‘廷美不悔过，怨望，乞徙远郡，以防他变。’”（《宋史·赵廷美传》）这里提到的李符是赵普的一个小兄弟，赵普借李符之口，将赵廷美一家赶到了房州（今湖北房县）：“诏降廷美为涪陵县公，房州安置。妻楚国夫人张氏，削国封。”（《宋史·赵廷美传》）

这期间，赵廷美一直在寻求“救助”，赵光义的长子赵元佐看到小叔遭人陷害，屡次在父皇赵光义面前大骂赵普不是东西，但每次都会被赵光义呵斥出去（赵元佐是个有正义感的男子汉，他哪儿能明白父皇的真正用心哪），因此患上了严重的精神分裂症。

百般无奈之下，赵廷美挨到雍熙元年（984），不得不赴贬所。到房州之后的凄惨，就无须多说了。《赵廷美传》说：“廷美至房州，因忧悸成疾而卒，年三十八。上闻之，呜咽流涕，谓宰相曰：‘廷美自少刚愎，长益凶恶。朕以同气至亲，不忍置之于法，俾居房陵，冀其思过。方欲推恩复旧，遽兹殒逝，痛伤奈何！’因悲泣，感动左右，遂下诏追封廷美为涪王，谥曰悼，为发哀成服。”看看赵光义这副表现，怎能不令人联想起赵匡胤长子赵德昭死后的情景？此人真可谓是个极具表演天赋的超级明星大腕儿！

到此为止，妨碍赵光义皇位的赵德昭、赵德芳、赵廷美三个宗亲都清除干净了。然而赵光义毕竟还不踏实，他必须要反复证明自己是位英明的、仁慈的、博爱的君主——赵廷美贬死，完全是他咎由自取的，所以赵廷美死后，他继续在各种场合中爆料赵廷美的“狼子野心”。《长编》记载，在一次和宰相们的闲谈中，赵光义又说：“迩者凿西池，水心殿成，桥梁未备，朕将泛舟往焉。廷美与左右谋，欲以此时窃发，不果，即诈称疾于邸，俟朕临省，因而为变。有告其事者。若命有司穷究，则廷美罪不容诛。朕不欲暴扬其丑。及卢多逊交通事发，止令居守西洛。而廷美不悔过，益怨望，出不逊语，始命迁房陵以全宥之。至于廷俊，亦不加深罪，但从贬宥。朕于廷美，盖无负矣！”

这段话讲得有鼻子有眼儿：不久前开凿西池，修建水心殿，因为桥还没架好，朕打算乘船到殿里视察视察，赵廷美竟然想趁此机会干掉朕，结果阴谋泄露，他便谎称有病，等着朕到他府上去看望他，再对朕下黑手，因为有人告密，又没有得逞。如果朕当时命司法机关严加审问，那他必定是死有余辜。可朕还是不忍心暴露他的丑恶嘴脸，只命他到洛阳去反省（朕对他够仁至义尽了吧）。谁承想他不思悔过，越发无礼，朕才把他打发到房州去的。赵光义话音刚落，宰相“李昉对曰：‘涪陵悖逆，天下共闻。西池禁中事，若非陛下委曲宣示，臣等何由知之？’”这句话真是太值得玩味了：赵廷美和陛下不对付，地球人都知道。可陛下所说的“西池谋反”这个重大案件，如果不是陛下亲口说出来，臣等怎么可能知道呢？

啥事儿都怕反过来琢磨：连皇帝都一清二楚的刺杀阴谋，宰相怎么可能毫无耳闻？养这样的宰相干什么用？再说不是早就有人揭发了吗？揭发的人是谁？他有什么权力不知会宰相一声就直接密报天子？所以如果严格按照情理来推论，赵光义这句话实际上是说漏了嘴，只不过宰相李昉比他更精明，巧妙地用自己的“无知”掩盖了赵光义的自作聪明。

赵廷美这个倒霉蛋儿，倒霉倒在他错生在皇家（不管他娘姓耿还是姓杜），错当了赵光义的弟弟（不管是同父同母弟还是同父异母弟），错在拉拢了卢多逊而忽略了赵普，错在他不懂得“急流勇退”（当局者迷，旁观者清）。如果他只管吃喝玩乐，断不至于把骸骨留在房州那块穷乡僻壤！

宋徽宗是怎么死的

宋徽宗这位皇帝，可以说是福也享到了极致，罪也受到了极致。没有人不知道这个大玩家皇帝把好好的北宋江山弄丢了一大半儿，后来当了金国的俘虏，最后惨死在五国城（今黑龙江依兰县附近），但真正了解他死前惨状的人大概不太多。看完下面这些令人毛骨悚然的文字，您恐怕不敢相信，一个多才多艺、风流倜傥的大宋皇帝，生命的最后几年，竟然实实在在连条野狗都不如！

说起徽宗的才气，达·芬奇未必能望其项背；说到他的风流，唐明皇也一定自愧不如，人家跟李师师那段佳话，可比唐明皇和杨贵妃的爱情浪漫多了！此人的书法造诣极为精深，自创“瘦金体”，至今很难模仿；此人善作画，邓椿《画继》称他“艺极于神”，政和初年（1111）所作的《筠庄纵鹤图》，画仙禽二十，“或戏上林，或饮太液。翔凤跃龙之形，警露舞风之态。……并立而不争，独行而不倚，……各极其妙，而莫有同者焉”。他的词作虽然不多，但哀婉清秀，深得其体之三昧。他对于文房四宝、五大名瓷、琴棋诗酒，乃至于民间工艺品，都具有极高的鉴赏水准，对道教也有相当精深的研究。可以这么说，所有学术和艺术门类，只要经他覃思点化，无不绽放出新的光辉。可惜他错当了人主，错用了佞臣，直落得国破家亡，惨死异乡。

靖康之变，是徽宗人生之旅的最大拐点。此前两年即宣和七年（1125）的十二月，新崛起的金国铁骑以迅雷不及掩耳之势，从北方很快渡过黄河，扑向宋都汴京。惊慌失措的徽宗皇帝明白大势已去，急忙把一个岌岌可危的江山禅让给了二十五岁的皇太子赵桓（即后来的钦宗）。大概是徽宗心里有愧，禅让之后，他嘱咐大臣们说："不要称太上，只称一名目，如道君之类。"（"道君"是徽宗自封的道号，在位的时候命天下官民称之为"道君教主皇帝"。直到社稷将倾，他还没想放弃这个该死的道号呢。见《皇宋通鉴长编纪事本末》卷一四六。）可惜的是，钦宗即位后，没有采纳李纲、种师道等人的战守之策，内讧连连，使金兵屡次得手。靖康元年闰十一月，汴京终被攻破。金人疯狂掠夺屠杀之后仍未尽兴，逼迫钦宗和他老爹徽宗必须到金营"谈判"。此时的宋朝君臣完全成了金人俎上的鱼肉，懦弱的徽宗、钦宗父子只得带着"（皇子）郓王以下三十六人、诸王妃、公主、都尉等"来到城外的金国行营（《皇宋通鉴长编纪事本末》卷一四九）。

此后二帝的"北狩"，正史当中很少记载，因为这段历史实在是太丢人了。可怜的徽宗和钦宗究竟怎样度过他们的余生，都被一本托名辛弃疾写的《南渡录》记录下来。这本书毕竟不是正史，可信度固然值得商榷，不过通观全书，又不像在故意造假。我们姑且按照本书描写的脉络，从徽、钦二帝离开汴京的那一刻说起吧（当时也有不同的说法，有的文献甚至说徽宗在北国还与跟随的嫔妃生下孩子。然而我觉得，凭着金人的残暴本性，几乎没有这种可能）。

靖康二年（1127）三月十六日，金国南征大元帅黏罕命人把徽宗和钦宗（外带徽宗郑太后和钦宗朱皇后）拽到帐前，传达金国主的"旨意"说："你们父子不道，上负祖宗，下负万民，不可复居民上。"随后将四个人押进一间狭窄的屋里。

第二天，几个金卒闯进屋，呵斥二帝、二后换上平民所穿的青色衣裳。

十八日一大早，一个骑马的金国军官来到屋前大呼：“该走了！”随后牵来四匹马，让徽宗、钦宗、郑太后和朱皇后骑。“二后素不能骑，骑吏拽而乘之。太后病未已，伏鞍而行。”

押解小组的头目名叫骨禄都，他瞅着朱皇后饶有姿色，一路上不停地用脏话调戏侮辱她，还当着钦宗的面儿又掐又搂。朱皇后要小解，骨碌都以“押解纪律”为由跟到地头儿，攥紧朱后的胳膊非要奸污她，吓得朱后口不能言，惊悸成病，更无法骑马了。骨碌都索性把她抱到自己的马上任意凌辱。走了三十里天色将晚，几个人被安排在一座破庙里。不料到了夜间，朱后小腹疼痛，骨碌都跑进来，使劲儿揉搓她的肚子，直到天明，淫亵地对钦宗说：“劝劝你媳妇好好伺候老子，把老子伺候舒服了，才能保你平平安安到达燕京。如果不从我，哼！”郑、朱二后哪儿受过这般折腾啊，可此时身为俘虏，只能强忍着，一点儿辙也没有。唉，这才仅仅是个开始呀，非人的苦难还在后头等着他们呢。

第二天来到东明镇，朱后病得厉害，不能进食，钦宗心疼，大哭不止。骨碌都跑过来厉声骂道：“别哭啦，你们赵家三千多口子都流落到北国了。知道老子是谁吗？老子并不是金国人，还给你们赵家拉过花石纲呢，就是你们这些王八蛋把老子逼到金国去的，我这个名字还是金国大元帅赏赐的呢。如今你们落到猪狗不如的田地，这是上天给你们的报应，能埋怨谁？”骂得徽宗和钦宗爷儿俩无言以对。

二十日，来到封丘（今河南封丘），“早食于山坡之下，饮食皆坐地上，无椅桌。时雨霁泥滑，二帝二后皆在泥中伏蹲，饮食粗粝，形容黧黑，目睛皆昏。路旁有浅井，太上（徽宗）误堕其中，骨碌都拯而出之。郑太后惊仆伤足，朱后手绞太上之衣去其水，而上马以行。”

二十二日，来到卫州（今河南卫辉），“二帝为金人所闭，居一小室。日中始得豆饼四枚，四人分食。”联想到现在，莫说是宠物狗锦衣玉食，就是不招人待见的流浪狗，也不至于没有窝头吃吧？可咱这两位皇帝和他们的皇后，饿了大半天，只能吃到一小块豆饼！

这时候押解组组长换了一个叫泽利的人，二十四日抵达安信县（约今河南卫辉），当地县官来拜，泽利命朱后为他劝酒唱歌。朱后含泪持杯唱道："幼富贵兮厌绮罗裳，长入宫兮陪奉尊阳。今委顿兮流落异乡，嗟造化兮速死为强。"这时的朱后，真是欲生不得欲死无门。到了晚上，泽利把徽、钦二帝和郑太后三人结结实实捆在柱子上，"辱骂百端"，唯独对朱后稍加宽纵，因为泽利也打算强奸她。

四月以后，《南渡录》记载的日期渐渐模糊，往往用"或日"取代，"或日"相当于今天所谓"某天"。过了真定府（今河北正定），很快便进入了金国之境。

四月初，几个人见到了柔福帝姬，接着在某县又见到了肃王（徽宗一共有三十一个儿子，肃王赵枢排行老五）的女儿珍珠，她已经被强行嫁给了当地的县官。到了晚上，泽利在一个富人家里摆酒行乐，主人家妾数人陪酒。泽利觉得不过瘾，于是将二帝、二后捆到堂前，命他们跪在地上"伺候""助兴"。泽利喝高了，竟然把尿撒在四个人的头上和身上！

此后的日子，二帝、二后都是被捆绑着前行的。"或日，至一县，极荒残。路旁有一女子，年可二十余。见太后过，乃拜曰：'带取奴奴去！'（这肯定是个被金人掠来、受尽折磨凌辱的宋朝贵族女子，她大概认为跟着太后和皇后会安全得多）或报泽利，泽利视之，微笑曰：'一块去。'遂令左右扶上马。是夕，泽利醉，淫其女，丑恶之声，二帝共闻。遇有酒食，皆与此女共食，且谓朱后曰：'你不如她！'"（《南渡录》是用古白话文写成的纪实之作，原文就是这么记载的）这种令人发指的恶行在徽、钦二帝甚至在朱后眼里，早就司空见惯，麻木不仁了。

《南渡录》接着说："二后自出京以来，足跣（光着脚）不复能行。虽乘马，足皆生疮，肌肉瘦瘠。二帝亦枯槁不类生形，为监者所诟责朴鞭，欲死无路。衣服共相结缚，夜卧不离。”可以想见，已经四十六岁的徽宗到了这步田地，也真够他受的。

五六天以后，总算到了燕京。“金主登殿，左右执二帝、二后膝跪于地，皆再拜讫。”金主见几个人衣服垢敝，臭气熏天，发了一点儿慈悲之心，免了他们的大罪，废为庶人，还赐给他们几丈新布，特许他们洗一次澡。

谁知回到囚室，看管的人只拿些旧衣裳丢给他们，还讥讽地说：“穿现成儿的多好，省得你们还要去量体裁衣，再说你们也没有做新衣裳的钱哪！”所赐居室是什么样儿的呢？“室中并无椅桌，惟砖石三四枚而已。时二帝终日跪拜（这是金国主给他们规定的‘必修课’，让他们无休无止地向金主叩谢不杀之恩。如果不跪不拜，麻烦会更大），两日之中，止食二次。二后但哭泣而已。”从二十二日到三十日共九天，四个人一直被关闭在这间小屋里，每天能得到的，只有“粗饭四盂、米饭四盂”。当时朱后已经病得相当厉害，卧在阴冷的地上，连日呻吟不止。看管人一听到呻吟声，就闯进门来破口大骂。钦宗哀求看管人说：“看在我们国破家亡的分上，给她一口水救救她吧。”谁想看管人反唇相讥：“给你们留下条性命已经是大恩大德了，你居然还敢要水喝？”

忍到六月一日，金主又命二帝、二后到元帅府谢恩，朱后病得没法儿走路，看管者把她背在背上，两手不住地捏弄朱后的脚，淫亵之状，令人无法忍受。可怜朱后二十六岁的芳华，竟于建炎四年（1130）的六月二日，死在了人间地狱般的燕京。当时的景况是：“皂衣吏引数人扶后尸，用黍席卷之，共拽之而去。帝哭愈哀，不敢出声，恐监者呵喝也。”而这等惨状，徽宗、钦宗都是目睹的。

六月初二，二帝和郑太后又被拽到元帅府，听金人宣布金国主圣命：赵佶（徽宗）、赵桓（钦宗）及郑氏即日迁往安肃军（北宋有个安肃军，治所在今河北省徐水县的遂城镇，杨业之子杨延昭曾在此处当了很多年官。不知这里所说的安肃军是否是指此地）居住。

当时的河北冀中平原是一片黄沙，可不像现在这样到处是绿，加上天气又热，几个人光着脚走在灼人的沙路上，滋味可知。还好，这次押送他们的阿计替是个善心人，一路上尽可能给他们提供些吃的，遇到有水的地方，也尽着他们喝个够，三人得以不死。到了安肃军城门，守门军卒要例行搜身，连郑太后都仔仔细细摸了个遍，才放他们进城。这样的屈辱，郑太后早就麻木了。

到了安肃军的一段时间，阿计替依旧负责看管他们，这对几个人来说，实在是求之不得的大好事儿。不料数日之后，阿计替被差往远处公干，噩梦随即到来。

当月十七日夜里，外头忽然喊声大作，火光连天，大火一直延烧到二帝所居的小屋旁。次日天色将明，父子俩被拽到了安肃知军的大堂，知军怒喝道："你们好大的狗胆，居然敢勾结契丹人谋反，要杀了本知军去投靠西夏！"钦宗万分委屈，赶紧申辩："我父子一直被囚禁在小屋里，看管严密，哪有机会和别人勾结谋反？"知军听罢更加恼怒，吼叫道："你还敢顶嘴？那个契丹人已经被我杀了，我即刻奏报大金国皇帝，好好和你们算账！"钦宗实在是幼稚可笑，在那样的境况之下还想和人家讲理，能讲得通吗？果不其然，知军见钦宗不识相，命人用皮鞭狠狠地抽他，直打得他浑身是血，门牙都被打掉了才算罢手，仍旧将他捆绑结实，丢回囚室。这一天饮食俱无，徽宗也跟着挨了一天的饿。

事情原委是这样的：安肃军当时有两个知军，一个是金人，一个是契丹人。两个人一向不和，契丹知军的确是想杀死金知军，劫取徽、钦二帝投奔西夏，算是见面礼。没想到被一个奴才密报给了金知军，于是金知军发兵围住契丹知军的住处，并放火烧毁其住处，杀死七百多名"犯罪嫌疑人"，闹到拂晓才安定下来。

这个有嘴说不清的飞来横祸降临不久，二帝被判通同谋反，押解到云州（今山西大同）听候处理。“圣命”宣读之后，金知军强迫二帝谢恩，钦宗万分委屈，哽咽不能言。知军大怒，吼叫道：“狗杂种，当初你想杀我，如今还敢如此抗拒，老子岂能饶过你！”命左右用柳树枝子狠狠抽了钦宗五十下，钦宗昏死许久才苏醒过来。到了晚上，知军差人前来押解二帝上路。此时天气极热，钦宗浑身是伤，坐也不是，站也不是，徽宗也因酷热和惊吓得了病，看管人担心他们死去，拿来一块木板，让他父子躺在上面，说这样就不会被地上的湿气侵扰，可以“愈疾”了。

阿计替重新担起看管二帝、一后的使命，但他也只能在很有限的条件下稍加照顾而已。忽然有一天，云州同知（相当于副知州）兀西哺途把二帝提到堂前厉声诟骂，骂的什么话，二帝根本听不懂，还是回到囚室后阿计替给他们做了翻译。阿计替说：“兀西哺途的父亲跟金国四太子前往江南征讨，被宋朝人捉去了，所以兀西哺途恨透了你们，肯定不会轻易饶过你们，我也无能为力了。”果然，当天二帝便被转移到一间潮湿得无法居住的屋子里。徽宗望着钦宗哭道：“这一回我父子非死在这里不可了！”

破屋又遭连夜雨，阿计替再次被差往燕京公干，临行前对二帝说：“你们父子千万要忍耐几天，等我回来再救助你们。”可惜的是，没过几天，一个金人便来到囚室宣布：“奉圣旨，命你们三人到西污州听候处置。”话音刚落，早有番兵上前，把二帝和郑太后的双手捆住，往外就拽。至于西污州在哪儿，别说徽、钦二人不知道，就是今人编写的《古今地名大辞典》，都没有任何记载。

没有阿计替的随行押解，肯定是凶多吉少，三个人都感到了彻心彻骨的寒意。也不知走了多久，这天晚上，来到一片密林之前，忽听得有番人吹笛，声调呜咽，勾起了徽宗的哀思，不禁脱口吟词一首：“玉京曾忆昔繁华，万里帝王家。琼林玉殿，朝喧弦管，暮列笙琶。花城人去今萧索，春梦绕胡沙。家山何处，忍听羌笛，吹彻梅花。”吟罢又问钦宗：“你有和词吗？”钦宗是个非常孝顺的儿子，依韵和道：“宸传三百旧京华，仁孝自名家，一旦奸邪，倾天拆地，忍听琵琶？如今在外多萧索，迤逦近胡沙。家邦万里，伶仃父子，向晓霜花。”吟诵完之后，三个人抱成一团放声大哭。

受尽风霜雨雪的折磨，好不容易挨到了西污州。徽宗因长期营养不良，得了脱发之疾，一根儿头发都没有了，和剃度过的和尚没什么两样。这并不可怕，可怕的是天冷之后，“大雪数尺，室中极冷，帝、后颡膝相拄，声颤不能言”。到了深冬，那就不是“声颤”的问题了，不想点儿办法，怕连命都保不住了。学习当地人的经验，二帝在室内挖了一个深五六尺的地洞，“帝后昼夜伏其中”，总算熬过了北国的严冬。

时隔未久，变故又接踵而至。据那位从燕京和云州回来负责看管他们的阿计替说，金国四太子征讨淮南时，被宋朝大将韩世忠大败于金山（今江苏镇江江中的一座山），差点儿丧了命（就是大家熟悉的梁红玉击鼓抗金兵那场战斗），于是金主左右大臣给他献策说，宋朝已经渐渐强大，必须把徽、钦二人转到内地羁押，免得他们生事。金主听从了大臣的建议，决定将二帝一后安置到五国城。

第二天一早，二帝、一后便由阿计替押解，徒步从西污州出发，大约走了五六十里，天色将晚，几个人实在走不动了，对阿计替哭道：烦请大哥奏报金主，把我们就地敲杀吧，“何故只管叫吾千里行也”？阿计替不住地安慰他们权且忍耐。

又走了六七天，郑太后终于挺不住，得了重病，无法行进。徽宗命钦宗背着她往前走，当晚，四十七岁的郑太后病死于“林下”。至于“林下”究竟是什么地方，谁也说不准，按照全程日期推算，此地大概在今吉林省境内。“仓卒之际，于路旁用刀掘坑，以身上衣服裹而埋之，二帝皆哭之痛。”

又走了几天，终于到达了五国城。这地方和西污州大致相类，全城仅有六七十家，“皆荒残不成伦理”。二帝被安置在官府左庑的一间小屋，屋里只有一个小土台，勉强可容两个人坐一坐。屋外有木栅栏封住，看管人在栅栏上贴上封条，扬长而去。从此以后，每到日昃，两个可怜的囚徒皇帝才能盼到小小一盂饭，分而食之。

又是一年春来迟，父子两人熬到了宋朝纪年的绍兴元年（1131），屈指算来，二人过囚徒生活已经是第六个年头儿了。头发尽落的徽宗又添了个新病——因为思念郑太后过甚，哭瞎了一只眼睛。尽管宋朝那边儿时不时传来战胜金人的消息，但奄奄一息的徽宗似乎意识到自己生命之火将要熄灭，整天蜷缩在屋子一角儿，一会儿哀哀呻吟，求死不得，一会儿又大骂奸臣误国，恨不能生食其肉。

有一天突降大雨，屋子一面山墙突然开裂倾颓，刹那间钻出一大群蝎子，在徽宗胳膊上狠命地螫，把徽宗疼得满地打滚儿，还是钦宗英勇，马上拿起土块将群蝎击毙。没有医药，疼得徽宗滚了足足一个多时辰，才算稍稍能忍受得住了。

要说这徽宗真是个命大的，或许也是上天存心让他多受点儿罪，这种非人的日子年复一年，他竟然扛到了绍兴四年（1134）。不幸的是，他的两只耳朵又全聋了。

绍兴五年（1135）初，五国城突然来了几百口子中原人。据他们说，金国皇帝已经将康王（这其实并非事实，而是讹传。康王即二帝被俘后坚持抗金的天下兵马大元帅、徽宗第九子赵构，后被文武大臣拥立为帝，为南宋第一位皇帝，死后庙号高宗）俘获，他们都是有罪之人，被强迫迁徙到这里来的。由于人口骤然增多，金主不放心，于是又一道圣命传下：徽、钦父子即日移往均州居住。

均州在什么地方、什么方位还是不得而知，只知道此州距五国城有两千多里远，而且“路极险恶”，原属契丹，后被金人攻占。真不知道徽、钦二人凭借了多顽强的毅力，还真到达了均州。可惜此地人说话，连阿计替都听不懂了，根据书中所记当地风俗是“以手交腋”以示礼貌，很可能已经到了今天的俄罗斯境内。

这里比五国城气候更加恶劣，饮食也和五国城大相径庭。有一天，看管人拿来些十分坚硬的“均州所产稻米”给二帝吃，徽宗吃了不多便“手足软弱，不可行步执物”，今天看来，一定是食物中毒。然而那里没有任何药物，当地人得了病，都用一种叫“茶肭子”的东西医治，据说“饮者多愈”。钦宗见老爹痛苦万状，连忙求来此物给徽宗灌进。刚刚入口，徽宗便大叫一声“苦”，随后吐出，可就这么一下子，“喉间已成疮布满矣”！

绍兴六年（1136）三月六日，天气还很寒冷，一直生存在土坑深处的钦宗突然觉得身边格外寂静，下意识地扭了扭头儿，才发现受尽摧残、五十四岁的徽宗道君太上皇帝蜷曲在洞角儿，已经停止了呼吸，“僵踞死矣”！阿计替赶紧给钦宗出主意，让他把徽宗就地埋在这个土坑中，还能落个全尸。谁知话音未落，随从早已报告了官府，紧跟着来了好几个大汉，跳进土坑，不由分说将徽宗尸体拽上来，捆在一根大木头上抬走了。钦宗痛哭着随在他们身后，一直走到一个石头砌成的大坑前。原来当地风俗，人死了不准埋葬，而要抬到州北石坑前焚烧“半烬”，丢进坑里，久而久之，坑里的水就变成了油，可以点灯用。徽宗的尸体被烧了个差不离，汉子们泼水把火浇灭，一声号子，面目全非的徽宗皇帝便被扔进了大坑，变成了当地居民未来的灯油！钦宗大哭，也想纵身跳进坑里随父而去，却被汉子们死死地拽住。是不是汉子们发了恻隐之心呢？非也。当地还有个说法：一旦有活人进坑，里边的水便很快变清，无法点灯了。

到此为止，帝、后等四人，只剩下钦宗一个了！这个孤魂在北方雪国又顽强地存活了二十来年，最后惨死在金人铁蹄的乱践之下（具体参见后面的《倒霉透顶的宋钦宗》）。

宋徽宗有多少小爱好

宋徽宗是宋朝顶级的享乐型皇帝，兴趣爱好颇为广泛，可以这么说：除了该他干的治国安邦发政施仁之外，不着调儿的风流事儿没有他不痴迷的，不但痴迷，还样样儿都能做到极致。如果他只是个王爷，甚至是个大学士什么的，一定会千古流芳。可惜他错当了皇帝，不但葬送了自己，还葬送了大半个宋朝，最终落得遗臭万年，真是阴差阳错。

与徽宗类似的皇帝此前还有过一位，便是五代十国时期那个“问君能有几多愁？恰似一江春水向东流”的南唐后主李煜。他的词作至今仍被人视为“神品”，这是尽人皆知的事，还有些本事，现代的能工巧匠也难以望其项背。据说他曾亲手为心爱的小周后编织过一顶镏金凤冠，金丝比头发丝还细。小周后见到凤冠，怎么也不敢相信，如此精美绝伦的艺术极品，竟然出自身旁的君王之手。张端义的《贵耳集》记载：有一次神宗到秘书省见到李煜的画像，对他的丰神秀韵大为叹赏。回到后宫，又梦见李煜前来拜谒，一觉醒来，儿子赵佶（即后来的徽宗）呱呱坠地。这也许是巧合，也许是附会，但徽宗“文采风流过李主白倍”，咱就不得不信了。

爱好之一：石艺园艺。

徽宗酷爱石艺园艺，“代表作品”就是那座比颐和园还要宏壮精巧的皇家园林艮岳。关于艮岳之建，当时的说法是：徽宗久无子嗣，有个叫刘混康的茅山道士说：京城东北角儿地势太低，如果能把那里变高，必能多得皇子。徽宗笃信不疑，于是在汴京东北修建人工冈阜，后来果然接连生子，才有了续修艮岳的念头。这种说法有很大的漏洞：既然那里已经垫高，徽宗也有了不少儿子，何必还要劳民伤财？所以，根本原因还是徽宗酷好园林艺术。宋人岳珂《桯史》中说，徽宗打算修建艮岳，宦官们争相为他出谋献策。他这一喜欢不要紧，全国人民都跟着遭了殃，尤其是东南江浙地区，不管谁家，只要有奇石异木，统统搬走没商量。这段历史即《水浒传》里所说的“花石纲”。为了徽宗这个雅好，不知有多少人倾家荡产，甚至丢了性命，连方腊起义都是以此为导火索的。《宋史·朱勔传》载，朱勔得到一块巨大的太湖石，以巨舰运载，役夫多达数千人，所经州县，遇水门拆水门、遇桥梁拆桥梁，甚至把城墙都敢凿开。这块巨石运抵汴京后，徽宗大笔一挥，赐名为“神运昭功石”。宋人袁褧《枫窗小牍》中说徽宗在这块巨石旁种了两株桧树，还用金字题诗说：“撑拏天半分，连蜷虹南负。为栋复为梁，夹辅我皇构。”后人都说这简直就是为秦桧卖国、天下两分定下的调子。

艮岳究竟有多么宏伟，宋人张淏有一部《艮岳记》说得十分详细，这里不妨摘录数语，以见其概：“政和初，天子命作寿山艮岳于禁城之东陬，诏阉人董其役。舟以载石，舆以辇土，驱散军万人，筑冈阜，高十余仞。增以太湖、灵壁之石，雄拔峭峙，功夺天造。石皆激怒抵触，若碮若齿，牙角口鼻，首尾爪距，千态万状，殚奇尽怪。……斩石开径，凭险则设磴道，飞空则架栈阁，仍于绝顶，增高树以冠之，搜远方珍材，尽天下蠹工绝技而经始焉。山之上下，致四方珍禽奇兽，动以亿计，犹以为未也。凿池为溪涧，叠石为堤捍，任其石之怪，不加斧凿。因其余土，积而为山，山骨暴露，峰棱如削，飘然有云姿鹤态，曰飞来峰；高于雉堞，翻若长鲸，腰径百尺，植梅万本，曰梅岭；接其余冈，种丹杏鸭脚，曰杏岫；又增土叠石，间留隙穴，以栽黄杨，曰黄杨巘；筑修冈以植丁香，积石其间，从而设险曰丁嶂；又得赭石，任其自然，增而成山，以椒兰杂植于其下，曰椒崖。……循寿山而西，移竹成林，复开小径至百数步。竹有同本而异干者，不可纪极，皆四方珍贡，又杂以对青竹，十居八九，曰斑竹麓；又得紫石，滑净如削，面径数仞，因而为山，贴山卓立。山阴置木柜，绝顶开深池，车驾临幸，则驱水工登其顶，开闸注水而为瀑布，曰紫石壁，又名瀑布屏。从艮岳之麓，琢石为梯，石皆温润净滑，曰朝真磴；又于洲上植芳木，以海棠冠之，曰海棠川；寿山之西，别治园圃，曰药寮。其宫室台榭，卓然著闻者，曰琼津殿、绛霄楼、绿萼华堂；筑台高千仞，周览都城，近若指顾。造碧虚洞天，万山环之，开三洞为品字门，以通前后苑，建八角亭于其中央，榱椽窗楹，皆以玛瑙石间之。……又于旧地作野店麓，治农圃。开东、西二关，夹悬岩磴，道隘迫，石多峰棱，过者胆战股栗。凡自苑中登群峰，所出入者，此二关而已。”由此可见，艮岳堪称中华历史上最为壮观的皇家园林，无出其右了。

爱好之二：金石书画。

徽宗精于工笔花鸟画，宋人邓椿《画继》称他“艺极于神”。政和初年所作的《筠庄纵鹤图》，画仙禽二十，“或戏上林，或饮太液。翔凤跃龙之形，警露舞风之态。……并立而不争，独行而不倚，各极其妙，而莫有同者焉”。概括成八个字，就是“形神毕肖，栩栩如生”。还有一幅《奇峰散绮图》，能给人“咫尺千里”的立体感觉，看那晴峦叠秀，如同到了阆风之巅、群玉之殿；看那绮丽云霞，如同到了天汉之间；看那飞阁倚空，如同到了仙人楼居。祥光瑞气，浮动缥缈，使观览者“飘飘焉，峣峣焉”，分不清自己是人还是仙了。《古今图书集成·艺术典》载赵孟頫得到一幅徽宗所画的“竹禽”，曾题曰：“何其幸耶！”又见到徽宗画的“六石图”，不用皴法，以水墨生晕，堪称传神而创新。宣和二年（1120），徽宗为《宣和画谱》亲自作序，称“玉关沈柝，边燧不烟，故得玩心图书”——他心里早就没有国家和百姓，只剩下一肚子“玩心”了。

他的书法造诣也极为精深，宋人董更《书录》、元人陶宗仪《书史会要》都说他的字学唐朝书法家薛稷，其评未必公允。据说徽宗极喜欢米芾的字，不由自主地想模仿。蔡京婉言提醒他说：一代帝王学臣下的字似有不妥。徽宗这才自出机杼，创立了精美绝伦的“瘦金体”，至今无人能够模仿其神。这位帝王对古董的鉴赏力也极为精湛，甚至别出心裁。他命当时定窑、汝窑的高级工匠模仿鼎、彝、盘、樽等青铜器烧制瓷器，巧妙地将青铜器和瓷器结合起来，单这个大胆的“创意”，就能显示出其艺术气质是多么不凡。

爱好之三：玩弄美女。

徽宗的好色是出了名的，这大概是从他老祖赵光义那儿遗传过来的。不过太宗虽然好色，毕竟有个限度，当时后宫里并没有几位嫔妃。徽宗究竟占有多少女人呢？一本不太惹眼的小书《开封府状》给我们提供了较为详细的资料。这本书实际上是靖康间开封府官员呈交给金国元帅的“人肉清单”——金人索要的金银太多，宋朝拿不出来，于是将徽宗、钦宗、诸王妃、帝姬（即公主）、王女、王孙等折价抵扣：帝姬、王妃一人抵扣金一千锭，宗姬一人抵扣金五百锭，族姬一人抵扣金二百锭，徽、钦二帝的妃子当然更值钱一些。该文书记载徽宗的贵妃、德妃、贵仪、淑容、婉容、婕妤、才人、贵人、美人、夫人等有名号的女子共一百四十三人；嫔御九十八人；御女七十八人；宫女四百七十九人；采女六百零四人；歌女一千三百十四人。那些有名号的女子都标明了岁数，基本上都在十六七到二十一二之间。如“朱昭仪，十八岁，名素辉”，“奚婕妤，十七岁，名拂拂”，“朱才人，十八岁，名柳腰”之类。真难想象，这么多美女住在后宫，徽宗一个人怎么能招呼得过来？可人家徽宗还嫌不够用，还要不厌其烦地跑到醉杏楼，跟名妓李师师搞上几腿。

爱好之四：迷信传说。

徽宗笃信道教，本身就离谶纬迷信没多远儿了，因为道教就是从本土巫教脱胎而来，修建艮岳起根儿也是源于迷信之说。再举个更为荒诞的例子，您就能发现他有多迷信。南宋朱弁《曲洧旧闻》里记载：崇宁初年（1102），起居舍人范致虚上了一道奏本说：十二宫神（即今所谓十二属相）当中，狗居戌位，乃是陛下本命，如今京城到处都是杀狗为业者，是对陛下的大不敬，请求朝廷禁绝此业。徽宗一听有道理，于是下旨，严禁天下杀狗。有个太学生觉得实在可笑，说道："朝廷事事尊奉神宗（徽宗的父亲），神宗生于戊子年，属老鼠的，可那时候并没听说严禁天下臣民养猫哇。"

徽宗的"小爱好"还多着呢，比如"蹴鞠"——没有这个雅好，高俅咋能当上太尉呢。再如"品茶"，更是行家里手，他亲自撰写的《大观茶论》二十篇，对福建所贡的龙团凤饼论述得非常精到，令人瞠目。岳珂《桯史》还说："徽祖居端邸，颇好驯养禽兽。"意思是说，徽宗没当皇帝前就颇好养兽养鸟，艮岳建成后，园子里充满各种珍禽异兽，西汉梁孝王那个兔园跟艮岳比起来，只能算是小巫见大巫。至于写诗填词、丝竹管弦，就用不着多说了。对道教学说的研究，也是顶级水准。《北狩见闻录》说他曾"出御衣之衬一领，俗呼'背心'"，是他当端王时亲手所制。看来这位皇帝的裁缝手艺和衣着方面的创新意识，也是其他帝王无法比拟的。可惜的是，这些爱好和本事，没有一样能阻止金人铁骑的南下。

倒霉透顶的宋钦宗

人们都知道钦宗赵桓是北宋最后一位皇帝，却不大清楚他的后半辈子究竟怎么度过的。主要原因是《宋史·钦宗纪》写得非常简略，自打靖康二年（1127）五月庚寅朔“康王即位于南京”、给钦宗“遥上尊号曰孝慈渊圣皇帝”之后，接下来就是“绍兴三十一年（1161）五月辛卯”，钦宗驾崩的消息传到南宋朝廷，中间三十四年的时间竟然都是空白。以下这些文字，真有点儿揭钦宗伤疤的嫌疑。不过笔者绝没有恶意，无非是想让读者多少了解一点儿此人在北国的悲惨生活。替他藏着掖着，也丝毫减轻不了他受过的那份儿活罪。

赵桓是徽宗的长子，生于元符三年（1100）四月，也就是徽宗即位当皇帝之后的三个月。没当皇帝前的二十五年，赵桓的日子过得挺滋润：大观二年（1108）正月，进封定王；政和三年（1113）正月，加太保；政和五年（1115）二月，立为皇太子。他是个很能严格要求自己的好孩子，《宋史·钦宗纪》说：“帝在东宫，不见失德。及其践阼，声技音乐，一无所好。”真够不错的了。可惜命相实在不好，当皇帝的第一天就已经天下将倾。

赵桓即位没几天就过年，为了求点儿好运，他把“宣和”年号改成了“靖康”，意思是盼望上天赐给大宋王朝宁静康强，千万别让金人得了手。可惜的是，就在他元旦受百官朝贺之后的六天，可怕的事便不可避免地发生了："金人犯京师。""是夜，金人攻宣泽门。"（《宋史·钦宗纪》）更可怕的是，此时的朝廷已经被前仆后继的奸臣们挤满了，唯一可以倚仗的抗金将领李纲，又在张邦昌、李邦彦等人的谗害声中遭到罢免，偌大的宋朝，只剩下向金人求和的份儿了！就这样往返数过，且战且和，金人已经很不耐烦，于是强令太上皇——也就是临危让位的徽宗皇帝出城，亲自到金营"议和"。赵桓明白金人是想把他爹劫为人质，所以就恳求金人允许他代父出城。不久金人攻破汴京，金人连"和"都没必要再议了，于是便出现了悲惨的一幕："（靖康二年）夏四月庚申朔，大风吹石折木。金人以帝及皇后、皇太子北归。凡法驾、卤簿，皇后以下车辂、卤簿，冠服、礼器、法物，大乐、教坊乐器，祭器、八宝、九鼎、圭璧，浑天仪、铜人、刻漏，古器、景灵宫供器，太清楼秘阁三馆书、天下州府图及官吏、内人、内侍、技艺、工匠、娼优，府库畜积，为之一空。"（《宋史·钦宗纪》）钦宗从此踏上了那条漫长而又屈辱的北行之路。又过了二十九年，在他已是近六十岁老人的时候，才算是彻底地解脱了。

理论上说，赵桓当了四百多天的皇帝，却着着实实地做了一万多天的俘虏。如果按当时的实际情况说，他当皇帝的那四百八十几天里，被兵临城下的金人拽到汴京城外做人质还有好几个月——历史上当过俘虏的皇帝不止一个，但还真找不出哪位皇帝忍受过三十来年的囚徒生涯，就此而言，赵桓也算得上是最最倒霉的"中国帝王"了。

赵桓当俘虏最初的十来年（即与徽宗相伴的那些日子），前面的《宋徽宗是怎么死的》已做了交代，这篇小文，就从徽宗死了以后说起吧。

五十四岁的徽宗被丢进沤油大坑那一刻，钦宗大哭不已，也想纵身跳进坑里。可惜人沦落到这个地步，连去死都成了一种奢侈，他被金国大汉们死死拽住，重新丢回到那间又阴又冷的囚室。这时候的赵桓是什么心情，是可想而知的。以下我要讲述的这些情节，基本上是根据《窃愤录》和《窃愤续录》的记述。这两本书的作者姓张，名字已经无从得知，其间所记虽然与史实不尽相合（《窃愤录》和《窃愤续录》有些记述与史实不符，比如书中说契丹最后一位皇帝天祚帝耶律延禧的事迹，和《辽史》的记载就差别很大，甚至死的年月都差了很多年：天祚帝死于宋建炎三年、金天会七年，即1129年。而《窃愤续录》却说他死在绍兴三十年、金正隆五年，也就是1160年，疑正隆五年死的人不是天祚帝，而是契丹的另一位宗室王公，作者记错了），不过有些细节，还是基本可信的。

这一天，突然来了一位“牌使”（金国传达密令的特使），向赵桓传达金主的圣命：既然老天水郡公（徽宗被虏后金主给他的封号，如同当年李煜被赵匡胤俘虏后封为违命侯性质相同）已经死了，其子天水侯（赵桓被虏后的封号）就别在这儿待着了，移往源昌州安置吧。赵桓听罢又是一阵大哭，阿计替却很替赵桓高兴，悄悄对他说：“哭什么？应该庆幸才对呀。源昌州离这儿六百里，但那儿是内地，离北京也近多了。”

阿计替所说的北京，指的是金国北京大定府，在今天的内蒙古赤峰市南、宁城县西。至于源昌州在哪儿，《金史》《大金国志》等史书都没有记载，《古今地名大辞典》也没有收录。按照《窃愤录》的叙述分析，大致应该在内蒙古赤峰市东北五六百里。当时金国也模仿唐、宋政区设立陪都的模式，建了上京会宁府（今黑龙江哈尔滨东南）、中京大兴府（今北京市）、北京大定府、东京辽阳府（今辽宁辽阳）和西京大同府（今山西大同），再后来又把抢到手的开封建成了南京开封府。这些“京”中，上京为首都，其余都是陪都，就像宋朝东京开封府为首都，南京应天府（今河南商丘）、西京河南府（今河南洛阳）和北京大名府（今河北大名）为陪都道理相同。

赵桓一听这话，缓过点儿神来，第二天，便跟着阿计替往西南方向开跋了。《窃愤录》说赵桓“日日哭泣，毁瘠骨立，又衣裾破敝，有如鬼形”。幸亏这次出行是在春天，路途又平坦，着实让他少受了不少罪。又行了几天，蹚过一条河，便走上了通往北京的大路。赵桓感慨万端地说："我从汴京来到北国，已经跋涉了六千多里，父母妻子都惨死在途中。每逢想到这些，真希望郎主赐我一死，比这么活着好受多了。"阿计替安慰他说："算你有福，如果不是我阿计替押解你，你早就死了！"

好不容易来到了源昌州，第一件事是前去拜见本州同知。这位同知名叫赤黎喝，是完颜阿骨打的侄孙子，性情还算温和。问了几句话之后，居然赏给赵桓一杯酒和一盘子肉。看着满头白发的赵桓在廊子下面吃喝，赤黎喝不禁问道："你多大岁数了？怎么这么多白头发？"赵桓连忙回话："罪臣今年三十六岁。辛苦跋涉六七千里，头发怎能不白？"没想到这句话竟把赤黎喝惹怒了，大声训斥他说："我们大金国原来只和辽国有仇，并没有打算灭你宋朝。可你们那些混账奸臣竟然不顺天命，敢和我大金对抗，能有你们的好日子吗？"说完，命人把赵桓带进一间小屋子关押。赵桓见屋里居然有床有褥子，高兴得找不着北了。接下来的伙食虽然都是粗粝之食，但基本上没有陈腐变质，这应该是赵桓十年以来得到的最优待遇了。

就这么过了一年多，宋绍兴七年（1137），金国主一怒之下废了伪政权头子刘豫，将其押解到中都拘禁，十一月二日，将刘豫杀死于中都柏王寺。半个多月后，赵桓又接到金国主的圣旨，命他转到中都拘押。

当月三十日，赵桓上路，天气已经很冷了。十二月的一天，大雪漫天，偏偏赵桓的脚又出血不止，痛彻骨髓，实在无法行走。同行者当中有个叫阿父董的一看，对赵桓说："你的脚是被沙土里的毒虫子钻进去了，必须放血，不然的话毒越来越深，命就没了。"说罢扳起赵桓的脚，用刀刮去铜钱大一块肉，总算保住了他一条命。就这样边挨边走，阿计替也不强逼他。数日之后，来到了寿州（这个寿州可不是北宋的寿州。北宋寿州在今安徽寿县，这里还在大东北呢。究竟在什么地方，说不清楚）。

这里的同知是真定府（今河北正定）汉人，徽宗大观年间（1107—1110）

在安庆当军官，因为犯了法，逃到辽国，后来用了不少银子贿赂金主，捞了个不大的官儿做。听说宋朝的贵人来了，显得很热情，特地为赵桓摆了一桌儿酒肉——这是赵桓到金国之后吃到的最丰盛的一餐。席间俩人唠嗑儿，同知不免感慨：“日月如梭呀，一晃已经二十年了。”赵桓吃了个酒足饭饱，晚间就歇息在同知府的左厢房里——这也是他入金后待遇最高的一宿，所以迟迟不能入睡。没多久，听见院子里有女子唱柳永的小调儿，他有点儿诧异（这时候处境稍有改善，有点心气儿了），于是请求阿计替替他打听究竟是怎么回事。第二天阿计替回来，对赵桓说：“有个叫斛律思的金人告诉他，昨晚唱曲儿的女子是金国皇帝赐给他的婢妾，原本是东京相王家女儿，现在已经十七岁了。因为长相儿俊美，所以斛律思也很喜欢她。她还对我说：‘前头住的人好像我家的叔父。’我告诉她，前头住的是十几年前的大宋皇帝呢。女子听了后一直哭泣，到现在还没擦干眼泪呢。”赵桓听罢，“亦泣下”。

这里补充说两句：当年被金人掠到北国的宋朝宗室、外戚及其家属成千上万，正如汉朝蔡文姬《胡笳十八拍》里说的“马前悬男头，马后载妇女”。这些女人按照在宋朝时的名分高低、长相美丑，分别赐给了金国的大小官吏当婢妾，命好的或者会来事儿的还能勉强活下去，那些性情倔的，不会奉承人的，说卖也就卖了，说杀也就杀了，这些人的小命儿，连只鸡都不如。

第二天赵桓继续南行，其间途经辽国天皇的陵墓、埋葬王昭君的青冢。不久来到了平顺州（不清楚在哪儿），见过同知，赵桓和阿计替被安排在一间屋舍里，有被子，有褥子，“条件”还不错。这天正是七夕，当地官府设了官宴庆贺。赵桓远远看见宴席处有个金国女人带领着好几个漂亮女孩儿围拢过去，有的吹笛，有的跳舞，有的唱歌，听口音都是汴京人。这些女孩儿得到客人赏的“小费”，立马儿交到金国女人手里，稍微交得晚点儿，就会受到那女人的打骂。赵桓问阿计替：“这是些什么人？”阿计替回答说：“这些女孩儿叫佐酒乞丐，那年长的女人是她们的主人。”话没说完，同知命人给赵桓送过来一些酒菜，说因为过节同乐，所以官送一席。那金国女人见又开了新桌儿，立刻打发一个女孩儿凑过来。女孩儿一进屋就哭，吹的曲儿都不成调儿了。赵桓挺心疼，对她说："别怕，咱们是同乡。我问你，你在东京是哪家的女儿？"女子哽哽咽咽地回答说："奴家本是魏王（神宗赵顼的二弟赵颢）的亲孙女，刚刚嫁给钦慈皇后（宋徽宗的生母陈皇后）的侄孙，汴京就陷落了。奴家被掠到北国，卖给一家为婢子。主母不是打就是骂，容不下奴家，所以被主人卖给了那个女人，没日没夜地乞求酒食钱财，求得不够多，回去就要挨打。"女孩儿也颇有"他乡遇故知"的感触，接着问赵桓："看样子你也是被掠到北方的？你是哪家的公子？"赵桓顿时泪水横流，还没来得及回答，更没来得及送她酒肉，女子便被那女人吆喝回去了。

一行人继续前行，终于过了易州（今河北易县），来到离燕京只有二十里路的永平镇，阿计替安排赵桓在一座寺庙里休息。夜里，忽听得有两个和尚低声交谈，其中一个说到赵桓的下场：必然死于马足之祸。赵桓心里犯嘀咕，打算天明之后问个仔细，谁知第二天，再也寻不到那两个和尚了。

很快进了燕京城，赵桓被安置在一座大庙里。此时金人对他的警戒稍微放松了些，所以他在这里一住就是三四年，好像已经被金人遗忘了似的。

不料这一天，寺庙住持慌慌张张地命看守赵桓的军卒把屋门锁好。赵桓心里起疑，扒着门缝儿往外看，只见大门口儿进来几个贵人：一个男子，另一个竟然是曾经大宋朝的韦贤妃。这韦贤妃是什么人呢？原来是南宋第一任皇帝赵构的亲生母亲！靖康之变，她也被掳到了北国，而且被金国大将盖天大王完颜宗贤（完颜宗贤，《金史》卷七十有传。此人本名宗里，官至左丞相兼都元帅。皇统九年，完颜亮发动政变，推翻金熙宗完颜亶，此人也同时遇害）霸占至今。此外还有人怀抱着一个男孩儿，口口声声称韦贤妃为"阿母"，赵桓立刻明白了：这孩子是韦妃为盖天大王生下的儿子。为了求证是否真实，赵桓问阿计替："那孩子究竟是谁？"阿计替肯定地回答："夫人所生也，今五岁矣。”此时的赵桓心乱如麻，不知是何滋味儿。

没多久，赵桓被转移到城北居住。名义上是金主“赐宅以居”，实际上是对他加强了监管。为什么突然要把他看紧，他不可能知道，然而接下来的一件事，却让他感到从头到脚一阵阵发凉：韦贤妃于金皇统二年，也就是南宋绍兴十二年（1142）六月，被金国主送回了杭州临安府——她和她那亲生儿子、当今宋朝皇帝赵构终于团聚了！为什么说赵桓从头到脚发凉呢？赵桓是恭显皇后王氏所生，与赵构虽说是兄弟，却是同父异母。赵桓对韦妃给盖天大王生下儿子之事知道得清清楚楚，她回到杭州，即使日后金国主同意放他，弟弟赵构和他娘韦妃能轻易允许他回国吗？那不是什么丑事儿都瞒不住了？到了这一步，赵桓彻底死了归国之心：大宋朝已经根本不需要他这个“前皇帝”，他只能继续待在金国受罪，直到最终解脱。

此后的日子里，赵桓虽然没有再遭受非人的折磨，也没有再跋涉于旅途之上，但他的心彻底灰了。金国主对他越来越照顾，考虑到他毕竟还是个男人，还特地给他派来一个“胡妇”，照顾他的饮食起居。我们分析，这肯定是韦妃的意思——让他安心在北国生活吧，别惦记南边的事儿了！

可惜这样的“好日子”没过几年，又被金国一场军事政变改变了：皇统九年，也就是南宋的绍兴十九年（1149），金国平章政事、岐王完颜亮亲手杀死年仅三十一岁的熙宗完颜亶自立，改元天德。说起完颜亮这家伙，用“禽兽不如”来评价，丝毫不过分，《金史》和其他不少古书里都有他倒行逆施的记载。《窃愤续录》说得比较概括：“时金主淫虐不道，内淫其女及外臣妻，又杀戮诸王。一应诸王妻妾，并皆淫污，于是上下生怨，有叛之之意矣。”完颜亮是个以杀人、蹂躏女人为乐趣的变态狂，刚刚当了“皇帝”（因为历史上不承认他是正统的皇帝，只称他为“海陵王”或“金完颜亮”，所以此处加了引号），便把赵桓移到了左廨院关押。左廨院是金国元帅府的外监狱，是关押重要人犯的地方。赵桓突然被转移到这里，他隐隐感到，自己的大限似乎快到了。果然，自从来到左廨院，他就再也没有了一点儿自由：看管者增加到十五人，“使人拘縶如囚状，饮食顿恶”。再加上这里潮湿不堪，赵桓长时间生活在如此恶浊的环境里，而且已经五十多岁，能不得病吗?

解脱的日子越来越近了！从正隆五年（正隆五年为公元1160年，此处记载有误。实际上钦宗死于1156年，宋绍兴二十六年、金正隆元年六月。完颜亮隐瞒了赵桓实际死亡的消息）冬开始，完颜亮便逼迫赵桓和辽国的被俘皇帝海滨侯耶律延禧（前面已经讲过，此人不可能是耶律延禧，作者肯定记错了）在寒冬中学习打马球。两个老人冻得手足颤抖，还必须得“认真操练”。第二年开春，完颜亮在讲武殿大阅兵马（因完颜亮急于转嫁国内危机，已经决定攻打南宋。出兵之前，他必须要把赵桓除掉，以防生变），命赵桓和海滨侯换上打球穿的彩衣，双双上马，对阵击球。两队刚刚交手，突然从场外冲进“数百胡骑”，直奔赵桓和海滨侯而来，为首的一人先将海滨侯射死，赵桓大惊失色，不觉坠马，紧接着一个身穿紫衣的军将又将赵桓射死，且不收尸，任凭军卒们的马蹄在赵桓身上肆意践踏，几乎踏成了肉泥！可怜一代君王，就这样惨死在异国他乡。

南面的宋朝情况如何呢？自从秦桧回到临安主张求和，尤其是韦妃南归之后，对金国的索求唯命是听，南宋君臣的日子过得一天比一天有滋味儿了。难怪邓实在《南渡录》的跋文中感慨：“予悲夫南渡之君臣，方偷安旦夕，为小朝廷之歌舞，而几忘塞外有伶仃孤苦之父子也，是可哀矣！”

高宗生母韦氏身世之谜

高宗是徽宗的第九个儿子，生身之母是韦安道之女韦氏。《宋史·后妃传》记载：韦氏是开封人，初入宫为侍御。崇宁末年，封为平昌郡君。徽宗大观初年（1107，也就是高宗出生的那年）晋封为婕妤。高宗为康王后，再封为龙德宫贤妃。靖康之变，她作为俘虏跟随徽、钦二帝北行到了金国。建炎改元那一年（1127），被高宗赵构遥尊为宣和皇后。

高宗即位后，除了“遥尊其母为宣和皇后”之外，更时时渴望把老娘亲接回南方，直到绍兴十二年（1142），历尽波折，这个心愿才得以实现——在北国苦海中煎熬了十六年之久的韦氏终于回到了临安。《宋史·后妃传》又载：绍兴十九年（1149）正月，“年已七十岁”的韦氏（此前已册封为太后），患了点“微恙”，当时正值牡丹盛开，高宗陪着她前去赏花，她的病很快就痊愈了。绍兴二十九年（1159）九月，“八十高龄”的韦太后撒手人寰，“崩于慈宁宫，谥曰显仁”，结束了她艰辛而又充满玄机的一生。请您牢牢记住：按照《宋史·后妃传》的说法，韦氏去世时已是八十岁高龄了。而这一年高宗是五十二岁。

为什么说韦氏的一生充满玄机呢？如果单从正史的记载看，一切都是那么顺理成章、天衣无缝，不存在任何的破绽：韦氏虽然当了十多年的俘虏，毕竟得以“完璧归赵”，不是挺好的吗？高宗企望的这种“完好”，本来可以瞒天过海，不论是当时还是后世，都会对这个女人的身世深信不疑。不料一篇小小的开封府公文，却给后人留下了韦氏并不算“完好”的实锤铁证。传流至今的《开封府状》，记录的是靖康年间金人攻破汴京后，强迫开封府开列宋朝所有被俘后宫、宗室、外戚的一手资料，因为金人打算将这些人一个不剩地迁到北国去。

这篇公文中列出的徽宗后宫女人共计一百四十三人，其中妃子级四人：乔贵妃，四十二岁；崔淑妃，三十六岁；王德妃，三十五岁；韦贤妃，三十八岁。有人大概会很不耐烦：罗列这些枯燥的文字有什么用？您别着急，容我慢慢道来，因为前面所说的韦氏“玄机”恰恰就在这里头藏着呢！

按照《宋史·后妃传》的记载计算，韦氏靖康元年被金人俘虏时应该是四十八岁，以此推算，她生高宗时就应该是二十八岁。我们无从得知韦氏入宫时的真实年龄，但根据徽宗玩弄女人的习性，二十七八岁的后宫女人早已过了他感兴趣的年龄，这一点在《开封府状》里也能得到相关的印证：该状开列的其他宫人，绝大多数年龄都在十六七至二十冒头。后宫女子入宫一般都在十五六岁，能生孩子的十七八岁也就生了，怎么可能等到“半老徐娘”的年纪？再说韦氏入宫后十几年都没有身孕，又怎么会突然怀上龙种当个“高龄产妇”呢？这肯定不符合实情吧？而按照《开封府状》所记推算，韦氏生高宗时是十八岁，这就完全合乎情理了。我们可以推想：吓破胆的开封知府在给凶神恶煞般的金国统帅递交该“材料”时，是绝对不敢说半句谎话的，也就是说，韦氏被虏时的年龄肯定是三十八岁无疑，绝对不可能是四十八岁。

难道是《宋史》记载有误吗？实际情况是：《宋史》不只是“有误”，而且是有意造假——在强权之下，御用史官故意把韦氏的年纪增加了十岁。据上所述可以断定：韦氏入金时三十八岁，归国时五十四岁，去世时七十岁。

可别小看相差的十年，三十八岁的女人不但还有些姿色，而且还有生育能力；四十八岁的女人保养再好，“天癸”一绝，孩子也肯定生不出来了——您见过四十八岁生孩子的女人吗？这回您明白高宗为什么要刻意把生母的年龄改大十岁了吧？四十八岁的女人到了金国，充其量受些罪，不至于被金人淫污而背负丑名，甚至为金国贵族生下个同母异父的混血小弟弟——玄机就在这里。

《宋史·后妃传》又说：绍兴十二年（1142），负责护送韦氏回临安的是高居安和完颜宗贤。这位完颜宗贤在一本叫《南渡录》的书里交代得有鼻子有眼儿。书中说：金天辅十三年（1130）十月，徽、钦二帝被押进一座庭院，有个穿紫衣的金国贵族坐在堂上，问道：“认得我吗？”二帝回答：“不认得。”那人自我介绍道：“我是大金国盖天大王，是四太子的伯父。”随后唤出一个女人。钦宗仔细一看，这不是韦贤妃嘛！那女人当时“俯首不敢视”。盖天大王命左右赏赐二帝酒食，并说道：“对你们如此客气，全是看在这个女人的面子上！”看到这儿您肯定明白了：此时的韦氏，已经是金国贵族盖天大王完颜宗贤的太太了！其后还有一段精彩的记述，说天眷四年（1141）的一天，关押钦宗的寺庙看守叮嘱钦宗说：“盖天大王偕韦夫人到这里做斋，你必须老老实实地待着，绝对不能乱说乱动！”钦宗从门缝儿里瞧见韦氏和盖天大王一道进了庙门，有人抱着个四五岁的小男孩跟了进来，孩子称韦氏为“阿母”。钦宗彻底明白了：韦氏不但被盖天大王娶为妻室，还给大王生了个宝贝儿子呢——自己的亲娘被敌国掳去，成了人家的老婆，还生下个同母异父的弟弟，这已不单单是高宗本人的耻辱，而是整个南宋王朝的耻辱。面对这样脸面丧尽的奇耻大辱，高宗没有别的办法，唯一可以遮掩事实的，只剩下更改生母的实际年龄，让她老得不可能在金国生孩子！

《南渡录》接着说：次年的一天，寺庙里一个和尚趁看守取粮离开之际，悄悄告诉钦宗：“盖天大王已同韦夫人往江南矣。南朝（金人称宋为南朝）皇帝（指高宗赵构）以母故，四月之间，使臣往来不绝。今行已七日矣。”

（《南渡录》卷四《窃愤续录》）这和《宋史》中记载完颜宗贤护送韦氏南归的情况完全相合。或许有人会问：说了半天，你怎么能断定完颜宗贤就是盖天大王呢？的确，《金史·宗贤传》只说他“本名赛里”，很年轻时便升任了左丞相兼都元帅，并没有明言其王号叫盖天大王，《宋史》里更不可能有这类的记载。有本金朝人可恭写的《宋俘记》，证明盖天大王就是完颜宗贤。书中说天会五年（1127）三月二十七日，第二批宋朝俘虏“昏德妻韦氏（即宋徽宗的妻子韦氏）、相国、建安两子，郓、康两王妻妾，富金嬛嬛两帝姬，郓、康两王女，共三十五人”，由真珠大王设野马、盖天大王赛里及千户阿计替负责押解北行。作者特地在盖天大王的名字后面加上注解说——“名宗贤”，足见娶韦氏为妻的盖天大王就是绍兴十二年护送韦氏回临安的那一位。

在金国与完颜宗贤结为夫妻并生下一个宋金混血儿的韦氏回到南宋后，绝口不再提旧日的一切，因为那段岁月让她感到没有脸面对所有人。她的孝顺儿子高宗深知老母的苦衷，才不惜用篡改实录和历史真实的手段，为她洗刷掉这段羞耻。其实韦氏本身并没有错，完颜宗贤也是个受害者，更可怜的是那个被遗弃在金国的儿子：他还没懂事就永远失去了亲娘，并注定永远不可能再见到他的亲娘！真正应该承担罪责的，是徽宗和他那帮贪渎无厌祸国殃民的贼臣，他们害了好端端一个国家，害了本无罪过的宋朝宗亲妃后，当然也害了他们本人。

赵普是个啥人物

提到宋朝的宰相，人们最先想到的可能是王安石、司马光，也可能是秦桧，想起“赵普”这个名字的恐怕不会太多。其实此人才是宋朝最值得关注的一个人物：如果说赵匡胤是宋朝开锣大戏的制片人，那么赵普则是这出戏的总策划、总导演和头牌大腕儿；如果说创建宋朝这项超级大工程的总分为十分，赵匡胤充其量只能占到一半儿，剩下的五分精彩，大部分都应该归到赵普的名下，这么说一点儿都不算夸张。

赵普祖籍在幽州蓟县（今天蓟州区），出生在五代后梁末帝朱友贞贞明七年（921）。到了后唐闵帝、末帝时，卢龙节度使赵德钧连年用兵，民力凋敝，十几岁的赵普跟着他父亲从蓟县逃荒到常山（今河北定州），然而这里也是个多事之地，让人一点儿安全感都没有，于是爷儿俩继续南迁，到了相对比较安定的河南洛阳落了户。

赵普生性“沉厚寡言”，是个很有心计的人，后周显德初年（955），刚三十冒头儿的赵普便被陕西大帅刘词相中，召进军府里做了属吏（那时候地方军阀有权自行召用幕僚，因为这些幕僚总称为“吏”，不是朝廷吏部在册备案的“官”。古代的“官”和“吏”是两个完全不同的概念）。刘词是个很有威望的军阀，在朝廷里也属于能说上话的人物，可惜好人不长命，赵普刚攀上高枝儿，刘词就得了不治之症，很快一命呜呼。也算赵普命好，刘词曾给朝廷写过一封推荐信，说赵普是个难得的人才，希望朝廷能重用他。

赵普带着这封沉甸甸的信来到开封，当时周世宗柴荣正御驾亲征攻打南唐，哪里顾得上这么个小人物？于是把他随便安排在六军统帅之一的赵匡胤部下当了个马仔。

最初赵普也没显现出多高的才干，只是碰到了一件巧事儿，使他和赵氏家族极大地拉近了距离——赵匡胤攻打南唐滁州（今安徽滁州）的时候，他父亲赵弘殷也在军中，得了大病，您说这不是添乱吗？赵匡胤身为一军统帅，顾不上照顾父亲，伺候老爷子的任务自然就落在了军事推官赵普的肩上。赵普对赵弘殷关心备至，一天十二个时辰不离病人左右，又是端屎端尿，又是煎药喂药，把赵弘殷感动得热泪盈眶。实在无法回报，于是把赵普“收编”到老赵家宗族当中，当族人看待。这份回报看起来挺虚，却为赵普日后接近赵匡胤打开了方便之门。

淮南大战之后，赵普先到渭州（今甘肃平凉）当了几天军事推官，赵匡胤被授同州（今陕西大荔）节度使之后，便把赵普调到自己帐下做了亲随。不久柴荣病逝，他儿子柴宗训做了皇帝，赵匡胤又被任命为归德军节度使（军治在今河南商丘），把赵普提了一级，升任为归德军节度掌书记，相当于归德军分区办公厅主任。到这时，赵普跟随赵匡胤已经六个年头了，他在观察赵匡胤，赵匡胤及其家人也在观察他。司马光《涑水纪闻》卷一有这么几句耐人寻味的话：“太祖初登极时，杜太后尚康宁，常与上议军国事，犹呼赵普为‘书记’。尝抚劳之曰：‘赵书记且为尽心，吾儿未更事也。’”既然杜老太后在赵匡胤登极之后还亲切地呼赵普为“书记”，起码说明两个问题：第一，老太人称赵普为“书记”早在宋朝建立之前就开始了，因为此时赵普早就不是什么“掌书记”，而是右谏议大夫、枢密直学士了（右谏议大夫表示从四品的官，枢密直学士是宋朝特有的学士官名）。第二，老太太之所以不愿改口，是把“书记”当成了一个昵称，她早把赵普当成非常信任的自家人看待了。

杜太后为什么如此看重赵普呢？这里面可就大有文章了。《宋史·赵普传》说到他升任枢密直学士的根由时，用的是“以佐命功”四个字。啥叫“佐命”？就是帮助帝王成就大业。成就什么大业？这还用细说吗？但赵普如何辅佐赵匡胤成就帝业的过程，史书里记载却不多，连野史笔记里都难以觅得。我们先看《长编》中记录陈桥兵变时的一段话：“普与匡义（赵匡胤的弟弟赵光义，赵匡胤当皇帝之前叫赵匡义）入白太祖，诸将已擐甲执兵，直扣寝门曰：‘诸将无主，愿策太尉为天子。’太祖惊起披衣，未及酬应，则相与扶出听事，或以黄袍加太祖身，且罗拜庭下，称万岁。”意思是在陈桥兵变那一天，赵普和赵光义率先冲进赵匡胤的军帐，称将帅们今天要册立你当天子。赵匡胤还没来得及回复，已经被这两个人拉扯出帐，接着是一领金黄色的龙袍披到了他身上。这里说赵匡胤“惊起披衣”，像是事先毫不知情，纯属装傻充愣，无须细说，单看进帐劝进的为什么不是别人，偏偏是赵普和赵光义呢？对赵光义很好解释，“打虎亲兄弟，上阵父子兵”嘛。赵普就怪了，一个书生，如果不是陈桥兵变的总策划和总导演，他有什么资格代表最广大军民官兵“册立”新皇帝？啥事儿都怕正反两面儿去琢磨，这么一分析就能明白：赵匡胤废周自立的每一个步骤，肯定都是赵普为他策划的，甚至那领黄袍，十有八九都是赵普预先准备好了的。

这种有大本事的人往往不是什么良善之辈，起码赵普是这样。宋人王巩《随手杂录》里有个小故事就很能说明这一点。赵匡胤把后周小皇帝柴宗训请下龙床之后，带着赵普和潘美两个信臣到后宫瞎转悠，在某宫里见到一个妇女，怀里抱着个刚满周岁的孩子。那女人一见他们进殿，吓得紧搂着孩子往墙角儿缩，这女人是谁呢？原来是柴荣后宫里的一个奶妈；她怀里抱的孩子是谁呢？就是柴宗训同父异母的小弟弟——是柴荣的亲骨肉！中国有句俗话叫“斩草除根”，面对柴荣这条根该怎么处理，赵匡胤拿不定主意。他扭头儿看看赵普，赵普用手在脖子上比画了一下，意思是必须杀死。赵匡胤无置可否，又扭头儿看看潘美，潘美不表态。不表态就是不同意杀。赵匡胤问：不让杀，你说怎么办？潘美做出了一个惊人的决定：我潘美抱回家去，我养着他！赵匡胤佩服潘美的大仁大义，同意潘美把奶妈和孩子都接到他家去抚养。这件事看起来是赵普在替赵匡胤考虑，但从人性的角度说，赵匡胤更倾向于潘美的做法。就因为这件事儿，后来数年中，赵匡胤对赵普的态度是既要大大地重用，又要钳制他那份杀人欲。原因很简单，赵普具有经邦治国的大才，这方面别的臣僚根本无法望其项背，但赵匡胤不想重复五代军阀肆意杀戮的老路，他不想多杀人。

宋朝建国的当年，南、北两个大军阀相继叛乱，南边是盘踞淮南的李重进，北边是盘踞潞州（今山西长治）的李筠。为了给不归服的军阀们敲个警钟，赵匡胤御驾亲征，临行前嘱咐赵普和吕余庆替他看守好京城，没想到赵普主动请战。赵匡胤笑问：“你一介书生，能穿得起那副戎装吗？”赵普还是坚持要上前线，因为他有自己的小九九儿：参加一场大战，看他赵匡胤给不给自己一个像样儿的职位！果不其然，潞州大战之后，赵普名正言顺地当上了枢密副使。枢密院是当时最高的军事领导部门，一把手儿吴廷祚又是后周留下来的旧臣，靠不住哇，所以赵匡胤把赵普安排进枢密院，是有缜密考虑的。好在这个任命对于赵匡胤和赵普来说是双赢，两人各得其所。两年后的建隆三年（962），赵匡胤把吴廷祚放了外任，赵普顺顺当当地坐上了枢密院的头把交椅。

赵普除了辅佐赵匡胤成就帝业外，他对宋朝至少还有五方面的巨大贡献，他那些治国方略，不但决定了整个宋朝的基本走向，甚至对后世帝王，都具有极具重要的参考意义。

赵普由枢密使再升宰相之后，“上视如左右手，事无大小，悉咨决焉”。

《宋史·赵普传》有这样一段记载：“一日，大雪向夜，（赵）普意帝不出。久之，闻叩门声，普亟出，帝立风雪中，普惶惧迎拜。……普妻行酒，帝以嫂呼之。因与普计下太原。普曰：‘太原当西、北二面，太原既下，则我独当之，不如姑俟削平诸国，则弹丸黑子之地，将安逃乎？’帝笑曰：‘吾意正如此。’”要真切理解赵普这番军事谋略的高明之处，还要先弄清当时的天下大势：宋朝开国之初，只占有一百多个州郡，其余二百来个州郡，分别掌握在后蜀、南唐、南汉、吴越、荆南、湖南、漳泉和北汉等割据政权手里。这些割据政权绝大部分都在汴京之南，只有以太原为中心的北汉处在北面，而且北靠超级军事大国契丹，西邻虎视眈眈的西夏，地理位置非常特殊。当时朝廷内部有两种截然不同的声音，一种是先啃下北汉这块硬骨头，回过头再去收拾南方诸国。持这种意见的甚至包括赵匡胤本人在内，原因嘛，南方各国基本上都还算规矩，不敢和宋朝分庭抗礼，只要宋朝能允许他们偏安一处，磕头上贡都愿意。北汉就不同了，因为其国主刘钧和后周皇帝郭威、柴荣（当然也包括后来的赵匡胤）有不共戴天的世仇，又有契丹作为靠山，故而时时刻刻都想把中原政权一口吞掉——不管是周还是宋，一丘之貉！在宋朝君臣看来，北汉是新兴大宋的心头大患，不灭了他，心里总感觉不踏实。赵普却认为，剿灭偏国必须从长计议，不能意气用事。纵观大局，他提出先将弱国一个个消灭，壮大了国家实力，扫除了后顾之忧，然后再集中全部精锐对付强国北汉，才是最正确的选择。他的这种策略，和战国时期田忌“以君之下驷与彼上驷，取君上驷与彼中驷，取君中驷与彼下驷”（《史记·孙子吴起列传》）的战略思想是一脉相承的，也是和“集中优势兵力各个击破”的军事思想合拍的。

赵匡胤耐心听取了赵普的分析，最终决定采用他的意见，对南方诸国发起了不间断的攻势，截止到他去世前，除了吴越钱氏和漳泉陈氏之外，其余南方各国全部扫平。赵普的策略同样被太宗赵光义采纳，赵光义即位之后，吴越钱俶和漳泉陈洪进争先恐后地归顺了宋朝。太平兴国四年（979），赵光义集中全国最精锐部队数十万向北汉发起总攻，终于将“十国”全部荡平。这可以说是宋朝建立后赵普做出的第一大贡献。

说到赵普的第二大贡献，其实就是很多人熟悉的“杯酒释兵权”了——这个壮举虽然最终由赵匡胤完成，主意却是赵普出的。

《长编》卷二说：“建隆二年（961）七月，一日，召赵普问曰：‘天下自唐季以来，数十年间，帝王凡易八姓，战斗不息，生民涂地，其故何也？吾欲息天下之兵，为国家长久计，其道何如？’普曰：‘陛下之言及此，天地人神之福也。此非他故，方镇太重，君弱臣强而已。今所以治之，亦无他奇巧，惟稍夺其权，制其钱谷，收其精兵，则天下自安矣。’语未毕，上曰：‘卿无复言，吾已喻矣！’”赵匡胤为什么“喻”（明白）得这么快？因为他本人就是以国家头号军阀的身份夺取后周政权的。他当了皇帝，自然有可能重新出现“国家头号军阀”“国家二号军阀”，这不是明摆着的道理吗？《长编》接着记载赵普的“分析记录”：“时石守信、王审琦等皆上（赵匡胤）故人，各典禁卫。普数言于上，请授以他职，上不许。普乘间即言之，上曰：‘彼等必不吾叛，卿何忧？’普曰：‘臣亦不忧其叛也。然熟观数人者，皆非统御才，恐不能制伏其下。苟不能制伏其下，则军伍间万一有作孽者，彼临时亦不得自由耳。’上悟。”“普数言于上”，“普乘间即言之”，说明赵普对赵匡胤说及此事肯定不止一次两次，而且不始于建隆二年七月，恐怕早在赵匡胤当皇帝的高兴劲儿还没过完，赵普就开始给他一盆一盆地泼冷水了。

赵匡胤终于理清思路，准备大胆地施行这个旷古难行的计划了。就在这个炎热的七月，赵匡胤召集石守信等禁军头目在后花苑畅饮。“酒酣，屏左右，谓曰：‘我非尔曹之力，不得至此，念尔曹之德，无有穷尽。然天子亦大艰难，殊不若为节度使之乐，吾终夕未尝敢安枕而卧也。’守信等皆曰：‘何故？’上曰：‘是不难知矣，居此位者，谁不欲为之？’守信等皆顿首曰：‘陛下何为出此言？今天命已定，谁敢复有异心？’上曰：‘不然。汝曹虽无异心，其如麾下之人欲富贵者，一旦以黄袍加汝之身，汝虽欲不为，其可得乎？’皆顿首涕泣，曰：‘臣等愚不及此，惟陛下哀矜，指示可生之途。’上曰：‘人生如白驹之过隙，所为好富贵者，不过欲多积金钱，厚自娱乐，使子孙无贫乏耳。尔曹何不释去兵权，出守大藩，择便好田宅市之，为子孙立永远不可动之业，多置歌儿舞女，日饮酒相欢，以终其天年。我且与尔曹约为婚姻，君臣之间，两无猜疑，上下相安，不亦善乎？’皆拜谢曰：‘陛下念臣等至此，所谓生死而肉骨也！’明日，皆称疾请罢，上喜，所以慰抚赐赉之甚厚。”（《长编》卷二）多么精彩的一段叙述啊！这大概就是当时的“实况”。这一次“释”掉的，主要是中央禁军头目石守信、高怀德、王审琦、张令铎四个人的兵权。这四个人走了，赵匡胤随之决定不再设“殿前都点检”之类高危职位了。可禁军总不能没人掌管啊，于是赵匡胤把一个还比较嫩却绝对是心腹的张琼召到京城，命他担任了“殿前都虞候”（不是元帅，仅仅相当于参谋长。元帅嘛，当然是由赵匡胤自己兼任了），这样一来，起码把身边的隐患扫清了。

实际上赵匡胤“释兵权”一共两次，第二次是在九年之后的开宝三年（970）十月。《长编》卷二注解说：“及开宝三年冬十月，乃罢王彦超等节度使。”这一次的收兵权，正史上并没有详细的记载，倒是宋人王巩的《闻见近录》说得活灵活现，有鼻子有眼儿：“太祖即位，方镇多偃蹇（首鼠两端），所谓‘十兄弟’者是也。”有一天赵匡胤突然把京城附近的一批方镇大帅召到汴京，给他们每人发了一套弓箭，每人一匹坐骑，一同出固子门到了一片大林之内，下马饮酒为乐。席间，赵匡胤突然对他们发话：“此处无人，尔辈要作官家者，可杀我而为之。”方镇帅臣们顿时“伏地战栗”，赵匡胤再三敦请，这些家伙“伏地不敢对”。赵匡胤这才亮出底牌：你们既然承认我是皇帝，就应该尽为臣之节，今后不准再这么没大没小！“方镇再拜呼万岁”。瞧人家赵匡胤这胆略：想当皇帝的，现在可以先把我射死。如果没这个胆儿，那就得乖乖听我的！

经过这两次收取中央和地方军阀的兵权，两百年君弱臣强的局面终于被彻底打破。当然，赵匡胤在兵权问题上并没有“一刀切”（任何事情都不能搞“一刀切”，“一刀切”实际上是懒汉的托词，无能的表现。“具体问题具体分析”，才是大政治家的高明之处），该给军权的不但要给，还要诚心诚意毫无疑忌地给。《宋史纪事本末》说：“帝既定计尽收诸宿将兵柄而削藩镇权，尤注意命将分部守边：以赵赞屯延州，姚内斌守庆州，董遵诲屯环州，王彦升守原州，冯继业守灵武以备西夏，李汉超屯关南，马仁瑀守瀛州，韩令坤镇常山，贺惟忠守易州，何继筠领棣州以拒北狄，又以郭进控西山，武守琪戍晋州，李谦溥守隰州，李继勋镇昭义以御太原。”这些军事重镇分布在河北、山西、陕西、甘肃一带，都是毗邻契丹和西夏的前沿要地，他们的兵权可绝对不能收。

赵普的第三大贡献是什么呢？简而言之就是“文臣治国”。《宋史纪事本末》说：“五代诸侯强盛，朝廷不能制。每移镇受代，先命近臣谕旨，且发兵备之，尚有不奉诏者。”赵匡胤即位初年，异姓称王以及带相印者还不下数十人。“至是用赵普谋，渐削其权，或因其卒（去世），或因迁徙致仕（调任他处或者退休），或因遥领他职（给个高高的虚衔让他享乐去），皆以文臣代之。”赵匡胤受到赵普这番思路的启发，其后在中央也实行了文臣主政，甚至主管军事的枢密院，其枢密使要由文臣担任，而他只需要牢牢控制几个文臣，还是毫无问题的。

第四大贡献就是经济大权一定要由朝廷来掌控，不能再分散到地方军阀手里。唐朝实行的是武人治国方略，军阀手里有枪有钱又有人，当然可以有恃无恐，这也是唐朝最终变成十国割据的最根本原因，十国的“王”，说穿了都是原先大唐帝国的节度使。《宋史纪事本末》说：乾德三年（965）三月，“初置诸路转运使。自唐天宝以来，藩镇屯重兵，租税所入，皆以自赡，其上供者甚少。五代藩镇益强，厚敛以入己，而输供有数。赵普乞命诸州度支经费外，凡金帛悉送汴都，无得占留。凡一路之财，置转运使掌之。”转运使本身都是文人，又都是朝廷的心腹之臣，派他们去管理财政，继而把租税如数交给中央，就从根本上铲除了地方产生军阀的土壤。

赵普的最后一大贡献集中体现在监察方面。宋朝的监察体制相当严密，这套方案，同样是出于总设计师赵普之手。《宋史纪事本末》说：乾德元年（963），“设通判于诸州，凡军民之政皆统治之，事得专达，与长吏均礼。大州或置二员”。通判就是通管的意思，一州通判，连知州都可以管。当然，这个“管”主要体现在监察方面，也就是说，知州身边多了一双贼溜溜的眼睛，他还敢轻易做坏事吗？（这个问题本身挺复杂的，请您参看本书《通判是个什么官》一节详细了解。）顺便补充几句：通判主要设在外埠州郡，京城开封府是不设此官的。高校教科书《中国文学史》讲到词人张先的时候，说他曾担任过“开封府通判”，可就大错特错了（这个错误已经沿袭了几十年，至今仍旧）。张先担任通判的“京兆府”并不是指开封，而是指长安，当时又叫作永兴军节度、京兆府，不过这个“京兆府”只是沿袭汉、唐的叫法，和北宋京城开封完全不是一码事儿。

尽管赵普为大宋朝“呕心沥血”，做出了前无古人后无来者的卓越贡献，甚至改变了宋朝以后历代帝王的治国理念，却没有在后人心目中留下清晰的印象，真有点儿委屈他老人家了。当然，此君的个人品质实在不敢恭维，心胸狭窄，睚眦必报，大概也为他青史留名打了很大的折扣：巴结他过分了，他会起疑心（有个叫李符的就属于此类），非要把人整死不可；跟他对着干，他会很恼火（宰相卢多逊属于此类），非得把人整死不可；对他发过几句牢骚（晋王府属官姚恕属于此类），他也不会轻易放过；甚至赵光义的儿子赵元佐、弟弟赵廷美这样的皇亲国戚级人物，只要得罪了他，他都不会轻易饶过，这也算是赵普另一方面的大本事吧，换了别人，想这么干都干不成。

赵匡胤的两个“担儿挑”

“担儿挑”是个北方民间常用的一个俗语，意思是指同门女婿。本文要说的是：宋朝开国皇帝赵匡胤和大家很熟悉的名臣寇准，还有大家不太熟悉的武将王德用所尊的，竟然是同一位老丈人。乍听这话，您是不是觉得有点儿耸人听闻，很不靠谱？这三个同门婿，一个是大宋朝的开国皇帝，一个是太宗、真宗时期的大臣，还有一个是真宗、仁宗时期的大将军，这都挨得上边儿吗？耐心看完下面这些叙述，您很有可能会发出感慨：不看不知道，世界真奇妙。

宋人叶梦得《石林燕语》卷七明确记载：“寇莱公、王武恭公皆宋偓婿。”莱公是寇准所封的爵位（《宋史·寇准传》载：真宗天禧三年，公元1019年，寇准罢为太子太傅，封莱国公），很多古书里提到寇准，大都用“莱公”作为敬称。武恭公是大将王德用的谥号。《宋史·王德用传》载，德用卒后，赠太尉、中书令，谥曰武恭。那么宋偓究竟是个什么人物呢？

《宋史·宋偓传》说：宋偓，河南（今河南洛阳）人，是后唐庄宗李存勖的外孙子（宋偓的父亲宋廷浩娶了李存勖的女儿义宁公主，生下宋偓后不久，宋廷浩战死），又是后汉高祖刘知远（即位后改名为刘暠）的女婿，够牛了吧？《宋史·宋偓传》说他共有五个儿子：元靖、元度、元载、元亨、元翰。

长女为赵匡胤的孝章皇后。

另一部宋人王称所写的《东都事略》里也写道："开宝中，太祖纳偓长女为皇后。"至于宋偓有几个女儿，《宋史·宋偓传》和《东都事略·宋偓传》里都没有明确的记载。有幸保存至今的《名臣碑传琬琰集》中有一篇《寇忠愍公准旌忠之碑》（孙抃奉敕撰写），为我们提供了强有力的证据。碑文中说："（寇）公前娶许氏，故给事中仲宣之女，不及准贵而亡。再娶宋氏，故左卫上将军、邢公延渥之女，封晋国夫人。"翻译成白话，意思是说寇准的结发妻子是给事中许仲宣的女儿，没等寇准发迹就去世了［《宋史》里有《许仲宣传》，说他是山东青州人，早在后汉乾祐年间就中了进士，时年才十八岁，入宋后历任大藩首长，晚年回到朝廷，担任了给事中。太宗淳化元年（990）卒，享年六十一岁］。第二位妻子姓宋，是左卫上将军、邢国公宋延渥的女儿，后封为晋国夫人。这里所说的"宋延渥"就是宋偓。此人原名叫宋延渥，后来因避家讳改成了"宋偓"。《宋史》本传说得很明白："偓本名延渥，以父名下字从'水'，开宝初，上言改为偓。"（古代的避讳很严格，宋偓的父亲宋廷浩的"浩"字为三点水旁，延渥的渥字也是三点水旁，有点儿不敬，所以把"渥"改成同音的"偓"；又因为"廷浩"的"廷"字与"延渥"的"延"字字形相近，也有不敬之嫌，所以干脆改成了"宋偓"，这样就没有任何不敬的嫌疑了）。"开宝初"为公元968年，也就是赵匡胤当皇帝的第八个年头。至于他是否被封过"邢国公"，《东都事略》本传也可以证实："太宗幸大名，命偓知沧州，封邢国公。"也就是说，宋偓封邢国公是在太平兴国五年（980）冬季，太宗亲幸大名府、宋偓改任沧州知州的时候。

王德用的夫人也是宋偓的女儿吗？欧阳修《居士集》卷二十三《忠武军节度使同中书门下平章事武恭王公神道碑铭》说："公娶宋氏，武胜军节度使延渥之女，初为安定郡夫人，追封荣国公夫人。五男，四女。"这又是个铁板钉钉的证据。到此为止，完全可以证明叶梦得所言不虚了。

宋偓虽然出身贵胄，却是个十分低调的人，所以宋朝的文献除《宋史》和《东都事略》之外，很少见到有关他的详细记载，甚至连神道碑、墓志铭都难以见到。但他毕竟是位“近代贵盛，鲜有其比”（《宋史》本传语）的大名人，如果他还有别的女儿，宋代文献中应该有所记录。遗憾的是，除了这三位千金各得其所外，没见到还有谁有幸娶到他的女儿了。现在基本可以勾勒出宋偓的下一代情况：

1. 宋偓的五个儿子都没有太大的出息。《宋史》本传说宋皇后临终之前对晋国长公主（晋国长公主是赵匡胤与发妻贺氏生的女儿。赵匡胤与贺氏一共有三个儿女，长女秦国长公主、次女晋国长公主和儿子赵德昭。贺氏特别没福，就在赵匡胤当皇帝的前一年病死了。因为宋皇后没能生育，临终前的心里话只能跟理解她的前窝女儿念叨念叨）说：“我离开这个世界没什么忧虑，唯一放心不下的就是我们老宋家子弟不和睦，真怕给世人留下笑柄。”还真让她不幸而言中了：真宗景德年间，宋偓的小儿子宋元翰果然跑到开封府击鼓鸣冤，要求官府为他分割家产，真给宋偓和宋皇后丢了大人。

2. 赵匡胤的宋皇后是宋偓的长女。这一点上面所引《宋史·宋偓传》已经证实。宋氏被赵匡胤封为皇后是在乾德六年（968）二月，那一年宋氏十七岁（《宋史·后妃传》）；太宗至道元年（995）四月，宋皇后薨逝，享年四十四岁。

3. 宋偓的二女儿、三女儿分别嫁给了王德用和寇准。

为什么要如此排列呢？这不是和叶梦得所说的顺序相反了吗？我的分析是：王德用娶的是宋家二闺女，寇准娶的是宋家三闺女。

先来看王德用的生平：欧阳修所作《王公神道碑铭》说他“掌枢密凡三岁，以老求去位。……是岁，公年七十有八矣。明年二月辛未，以疾薨于家”。意思是说王德用从枢密院退下的那一年七十八岁。《宋史·宰辅表二》准确记载他自枢密院免职在仁宗宝元二年（1039）五月。自宝元二年上溯七十八年，王德用应该生于太祖建隆二年（961）。而寇准生于建隆三年（962）。理论上说，两个人都属于“新宋朝的同龄人”，但请不要忽略一个重要的细节：王德用娶宋家女儿是初婚，寇准娶宋家女儿则是二婚，这一个“初”一个“二”，其间至少差出十年八年，应该属于正常情况。更何况王德用、寇准两个同龄人，初婚的娶老三，把老二剩在家里等二婚的寇准，于理也十分不合。寇准天圣元年（1023）死在岭南贬所后，其妻宋氏还给朝廷打报告，请求将丈夫的遗体运回到洛阳安葬，说明此时宋氏的年龄还不是很大。而天圣元年时的王德用夫人，应该比六十二岁的王德用小不了几岁。

王德用的父亲名叫王超，赵州（今河北赵县）人，是北宋初年赫赫有名的大将，王德用无疑也是个“将门虎子”了。说几句题外话，王德用曾经遇到过一件特别令他气闷的事儿。《宋史·王德用传》载：“德用状貌雄毅，面黑，颈以下白晰，人皆异之。言者论德用貌类艺祖，御史中丞孔道辅继言之，且谓德用得士心，不宜久典机密，遂罢为武宁军节度使、徐州大都督府长史。有言德用市马于府州者，上其券，乃市于商人者。言者犹不已，降右千牛卫上将军、知随州，置判官，家人皆惶恐，德用举止言色如平时，惟不接宾客而已。”意思是说王德用长相颇为奇特，脸是黑的，脖子以下却很白，与太祖赵匡胤十分形似，于是有人开始给他上眼药儿，说他貌似太祖，是个很不祥的征兆，当时御史中丞（宋朝监察机构御史台的最高长官）孔道辅接着上奏，说王德用颇得将士之心，这就更加危险，不该让他长久担任军事高官。就因为这个长相儿，王德用竟然遭到罢免，被打发到徐州当地方官去了。这还没算完，又有人密告王德用曾经在府州（今山西府谷）买过马，属于“居心叵测”。其实王德用是从商人手里买的马，跟军事政变八竿子打不着。可惜小人汹汹，王德用最终还是被再贬为随州（今湖北随州）知州，还在州里专门设了个判官监视他。就这么一出儿，把王德用家里人（当然主要是宋氏夫人）吓得半死，王德用不做亏心事不怕鬼叫门，一切如常，不过还是给自己定了个规矩：不能轻易接待任何客人——万一被人告发，不但自己有嘴说不清，还可能连累无辜的宾客。您看看，小人要想毁掉一个大臣，真是什么卑鄙的手段都能使得出来！客观来说，孔道辅是北宋时期响当当的骨鲠直臣，一辈子对朝廷忠心耿耿，不能算是小人，但在弹劾王德用这件事上，做得的确大失水准。

人们并不熟悉的宋偓真是没白活，成就了一千多年前宋朝版的“宋氏三姐妹”神话：大女婿是开国皇帝赵匡胤；二女婿是长相酷似赵匡胤的黑脸白脖儿大将军王德用；三女婿是性情中人名臣寇准。

宋偓活了六十四岁，卒于太宗端拱二年（989），他亲眼见到了大女婿龙飞天上（赵匡胤开宝九年，公元976年十月驾崩），这时候的两位小仙女，估计还都待字闺中呢。

王诜不是神宗的驸马

《水浒传》第二回里说高俅经“小苏学士”介绍，来到驸马王晋卿府里做了亲随，并由此得路青云。关于王晋卿，书里是这么说的：“这太尉乃是哲宗皇帝妹夫，神宗皇帝的驸马。”按照这种说法，王晋卿的夫人应该是神宗皇帝的女儿。其实不然，真实的王晋卿夫人是神宗的同胞妹妹，作者施耐庵把人家降低了整整一辈儿。

王晋卿名叫王诜，“晋卿”是他的字。《宋史·公主传》里明确记载：神宗的父亲英宗一共有四个女儿：“魏国大长公主，帝第二女，母曰宣仁圣烈皇后。”就是说王诜的夫人和神宗皇帝都是英宗高皇后生的，一母同胞。我这里丝毫没有追究《水浒传》作者的意思，因为那是本小说，允许虚构甚至“错倒”。

据《公主传》记载，这位公主十分贤淑，绝没有骄娇二气，伺候王诜的寡妇老娘也是尽心尽意：“诜母卢寡居，（公）主处之近舍，日致膳羞。卢病，自和汤剂以进。”瞧人家这金枝玉叶儿，把婆婆接到近舍，天天给她送点心送饭，婆婆病了，还亲自煎药亲自喂药，实在是够意思，倒是那王诜很不是东西。公主一直把婆婆打发送了终。可王诜丝毫不感公主之德，反而肆意凌辱公主。

《公主传》又说：“（公）主性不妒忌，王诜以是自恣。诜不矜细行，至与妾奸主旁，妾数抵戾主。”你看王诜这小子表现得有多么恶劣，竟然当着公主的面儿，和小妾恣意宣淫，还怂恿着小妾屡屡侮辱公主！难怪公主死后，神宗一怒之下把他贬到均州（今湖北丹江口）受罪去了。这位公主只活了三十岁，高俅来到府上的时候，公主已经去世二十来年了。按照皇家的规矩，公主去世后，驸马是不能再娶民女为妻的，所以王诜后来一直没有正妻，只能和小妾们胡混日子。

可能有人会问：王诜是不是活腻歪了，胆敢如此虐待皇帝家的女儿？宋朝像王诜这么差劲儿的驸马爷的确不多，不过他之所以敢如此张狂放肆，除了个人性格品德因素之外，还和宋朝皇家的婚姻观有很大关系。宋朝是个抑武重文的朝代，表面上看，文臣的地位很高，武将则往往受到抑制，甚至由文臣来指挥武将。说穿了，还是皇帝对武将们放心不下，生怕他们造反夺权闹政变。怎么办？第一招儿是尽量把他们的气焰往下打压，不给他们飞扬跋扈的机会，更不给他们单独掌握军队的权力；另一招儿就是和他们联姻：成了一家人，你总不能不顾亲家这层关系吧？这就和汉朝、唐朝总要送几个公主嫁到外番去“和亲”的用意很相似。翻开《宋史》的《后妃传》和《外戚传》，就能体会得十分真切。比如仁宗曹皇后，就是开国元帅曹彬的孙女；英宗高皇后，是开国大将高琼的曾孙女、大将高继勋的孙女，她本人又是曹皇后妹妹的女儿。这两招儿是一拉一打，红脸儿白脸儿一起唱，充分说明皇家既怕武人，又离不开武人的矛盾心理。现在翻翻王诜的家底儿，就能对他的胡作非为做出比较合理的解释了。

不看不知道，一看吓一跳，你道王诜的老祖宗是谁吗？原来是大名鼎鼎的王全斌，这可是为赵匡胤南征北战立下卓越功勋的一位老帅呀。据《宋史》记载，王全斌老家在山西太原，军人出身。后唐庄宗的时候，已经是一员骁将了。后周柴荣显德年间，参加过夺取后蜀秦凤四州、夺取南唐淮南十四州等重大战役。宋朝建立的第一年，又参加了平定潞州大军阀李筠的战斗，屡建奇功。大家知道花蕊夫人所在的那个后蜀国吧？不但是天府之国，而且兵多将广，又有剑门关和长江三峡两处天然军事屏障，赵匡胤要拿下这个偏国，难度可想而知。在派谁挂帅征伐后蜀的问题上，赵匡胤可谓绞尽脑汁，最后敲定：由忠武军节度使王全斌担任西川行营前军都部署，“率禁军步骑二万、诸州兵万人由凤州（今陕西凤县）路进讨。”（《宋史·王全斌传》）此为北路，也就是必须攻克剑门关天险才能挥师杀向成都的一路主力。南路则由猛将曹彬率领，从夔州（今重庆奉节）经长江三峡进入蜀地。之所以如此安排，主要是考虑到对成都形成南北合围之势。这两员大将果然不负赵匡胤厚望，势如破竹地向成都迅速推进。《宋史·王全斌传》说：“乾德二年（964）十二月，率兵拔乾渠渡、万仞燕子二寨，遂下兴州，进拔石圌、鱼关、白水二十余寨，（后蜀）大将王昭远、赵崇韬引兵来战，三战三败。自利州趋剑门。遂克剑州，杀蜀军万余人。（乾德）四年正月十三日，师次魏城，孟昶遣使奉表来降，全斌等入成都。”

从王全斌离开汴京到攻破成都俘虏孟昶，仅仅用了六十六天，这种近乎传奇的大捷，固然和赵匡胤善于用兵有直接关系，但王全斌和曹彬的英勇善战，无疑是取得这场胜利的关键所在。宋朝开国那段历史中，王全斌的功绩是不可磨灭的。可惜此人进了成都后杀红了眼，为防止蜀军哗变，他竟下令一次性坑杀了后蜀两万多降卒，完全违背了赵匡胤临行前不准滥杀无辜的约束，结果激起了更大规模的叛乱。所以孟昶刚投降，他便被贬到湖北随州（今湖北随州）去了。

《宋史·王全斌传》说：“全斌轻财重士，军旅乐为之用。黜居山郡十余年，怡然自得。”看来此人心胸称得上宽广。直到赵匡胤攻破南唐，才重新任命他担任了徐州节度使。赵匡胤为什么要贬他这么久？理由是：“朕以江左未平，虑征南诸将不尊纪律，故抑卿数年，为朕立法。今已克金陵，还卿节钺。”表面上看，是赵匡胤担心将帅们征讨李煜时以他为榜样过多杀人，内里还有什么原因，就不得而知了。

王全斌到徐州不久就病死了，随后赵匡胤也黯然辞世。太宗朝里，王全斌的儿子王审钧和王审锐分别担任广州兵马钤辖和京城卫戍军官，都是手握军权的人物。王审钧调任永兴军（今陕西西安）驻泊都监后，在一次剿贼战斗中战死，他这一支就在长安落了户。到仁宗朝传到王全斌的曾孙王凯时，王家依然是当地大户，饶于资财。王凯是个十分豪爽的汉子，大把大把的银子都散给了下人百姓。不过有时候行为过于放纵，法制观念淡薄，很像他曾祖王全斌。《宋史·王全斌传》说王凯“日驰猎南山下，以践蹂民田”，颇有“幽并游侠儿”忘乎所以的豪侠之气。宋朝是个很重视民生的朝代，这么糟蹋老百姓的庄稼还得了？于是当地官员把王凯抓起来，扭送到知府衙门里听候判决。按说这一回王凯肯定是凶多吉少，偏偏碰上了任情率意的寇准当知府，他当即说道：“全斌取蜀有劳，而审钧以忠义死，当录其孤。”意思是说王凯的曾祖王全斌攻取后蜀立过大功，他父亲王审钧也是为国杀贼而死，朝廷理应关照他们的后代。不但没有严惩，反而给了他一个周至县税务局长的官儿做，也算是惺惺相惜吧！

过了几年，宋朝和西夏开战，王凯担任麟州都监，“前后斩首三百余级。夏人围麟州，乘城拒斗，昼夜三十一日，始解去”。这还不算，有一次护送粮草经过青眉浪时，“寇猝大至。流矢中面，斗不解，又斩首百余级，贼自蹂践，死者以千数”。王凯重伤不下火线，是个当之无愧的将门虎子。

王凯在西北护边九年，为宋朝边境安宁立下了汗马功劳，晚年又参加了镇压河北贝州（今河北清河）叛贼王则的战斗，死后仁宗甚为惋惜，“赠彰武军节度使，谥庄恪”。

西夏主元昊投降后，北宋基本上没有再发生过大规模的内外战争。但王全斌家族对于大宋朝的重要性，历朝皇帝心里都是有数的，宋英宗之所以要把女儿嫁到王家，用意不言自明。

王诜是王凯的孙子，到了他这一辈，有点儿改换门风的意思。《宋史》里说王诜“能诗善画”，所以和当时许多文人雅士过从甚密，苏轼就是王诜最好的朋友之一。这两个人啥时候开始结交已无从考证，有据可查的记录是在神宗的熙宁二年（1069），这一年苏轼刚刚从蜀中守父丧回到汴京。宋人王宗稷的《东坡先生年谱》称："熙宁二年，某（苏轼）在京授差遣，与王诜写诗赋及《莲华经》。"应该比较可靠。熙宁十年（1077），苏轼担任徐州知州的时候，还特地为王诜的画堂写过一篇《宝绘堂记》，记文说："驸马都尉王君晋卿，虽在戚里，而其被服礼义，学问诗书，常与寒士角。平居攘去膏粱，屏远声色，而从事于书画，作宝绘堂于私第之东，以蓄其所有。"苏轼是个十分性情而极无原则的人，因为和王诜志趣相投，便不惜颠倒黑白，把个纨绔子弟夸得像一朵花儿，所谓"学问诗书，常与寒士角"和"屏远声色"，纯属无稽之谈。

不过，王诜的确称得上很有才气，也颇具文人雅兴。宋人邓椿《画继》说他"所画山水学李成，皴法以金碌为之，似古。今《观音宝陀山状小景》，亦墨作平远，皆李成法也。故东坡谓'晋卿得破墨三昧'。有《烟江叠嶂图》《房相宿因图》《山阴陈迹》《雪溪乘兴》《四明狂客》《西塞风雨图》《著色山水》等图传于世"。这些图画，差不多都有苏轼的题诗。除此之外，二人还经常诗酒往来，现存的《苏轼诗集》中就有几十首苏轼与王诜的唱和诗。

此人纨绔归纨绔，做人还是蛮讲交情的。元丰二年（1079），苏轼因作诗"诽谤朝政"的罪名下御史台狱（即乌台诗案）后，王诜冒着得罪神宗的危险，跑到宰相王珪那儿替苏轼求情。王珪那老家伙很不是东西，表面上答应得好好的，转过脸儿便到神宗那儿告了王诜一恶状，称王诜和苏轼是一条绳上的蚂蚱，都是反对新法的坏蛋。其实王诜对新法根本不关心，只是讲个哥们儿义气罢了。神宗一听，马上想到王诜虐待公主那口恶气还没出（这时候正是王诜把公主快折腾死的当口儿），于是龙颜大怒，把王诜捆起来打了八大杖。次年元月苏轼流放黄州（今湖北黄冈）时，王诜也因"同案主犯"的罪名被流放到更荒远的均州。为此，苏轼感到非常不过意，在一首叫《和王晋卿》的诗序里说："驸马都尉王诜晋卿，功臣全彬之后也。元丰二年，予得罪贬黄冈，而晋卿亦坐累远谪，不相闻者七年。予既召用，晋卿亦还朝，相见殿门外。感叹之余，作诗相属，托物悲慨，阨穷而不怨，泰而不骄。怜其贵公子有志如此，故次其韵。”苏轼也是个极讲交情的主儿，和王诜关系一直很好，直到八年之后新党重新上台，苏轼被赶出朝廷到定州担任知州前，还没忘了把“太有才了”的高俅介绍给王诜。《水浒传》里说王诜“庆诞生辰，分付府中安排筵宴，专请小舅端王”。这位“端王”就是后来的宋徽宗。徽宗是哲宗的弟弟、神宗的次子，王诜是神宗的妹夫，因此端王得管王诜叫姑夫，王诜则管端王叫侄儿，而不是小舅子。由端王即位的徽宗皇帝不务正业亡了大半个国家，王诜的“帮闲”起了很大作用，这大概是王全斌开国平天下的时候全然没想到的。

和王诜交往比较密切的还有苏轼的弟弟苏辙、弟子黄庭坚、画家李公麟等才子。当然这些人都是通过苏轼与王诜结识的。苏辙有好几首题画诗，都是写给王诜的；黄庭坚属于小字辈儿，所以往往是跟着苏轼随声附和。李公麟可是位了不得的大画家，此人字伯时，熙宁三年进士（当时苏轼三十五岁，担任监官告院），是北宋画界的第一大腕儿，名公巨卿无不希望结识此人，名气比画《清明上河图》的张择端可大多了。因为他和苏轼是莫逆之交，故而也就和王诜渐渐熟识起来。

王诜究竟活了多大岁数，最终当过多大的官儿，《宋史》里都没有明确记载，宋人王明清《挥麈后录》中说：“元符末，晋卿为枢密都承旨时，祐陵（即宋徽宗的年号）为端王。在潜邸日，已自好文，故与晋卿善。”元符是宋哲宗在位最后三年的年号（1098—1100），到元符三年（1100）正月哲宗去世，端王就即位了。枢密都承旨是枢密院的主要属官，大致上相当于枢密院的办公厅主任。这个记载未必可靠，因为据本人所撰《宋代京朝官通考》所检资料来看，元符末年担任枢密都承旨的有王师约和范纯礼，没见王诜的记载，很有可能他担任的是枢密院其他挂名官员，做做样子罢了。

欧阳修两受诬谤始末

欧阳修历来被誉为宋代文坛的“旗手”，一生创作了大量优秀的散文和诗词，像“醉翁之意不在酒”（《醉翁亭记》）；“百忧感其心，万事劳其形”（《秋声赋》）；“百啭千声随意移，山花红紫树高低。始知锁向金笼听，不及林间自在啼”（《画眉鸟》）；“平山阑槛倚晴空，山色有无中”（《朝中措》）；“离愁渐远渐无穷，迢迢不断如春水”（《踏莎行》）等佳作，至今传唱不衰。俗话说“木秀于林，风必摧之”，大概是欧阳修太出类拔萃的缘故，他一生所受过的诬蔑和诽谤，也是文人当中罕有所闻的。

欧阳修第一次受到诬谤是在仁宗庆历五年（1045），也是北宋“庆历党争”白热化的一年，此时欧阳修三十九岁。

在宋朝历史上，仁宗是一位以人为本、励精图治的好皇帝，面对北方契丹和西北西夏两国的严重军事威胁，他很想在尽可能短的时间内使国家强盛起来，不再受他们的欺负，于是大胆起用了具有改革精神的杜衍、富弼、范仲淹、韩琦四人主持“政治体制改革”。由于杜衍、范仲淹等人提出的改革方案直接触及宗室、贵戚以及权臣们的既得利益，代表保守势力的大臣章得象、陈执中、贾昌朝等人，视革新派人物为眼中钉肉中刺，将杜衍等人指为“朋党”

（古代政治斗争中，击溃对方最有效又最致命的法宝，就是把对立面定性为“结党营私”，因为皇上最忌讳的就是大臣们结党，把他架空），先后把四位大臣赶出了朝廷。为此，欧阳修再次愤然上书，揭露保守派的卑劣用心［欧阳修第一次上书在仁宗景祐三年（1036），当时开封知府范仲淹因触怒宰相吕夷简被贬知饶州。欧阳修切责谏官高若讷屈从权势装聋作哑，结果被贬为夷陵县令］。这样一来，权臣们自然对敢怒敢言的欧阳修恨之入骨，恰恰就在这节骨眼儿上，欧阳修的妹妹家出了点儿情况。

欧阳修的妹夫名叫张龟正，因为死了前妻，娶欧阳修之妹为续弦，没过几年，张龟正也因病去世，留下一个前妻所生的七岁闺女，跟着欧阳修的妹妹一同生活。欧阳修出于对寡妇妹妹的关心，把妹妹和张龟正之女都接到了自己家里，这样更便于照顾她们。后来张氏女渐渐长大，欧阳修便把张氏女嫁给了自己的族人欧阳晟。至此为止，可以说欧阳修和他妹妹都是在做好事儿。谁知欧阳晟之妻张氏没守住贞节，和一个家奴有了私情。这本是民间常有的小事一桩，但因为这件丑事出在名满天下的欧阳修家里，所以败露后闹得沸沸扬扬，甚至惊动了开封府。

当时担任开封知府的人名叫杨日严，属于保守派旧党。更糟糕的是，此人曾因经济问题受到过欧阳修的弹劾，早就对欧阳修怀恨在心，做梦都想抓住欧阳修的把柄将其击垮，于是小题大做地将张氏抓进了开封府大衙。杨日严来了个“醉翁之意不在酒”，他反复诱导逼迫张氏承认曾与欧阳修有过奸情。在杨日严恩威并施地“审问”下，张氏为了保命，被迫“承认”曾与欧阳修有过暧昧之情。杨日严得到如此爆炸性的“口供”，内心狂喜，又在副宰相贾昌朝等人的授意下，与另一个叫钱明逸的谏官联起手来，上下扇风，四处点火，又翻出欧阳修曾经写过的一首小词作为其“作风不正”的佐证，硬是把这盆脏水泼到了欧阳修身上。（相传这首小词名叫《望江南·江南柳》：“江南柳，叶小未成阴。人为丝轻那忍折，莺怜枝嫩不胜吟。留取待春深。十四五，闲抱琵琶寻。堂上簸钱堂下走，恁时相见已留心。何况到如今。”其实此词不过是对一个妙龄少女的泛泛赞赏，既不能证明词中女子指的就是张氏，更不能说明欧阳修对外甥女有非分之想。真是欲加之罪何患无辞。）请求朝廷立即将正在河北路担任都转运使的“嫌犯”欧阳修拿回汴京严加审问。

欧阳修的妻兄叫王拱辰（欧阳修和王拱辰是同榜进士，王拱辰考的第一，欧阳修考的第十四。又同时被枢密副使薛奎看中，把自己的两个女儿分别嫁给了欧阳修和王拱辰，二人居然成了担儿挑，此乃当时一段佳话），当时担任着御史中丞，按说应该替欧阳修说几句公道话才是。但因此人和欧阳修分属于两个不同的政治阵营，所以他明知欧阳修是被人诬陷，竟然不闻不问。这样一来，贾昌朝、杨日严等人更加无所忌惮，非要把欧阳修置之死地而后快。

宋朝的士大夫有婚外情属于再平常不过的风流韵事，除了太监，有几个不去拈花惹草的？但如果男女关系涉及乱伦，那就要另当别论，严加惩处了。由于此事关乎社会风化和朝廷的脸面，影响“极其恶劣”，仁宗只得发下圣旨，命欧阳修即刻回京接受审查。在宋朝，这种由皇帝亲自批转的案件叫作“诏狱”，性质相当严重。为了彻底查清案情，仁宗派三司户部判官（相当于国资委主管法规的负责人）苏安世和宦官王昭明负责审理此案。

局面已经很明朗：作为主审官的苏安世和王昭明迫于权臣的高压，只能判欧阳修有罪，而且判得越重越好，否则后果不言自明。这一点，苏安世心里非常清楚。当时的思想斗争也相当激烈，最初他也曾违心地按照张氏的供述写了初审判决，判定欧阳修与张氏有染。王昭明复审时，见之“大骇”，说道：“昭明在官家左右，无三日不说欧阳修。今省判所勘，乃迎合宰相意，加（欧阳修）以大恶，异日昭明吃剑不得！”苏安世当时悔悟，随即推翻原判，并与王昭明一道明言欧阳修是受了“言者”的诬陷。这样的审理结果，权臣自然极为恼怒，很快将苏安世贬到泰州监酒税，王昭明也被贬为寿春县监酒税。附带说明，苏安世和王昭明与欧阳修都没有私交，仅仅因为没按照保守派的意志办事就遭到严惩。

按说此案到这里应该终结了，权臣贾昌朝等人仍不甘心，派人查抄了张氏的家，在衣柜里发现了一张欧阳修向她借款的借条儿，于是不分青红皂白，又认定欧阳修有谋取张氏财产的行为，以此为借口，一闷棍把欧阳修打到了淮南的滁州（今安徽滁州）担任知州。前面提到的《醉翁亭记》，就是欧阳修在遭受这次飞来横祸之后写成的。

欧阳修遭受诬陷而贬出京城，意味着庆历党争以保守派的大获全胜而告终。此后数年里，朝廷中一直是保守派章得象、陈执中、贾昌朝等人执掌大权，直到至和二年（1055）富弼重新回到中央，局面才渐渐有了些好转。欧阳修此次出京，在地方上辗转了十来年，至和元年被召回京师时，"仁宗恻然，怪公鬓发之白，问公在外几年，今年几何，恩意甚至"（《欧阳文忠公年谱》）。随即任命他为判吏部流内铨。刚上任六天，那些嫉恨欧阳修的大臣又对他下了黑手，竟然模仿欧阳修的笔迹伪造了一份奏章，说欧阳修上奏仁宗，请求彻底清理内廷的宦官，致使大小宦官们联合起来，挖空心思找欧阳修的碴儿。可巧欧阳修的朋友胡宿之子胡宗尧按资历应该得到升迁，欧阳修为他办理了迁官手续。宦官杨永德密奏说："胡宗尧曾经因借官船给私人用受过处分，这种人顺利升迁不受追究，分明是欧阳修在徇私袒护。就凭这一条，欧阳修理当贬黜。"在宋朝，官吏如果有徇私枉法之举，朝廷的处理是相当严厉的，所以欧阳修又被贬为同州（今陕西大荔）知州。很多有正义感的官员见欧阳修再次遭人暗算，纷纷出面营救，判吏部南曹吴充、知谏院范镇等都多次上书，请求仁宗务必把欧阳修留在朝廷。副宰相刘沆也极力救解，提议让欧阳修留在京城主持修纂《唐书》（即今《二十四史》中的《新唐书》）。仁宗应允，总算没有再次把欧阳修贬出京城。

宋朝是个文人主政的朝代，这种制度虽然有效地避免了军阀混战和武夫专权，但文人之间的党争却比其他朝代表现得更为突出。文人只表示有文化的人，并不能证明他们都是有道德的人。中国有句古话叫“文人无德”，大概就是专指那些为谋私利不择手段的文人吧。这些无德的文人，就是欧阳修多次提到的“小人”。偌大一个朝廷，不可能没有小人，好在当时君子的数量并不比小人少。欧阳修虽然遭受小人无所不用其极的诬陷，终归有苏安世，有吴充、范镇这样的正人君子，冒着断送自己仕途的危险挺身而出，为他伸张正义。这些君子，才是宋朝真正的脊梁，他们的所作所为，不仅受到后世人的尊重，就是在当朝，也得到广大士大夫的高度赞扬。王安石在为苏安世写的墓志铭中说：“权贵人欲倾（欧阳）修，锐甚，天下汹汹，必修不能自免。苏君卒白上曰：‘修无罪，言者诬之耳！’于是权贵人大怒，诬君以不直，黜使为泰州酒税。苏君以此名天下。”世间自有公道在，苏安世的正直虽然招来了贬官之祸，却赢得了天下士人的敬重，这或许就是有正义感的读书人所追求的最高境界吧！

欧阳修遭受的第二次重大诬谤发生在治平四年（1067）二月，这一年正月里英宗驾崩，神宗赵煦新即大位。此时的欧阳修，已经是位六十一岁的老人，官至参知政事（副宰相）。

事情的缘起，还要追溯到几年之前。仁宗一直没有儿子，晚年时迫于无奈，过继他兄弟濮安懿王允让之子赵宗实为子，并将皇位传给了宗实，这就是后来的宋英宗。英宗即位后一直生病，直到治平三年，病情才渐渐好转。这时有个很现实的问题摆在了他面前：按照朝廷礼制，天子要为祖先建立宗庙，四时祭祀。对于英宗来说，仁宗是他的父亲，濮安懿王允让也是他的父亲。但祖庙里不可能同时供奉两个并列的“先皇帝”，究竟应该尊谁为父，便成了一个很难定夺的难题。英宗不敢自作主张，命大臣们按照古礼加以裁定。大臣们的意见很不统一：以首相韩琦为代表的一派认为仁宗入祖庙无可厚非，但同时也应该尊濮安懿王为“皇”（与“帝”不同），将原来的濮安懿王陵园改为濮安懿皇庙，另行祭祀；以翰林学士王珪为代表的一派则认为，英宗既然已经过继给仁宗为子，就只能尊仁宗为父，不能再为其生父建庙，按皇帝的规格祭享，这叫作“尊无二”。两派意见各有其道理，一时间朝廷上下争论得非常激烈，谁也不肯认输。欧阳修不但是韩琦一方的坚决支持者，还扮演了这一方“首席发言人”的角色，他引经据典，反复论辩，写成了洋洋数千言的论文《濮议》，坚持要英宗尊其生父为“皇”。

大概很多人对此都不太理解：这能算多大的事儿啊，怎么会争得如此不可开交？的确，表面上看，这件事并不是不可调和，也不是解决不了，但其背后隐藏的，却是大臣之间的权力之争。英宗是宰相韩琦力主拥立的，此时的韩琦已经执政多年，用当时一些大臣的话说，此人算得上是个“专权之臣”了，不少人对他十分不满，希望他赶紧下台养老去。而从韩琦的角度来说，仁宗末年以来，因为立太子的事儿，搅得朝廷上下一片纷乱。为了稳定政局，防止契丹和西夏乘机寻衅，他不得不力排众议，果断拥立英宗继承大统。为此，他伤害了一些宗室，甚至把仁宗的曹皇后（宋初大元帅曹彬的孙女，神宗即位后，尊为太皇太后）都得罪了。如果按照韩琦“尊濮”的意见，那么英宗死后，英宗的儿子便会顺顺当当地继承皇位，朝廷会少很多动乱的诱因。而太皇太后曹氏早就不喜欢英宗这一支，如果不“尊濮”，英宗死了以后，她就可以名正言顺地在宗室中选择新皇帝，等于让英宗“代理”了几年而已。她甚至对韩琦说过，她决不打算在老兔子窝里再掏小兔子（老兔子喻英宗。老太太跟英宗也曾闹得不可开交，俩人矛盾很大，老太太为此不知流了多少眼泪）！韩琦认为这样做必将引发新一轮皇位之争，对朝廷有百害而无一利，所以坚持“尊濮”。而王珪等人之所以要在“尊濮”与否这个问题上纠缠不休，除了想以此动摇韩琦的地位，还想借此讨得太皇太后曹氏的欢心。因为谁都明白，重病缠身的英宗只是个奄奄待毙的摆设而已，终英宗一朝，真正掌握大权的人其实是太皇太后曹氏。欧阳修对韩琦的心思摸得很透，他很想协助韩琦稳定政局，故而力主“尊濮”。由于他始终冲锋在前，所以把反对韩琦的那一派得罪得相当苦。虽然“尊濮”问题到最后不了了之，但拥戴韩琦和反对韩琦两派政治势力的较量，却并没有因此中止。英宗死后，韩琦等再次拥立其长子登上了帝位，即后来的宋神宗。此时韩琦已经感到自己的地位开始动摇，主动请求到巩县为英宗送葬。就在韩琦离开汴京之时，反对派随即向欧阳修发起了猝不及防的猛烈攻击。

欧阳修夫人薛氏有个弟弟叫薛宗孺，因为犯了法，遭到谏官御史们的弹劾。为了保住官位，薛宗孺向身任参知政事的姐夫欧阳修求救，希望他能在皇上面前替自己说几句好话，把犯法的事搪塞过去。谁知道欧阳修是个死杠头，铁面无私，不但没为薛宗孺求情，反而在皇帝面前说："不可以臣故徼幸，乞特不原。"意思是不要因为我欧阳修当着副宰相就对薛宗孺网开一面，希望朝廷秉公处置。就因为这句话，薛宗孺彻底歇菜，成了丧家之犬。薛宗孺当然恨透了欧阳修，朝思暮想非要狠狠地报复他一把。琢磨来琢磨去，想出了一个损招儿，他跑到欧阳修的仇家集贤校理刘谨那里，有鼻子有眼儿地说：欧阳修和他儿媳妇吴氏不干不净，"帷薄不修"。吴氏是三司盐铁副使吴充的女儿，欧阳修长子欧阳发的妻子。薛宗孺造出这样的谣言，无疑具有极大的杀伤力——又是一桩乱伦的恶性案件！刘谨好不容易抓住了欧阳修的短处，不问真假虚实，很快在士大夫中间传播开来，一时间闹得沸沸扬扬。消息又传到御史中丞彭思永耳朵里，彭思永一向与韩琦、欧阳修不和，听了此话，立马儿找到属下蒋之奇，问他听到这个消息没有。蒋之奇本是欧阳修一手举荐到御史台的后进之辈，在"濮议"争端中，他始终坚定地站在欧阳修一边，并因此受到许多反对派的嫉恨。不久，他察觉出韩琦、欧阳修等人很有可能无法继续当政了，为了洗清自己，讨好对立派，赶快给自己找到后路，他决定改换门庭，彻底背叛韩琦和欧阳修，于是违心地说他听到过这些议论，并且相信确有其事。（蒋之奇本来是个很有才的人，就因为这件事上心眼儿过于活泛，一辈子被士大夫"鄙薄其为人"。做人还是规矩点好。）彭思永听罢非常高兴，立即命蒋之奇尽快给神宗上书弹劾欧阳修。此时的神宗虽然还不到二十岁，又是刚刚即位，但他决不相信年过花甲的欧阳修能做出如此不理智的丑事儿，命人诘问蒋之奇消息的来源。蒋之奇无奈，只得承认是从彭思永那儿听到的。神宗又派人询问彭思永，彭思永觉得势头不对，含含糊糊地回答说："得自风闻。"用现在的话说，就是"来自小道消息"。他称因为自己年事已高，记不住具体是谁说的了。接着又狡辩说：大宋朝历来允许"风闻言事"，以广皇帝之聪明，自己积极向朝廷反映问题并没有大错。如果因此而治自己的罪，日后还有谁敢对皇帝说心里话？直到这时，欧阳修才知道又一次无端蒙受了奇耻大辱。悲愤之余，不再问政上朝，接连给神宗上书，请求将此事的原委彻底查清，以正视听，也还自己一个清白。

神宗明白欧阳修肯定是受了小人的诬谤，很快把彭思永和蒋之奇贬到外藩，并亲手写信给欧阳修说："数日来以言者污卿以大恶，朕晓夕在怀，未尝舒释。故数批出，诘其所从来，讫无以报。今日已令降黜，仍榜朝堂，使中外知其虚妄。事理既明，人疑亦释，卿宜起视事如初，无恤前言。"意思是说朕把诽谤你的大臣都贬出了京城，并且把他们的罪恶在朝堂之外张榜公布，你就赶紧安心理政吧。

尽管奸恶小人受到了应有的惩处，连皇帝都来款言相劝，欧阳修仍旧感到仕途过于险恶，人情过于淡薄，连亲戚和门生都如此无德无行，继续待在朝廷里还有什么必要？还有什么意思？他怀着一颗被伤透了的心，自请到亳州（今安徽亳州）担任知州。从此以后，欧阳修辗转于青州（今山东青州）、蔡州（今河南汝南）。熙宁四年（1071），经过多次上章，神宗终于同意了他的致仕请求。这一年六月，欧阳修来到了他梦寐以求的颍州（今安徽阜阳），过了一年清闲日子，次年闰七月，病死于颍州家中。

欧阳修一生刚直磊落，敢怒敢言，从无避讳，尤其是那种不畏权贵的抗争精神，那种为了国家利益不计个人得失的牺牲精神，比他那些锦绣文章更值得后人钦敬。虽说是"木秀于林，风必摧之"，但风刮过去什么也留不下，而参天的大树，却依旧会傲然挺拔在天地之间，永远受人崇敬，永远不会消亡！

性情怪异的王安石

主持熙宁变法的王安石大名鼎鼎，无人不知。这里无意评论熙宁变法的是非功过，那是政治家们的事儿：政治需要肯定他的时候，他就是大功臣；政治需要否定他的时候，他就是大罪人。倒是此人的脾气秉性和人格特征，因为常常被关心“大事”的历史读物所忽略，倒是有必要啰唆几句。

王安石这个人的脾气性格颇为古怪，很多方面显示出与众不同，真不知道应该赞赏还是应该讥嘲，现举几个有趣的例子，读者可以自行品评。

一曰不讲卫生。

王安石的邋遢在北宋士大夫中是出了名的。叶梦得《石林燕语》里记载着一则小故事，说“王荆公性不善缘饰，经岁不洗沐。衣服虽敝，亦不浣濯”。王安石曾被封为荆国公，因此也往往被尊称为王荆公。这段话是说王安石天生不喜好打整自己，经常是一年到头不洗一回澡，真够邪乎了！要知道北宋时期每十天放一天假，俗称“旬休”（古代以十天为一旬），雅一点儿的称谓叫作“休沐”。十来天洗一次澡，一年平均也得洗上三四十次吧。可人家王安石不沾水儿，真够能扛的！

《石林燕语》接着说他在群牧司（宋朝主管军马养殖统计派发等事务的

部门）当判官时，和韩维、吴充等人关系不错（这两个人后来都当了宰相），韩、吴对他的肮脏恶臭实在看不下去，和他约定：每一两个月必须要到定力院去洗一回澡（北宋的高级澡堂大都设在佛教寺院里），新内衣由韩、吴等人轮流“免费提供”。这本来是件微不足道的小事儿，谁知竟在京城里流传开来（或许是韩、吴等人进行炒作了吧），当时号称“折（拆）洗王安石”。王某人心理承受能力极强，对此毫不介意，“见新衣辄服之，亦不问所从来也”。真够有个性的！

司马光当小官儿的时候，和王安石也算是朋友。有一回，王安石写了一首诗，请司马光唱和。司马光一看乐坏了，原来题目竟是《烘虱》。诗里有几句话颇有意思：“施施众虱当此时，择肉甘于虎狼饿。……时时对客辄自扪，十百所除才几个……未能汤沐取一空，且以火攻令少挫。踞炉炽炭已不暇，对灶张衣诚未过。飘零乍若蛾赴灯，惊扰端如蚁旋磨。……犹残众虮恨未除，自计宁能久安卧？”（本诗原题是《和王乐道烘虱》）说这些小虱子像虎狼一样到处乱咬，使自己在客人面前不得不时时地抓挠。怎奈身上虱子太多，这么抓能消灭掉几个？干脆，把衣裳脱下来放在火上烘烤。但见成堆的虱子劈劈啪啪掉进火堆烧死了，没掉下去的“幸运虱”也慌得像蚂蚁转磨儿满衣裳乱爬。经过烘烤，大部分虱子都被消灭，残存的几个，看它们还能肆虐几天！司马光看罢，凑趣和道：“腥烟腾起远袭人，袖拥鼻端时一唾。初虽快意终自咎，致尔歼夷非尔过。……体生鳞甲未能浴，衣不离身成脆破。……但思努力自洁清，群虱皆当远迩播。”意思是说火烧虱子的气味儿又腥又膻，可真叫难闻，用衣袖捂着鼻子，还是禁不住要打几个喷嚏。虱子呀虱子，遭此灭顶之灾本不是你们的过错，是因为那个人（当然是王安石）身上皴得长了鳞甲都不洗澡。如果那个人能经常洗澡，虱子自然不会和他如此“亲近”，也就不至于命丧火堆了。苏轼的父亲苏洵曾写过一篇《辨奸论》，文中说道：“夫面垢不忘洗，衣垢不忘浣，此人之至情也。今也不然，衣臣虏之衣，食犬彘之食，囚首丧面而谈《诗》《书》，此岂其情也哉？”说的也是王安石。不过苏洵可没持欣赏的态度，而是感觉此人太过分，很值得怀疑——脸脏了就应该洗，衣裳脏了就应该换嘛。天底下哪有穿着臣虏衣、吃着猪狗食来研究圣人经典的？此人到底想干什么呀？

二曰思维偏执，不达人情事理。

和王安石有交往的人都承认他读书很多，不过有时候他那些“奇思妙想”，也着实让人哭笑不得。《诗经·豳风·七月》里有句诗说：“八月剥枣，十月获稻。”古人解释说：“剥”是个通假字，当“扑打”讲，剥枣就是打枣的意思。王安石认为不对，应该是“剥其皮而进之，所以养老也”（吃枣之前要把枣皮剥掉，这样会对老人的健康有益）。他后来在金陵闲居时碰见一位老太太，问她老伴儿干什么去了。老太太回答说：“扑枣去了。”王安石这才觉出自己当年的解释太离谱儿。（洪迈《容斋续笔》卷十五：“注书至难。王荆公《诗新经》‘八月剥枣’解云：‘剥者，剥其皮而进之，所以养老也。’毛公本注云：‘剥，击也。’陆德明音普卜反。公皆不用。后从蒋山郊步至民家，问其翁安在？曰：‘去扑枣。’始悟前非。”）

宋人曾慥《高斋漫录》里的一则故事更有意思，王安石曾自作聪明地炫耀说：“坡乃土之皮。”（一说“波乃水之皮”）苏东坡觉得大为可笑，戏谑问道：“如果‘波’是水的皮肤，那么‘滑’就是水的骨头了？’”类似的例子还有不少，看来王安石玩汉字确实玩过了头儿。这种望文生义的情况，如果是孤芳自赏，倒也没什么关系，怕就怕印成教科书，那就误人太多了。

忽又想起一部电大的《古代汉语》教材，在给柳宗元《捕蛇者说》做注解时，称“三虫”是蛔虫、蛲虫和钩虫，大为绝倒。实则古人所谓三虫，乃道家之“三尸”，是想象出来的三种害人虫，道教典籍《云笈七签》中有详细的记载。

三曰刚愎狂妄，不能容人。

王安石的狂傲性格似乎是与生俱来的，在他眼里，古人可以任意贬损，不在话下。阮阅《诗话总龟》载，王安石罢相回到金陵后，住在州东的刘相故宅，在东院小厅题写了“当时诸葛成何事？只合终身作卧龙”的诗句竟多达数十处。在他眼里，诸葛亮没干成什么大事儿，有啥了不起？只配一辈子隐居在隆中当他的卧龙先生。言外之意，诸葛亮根本无法和他王安石相提并论。

宋人周晖的《清波杂志》里有个故事，虽然不乏编派王安石的成分，却也生动有趣，说大臣萧注熙宁间上殿奏罢，神宗问他：“今臣僚中孰贤？”萧注回答：“文彦博。”神宗又问其次，萧注答：“韩琦。”神宗又问：“王安石怎么样？”萧注答道：“安石牛耳虎头，视物如射，意在直前。”意思是说王安石长相挺特别，尤其是那双鹰一样凌厉的眼睛，像要把人射穿一样，执着而刚狠。俗话说“眼睛是心灵的窗户”，大概古人也是这么认为的吧。

此人甚至连圣贤经典都敢破口大骂，他历来不喜欢《春秋左传》，后来干脆称之为“断烂朝报”（喻胡拼乱凑不值一看的上奏文书一类的东西）。

宋人王铚《默记》中还记了一个令人气闷的故事，说王安石中进士之后（王安石庆历二年，公元1042年考中进士第四名），时任枢密使的晏殊很欣赏他的才华，摆了盛宴，专门请他喝酒（宋朝的枢密使比今天的国防部长地位还要高，王安石的面子真够大的）。盛赞之余，又推心置腹地对他说：咱们都是江西老乡，老夫送给你八个字：“能容于物，物亦容矣。”意思是说能容得下别人，别人才能容得下你。这本是句语重心长的金玉良言，是君子做人的基本准则，谁知王安石回到客舍，颇为不屑地说道：“晏公为大臣而教人者以此，何其卑也！”此后他一直看不起晏殊，不但不合作，还讥笑他说：“为丞相而喜填小词，能把国家治理好吗？”（晏殊喜欢填词，是位宋词大家。）

王安石做的第一任官是签书扬州判官厅公事（相当于扬州节度帅府办公厅主任），当时任扬州帅臣的是前参知政事韩琦。有人问韩琦一个生僻字，韩琦不认得，随口说道：“王安石颇识怪字。”王安石闻知后，认为韩琦在有意嘲笑他，以后一直对韩琦耿耿于怀。他当政之后，立即撺掇神宗把正担任着首相的韩琦贬出汴京。

欧阳修对王安石的揄扬可谓不遗余力，每每在士大夫面前盛赞王安石的文章有风力，堪称卓然一家。然而后来王安石对欧阳修却是冷若冰霜，根本没把抬举他的恩人放在眼里。宋人孙宗鉴《东皋杂录》记载，神宗问王安石看过《五代史》没有，王安石回答："臣不曾仔细看，但见每篇首必曰'呜呼'，则事事皆可叹也？'"《五代史》是欧阳修的得意之作，王安石如此说，显然是在讽刺和贬抑欧阳修的文章缺乏文采，徒有虚名，真够没良心的了。可见王安石翅膀没硬之前巴结欧阳修，不过是利用他的威望而已。

熙宁初年，王安石一跃成为炙手可热的副宰相，不久升任首相，主持变法。《铁围山丛谈》说：王安石推行新法，神宗对他言听计从，"故臣名士，往往力陈其不可，多被降黜，后来者结舌矣"。顺我者昌，逆我者亡，他把提携过他的老领导富弼、欧阳修等，同事司马光、苏轼等统统赶出了汴京城。

四曰装傻充愣，极端自我。

王安石绝对是个以自我为中心的人，干什么事儿都是凭自己的好恶和情绪，很少顾及别人的感受。不过，有些时候，他的固执和任性恰恰迷惑了某些人，包括很多有经验的大臣。

《宋史·王安石传》说，他担任淮南节度判官任满后，拒绝回汴京谋求京官。"旧制，秩满许献文求试馆职，安石独否。"在宋朝，只有谋得三馆（昭文馆、史馆、集贤院）之职，才可能在仕途上大有作为。人家王安石却根本不屑一顾，于是"调知鄞县"（今浙江宁波鄞州区），随后通判舒州（今安徽舒城）。此时老臣文彦博担任宰相，"荐安石恬退，乞不次进用，以激奔竞之风。寻召试馆职，不就"。瞧人家这高风亮节！紧接着欧阳修又举荐他入朝担任谏官，王安石又以祖母年事已高，需要照顾为由再次拒绝，自请为常州知州。又任江南东路提点刑狱，直到嘉祐三年（1058），在地方任上待了十六年之久的王安石才“大不情愿”地来到汴京，担任了三司度支判官（北宋元丰改制之前的经济部门主要属官）。这几番的推辞，给很多大臣形成了一个共识：王安石为人谦退，一心为民，不以荣利为意。

到京城之后的王安石又是怎么一副表现呢？《宋史》本传说得非常生动：“俄直集贤院。先是，馆阁之命屡下，安石屡辞；士大夫谓其无意于世，恨不识其面。朝廷每欲俾以美官，惟患其不就也。明年，同修起居注，辞之累日。阁门吏赍敕就付之，拒不受；吏随而拜之，则避于厕；吏置敕于案而去，又追还之；上章至八九，乃受。遂知制诰，纠察在京刑狱，自是不复辞官矣。”好嘛，连厕所都当成玩政治的道具了。只是最后一句“自是不复辞官”，实在是耐人寻味。

不久，王安石升任翰林学士——离副相只有一步之遥，却还是一副装疯卖傻的模样儿，连一向欣赏他的仁宗皇帝都看不过去了。《邵氏闻见录》里这样说：仁宗末年举行的一次赏花钓鱼宴（北宋时期的规矩：皇帝于每年之春要请宰相、重臣及学士们到皇家后苑赏花钓鱼，以示对文臣的尊重）上，王安石竟然将一大盘子鱼食当点心吃了个精光。仁宗不以为然，对大臣们说：“王安石，诈人也。使误食钓饵一粒，则止矣。食之尽，不情也。”意思是说误食一两粒鱼食也不值得大惊小怪，谁还没有吃错东西的时候？可这王安石明明知道那是鱼饵，还硬要把它吃干净，就太不合人情了。言外之意，他这不是在装蒜吗？这和后来御史中丞吕诲骂他的话如出一辙。吕诲说他是“大奸似忠，大佞似信，安石外示朴野，中藏巧诈。误天下苍生，必斯人也”。别看此人表面上大大咧咧，好像是个不拘小节的风流名士，其实心眼儿小得像针鼻儿。后来他自撰的《日录》里，对仁宗皇帝颇为轻蔑，起因就是那次赏花钓鱼宴。

民间把善于狡辩的人称作“常有理”，王安石是最典型的“常有理”——一切都得他过得去，否则他敢跟你没完没了，永远都不会认输。吕祖谦《吕氏家塾记》载，王安石做侍从官的时候，经常对同僚说：当年唐太宗规定，谏官有权跟随宰相一同入阁献策，甚至当场反驳，这是最合乎治国之道的举措，本朝也该推行这种制度。后来他当了副相，孙觉、李常担任谏官，上书请求按照王安石的建议跟随大臣入阁，这下没把王安石气死，大呼道："简直是胡闹，他们两个人跟在我屁股后头说长论短的，岂不又增加了两个参知政事！"看咱这位王大人，一向就是这样"坚持原则"的。

五曰任人唯亲，喜怒凭己。

王安石做了参知政事，真可谓一朝权在手，便把令来行。《宋史》本传说他刚刚上任，便迫不及待地"设制置三司条例司，命与知枢密院事陈升之同领之。安石令其党吕惠卿任其事。而农田水利、青苗、均输、保甲、免役、市易、保马、方田诸役相继并兴，号为'新法'，遣提举官四十余辈，颁行天下"。上面已经说到，凡是反对新法的人，不管他职位多高，资格多老，一律清除出朝廷。由于对新法持异议的大臣数量太多，王安石不得不起用大批"新秀"，这里提到的吕惠卿，就是"熙宁新秀"的代表人物。

吕惠卿进京拜见王安石之前，只是个"真州推官"——江苏仪征法院审判员。任满之后到汴京述职期间，见到王安石，"论经义，意多合，遂定交"。俗话说：来早了不如来巧了，不久王安石执政，立马举荐吕惠卿编校集贤院书籍（进三馆了，这可是以后高升的敲门砖），还以非常极端的语言奏报神宗说："惠卿之贤，岂特今人？虽前世儒者，未易比也。学先王之道而能用者，独惠卿而已。"（《宋史·吕惠卿传》）这个投机家可真算是进对山门了。紧接着王安石设置制置三司条例司，又命他为"检详文字，事无大小必谋之，凡所建请章奏皆其笔"。要知道三司条例司可是个管着三司的临时机构哇，而宋朝的三司使称为"计相"——虽然不是宰相，却也相当于宰相，因为他掌管着全国的经济。一个小小七品官儿一步登天，成了实际主持变法的头号人物，这种提拔干部的超音速，在中国历史上都难得一见。没几天，王安石又把吕惠卿擢为判司农寺（此时是具体推行新法的部门），司马光急眼了，对神宗说：

"惠卿憸巧非佳士，使安石负谤于中外者，皆其所为。安石贤而愎，不闲世务，惠卿为之谋主，而安石力行之，故天下并指为奸邪。近者进擢不次，大不厌众心。"神宗不以为然，回答说："惠卿进对明辨，亦似美才。"司马光马上顶回去："惠卿诚文学辨慧，然用心不正，愿陛下徐察之。江充、李训若无才，何以能动人主？"这下子神宗没话说了，可惜并没有采纳司马光的建议。司马光出于对王安石的爱护，对他说："谄谀之士，于公今日诚有顺适之快，一旦失势，将必卖公自售矣。"

还真让司马光说着了，熙宁七年（1074）王安石离开朝廷任江宁府知府的时候，吕惠卿为了防止他重新回朝为相，把他弟弟王安国整了个多半死，并以此将王安石拒于汴京之外（同罪连坐）。若干年后，有人在哲宗面前提起吕惠卿，说他毕竟是神宗时期的老臣，应该召回朝廷，连蔡京、章惇这些特大号奸臣都害怕玩不过他，始终没有允许他回汴京。

还有个叫邓绾的家伙，熙宁三年（1070）时任宁州（今甘肃宁县）通判，见王安石得了势，极尽阿谀地给神宗上了一道奏章，称"陛下得伊、吕之佐，作青苗、免役等法，民莫不歌舞圣泽。以臣所见宁州观之，知一路皆然；以一路观之，知天下皆然。诚不世之良法，愿勿移于浮议而坚行之"（《宋史·邓绾传》）。王安石见到此疏，像个孩子一样，高兴得找不着北了，"驿召"邓绾到汴京。邓绾没得官之前，有人问他："这回能混个什么差事儿？"邓绾眉飞色舞地回答说："不失为馆职。"他的四川同乡见他如此下三烂，无不耻笑詈骂。邓绾满不在乎，大言说道："笑骂由他笑骂，好官我自为之！"看来厚脸皮的流氓官儿哪朝哪代都不乏其人。

还有个经王安石极力提拔的人叫王韶。此人的一生颇为传奇，他曾当过一任县令，后来竟然辞去官职，独自一人沿着西北边境进行实地考察，摸清了西夏以及西蕃各部的虚实，然后回到汴京，极力鼓吹大宋有能力镇服蕃部，进而征服西夏。王安石正想建立攻城略地的奇功，于是命王韶先到西北州军"下放锻炼”，没过两年，便任命为征西大将军，随后就是宋朝历史上鼎鼎有名的“王韶开熙河”。由于西北战争连年不断，给朝廷带来了非常沉重的经济压力。

经王安石“火箭式”提拔的干部还有章惇、蔡确、李定、曾布、张璪、舒亶、蔡卞等一大批人。这些人后来大都掌握了实权，成为哲宗时期阻遏司马光施政的强有力人物，以致司马光去世后不久，这些人便卷土重来，最终酿成了靖康之祸。

按说王安石本不具备做宰相的基本素质，当时很多老政治家都有类似的看法。比如三朝元老韩琦就意味深长地告诫神宗：王安石是个出色的翰林学士，但绝不可能是个出色的宰相。然而历史为什么偏偏选择了王安石呢？《皇宋通鉴长编纪事本末》卷六十九有这样一段话：“苏轼曾从容责曾公亮不能救正朝廷，公亮曰：‘上与安石如一人，此乃天也！’”曾公亮也是极力举荐过王安石的一位老丞相，只因他后来没有卖力地追捧王安石，被王安石挤对得活不下去，连连高调儿请求退休。不过曾公亮心里很清楚神宗和王安石“如一人”的原因所在：神宗即位时是个十七八岁的热血青年，一心想收复西夏和北方的燕云十六州，做个大有为的千古圣君。打仗需要钱，钱从哪儿来呢？王安石的变法思路，恰好给他注射了一支高浓度的兴奋剂，难怪他对王安石百依百顺，言听计从，甚至不惜在王安石面前低三下四。然而王安石毕竟不是个有远见的政治家，他主持的熙宁变法，无非是加重全体国民的税负而已。历史上任何一次变法，如果不把改善民生放在首要位置，只把老百姓当成摇钱树，注定是没有出路的。

王安石根本不可能给神宗开出什么救国良方，他一手栽培起来的吕惠卿、蔡确等势利之徒，倒是很有办法地把他排挤到江宁府，让他做他的“半山老人”去了！

性情中人苏东坡

对于苏轼，几乎没有人感到陌生，只是对他了解多或少的问题。这里不想重复人们已经熟悉的故事，只讲些一般读者未曾关注过的有趣小事儿，来品味一千年前那位充满童趣的古人是如何对待人生的。这些几乎不可能发生在别人身上的故事，或许对今人也有一定的启发，尤其是那些以“大师”自居的人，真应该拿苏轼当面镜子好好照照自己的面孔。

苏轼这个人，除了官儿做得一塌糊涂，整天遭人暗算外，凡天下奇巧之事，他几乎都能做到极致，说他是个前无古人后无来者的奇才，一点儿也不为过。喜欢诗的都知道“横看成岭侧成峰，远近高低各不同”，喜欢词的都知道“大江东去，浪淘尽，千古风流人物”，喜欢书法的都知道“苏黄米蔡”以苏为首，喜欢美术的都知道“成竹在胸”的典故，喜欢散文的都知道“山高月小，水落石出”，喜欢吃的都知道“东坡肉”，喜欢穿着的都知道又低又矮的“东坡帽”，喜欢浪漫的都知道他有个爱妾叫“朝云”，喜欢戏谑的都知道他曾奚落王安石“若波乃水之皮，滑乃水之骨乎？”……连恨不得把他整死的政敌都不得不承认，他是个亘古没有以后也不会再出现的奇异之才（宋王巩《甲申杂记》）。

从性格上看，苏轼是个在任何挫折和打击面前都能保持乐观心态的人，他不会虚伪，不懂矫情，在长官面前不摇头摆尾，在恩人面前不盲目逢迎，得意的时候会喜上眉梢，失意的时候能苦中作乐，说了错话会狡辩，被人整了不记仇，考试作弊还得意扬扬，挖苦古人从不留情面。形成这种率意性格的因素固然很多，但其土风之影响[①]，很容易被人们忽略。苏轼郡望本在赵州（今河北赵县），虽然早在唐朝其祖上就已经定居蜀中，但遗传基因中的燕赵豪气却依然在他的血液中流淌不绝，故而他的性格中，既有北国之士慷慨悲歌的豪爽，又有蜀人耐受艰难的坚韧。至于与生俱来的绝顶聪明，只能说是染色体的奇妙组合，如今已经无法细究，更无法克隆了！

南宋高文虎在《蓼花洲闲录》中说："苏子瞻泛爱天下士，无贤不肖，欢如也。"尝言："上可陪玉皇大帝，下可以陪悲田院乞儿。"他弟弟苏辙心眼儿比他活泛，曾劝他慎重择友。苏轼说："眼前见天下无一个不好人，此乃一病。"这段话不算艰涩，大意是说苏轼对天下所有人都充满了爱心，不论是贤人还是愚人，都可以欢欢喜喜地和他聊个天昏地暗，这是他性情的自然流露，绝不是刻意做出来的。他曾经对别人说："苏某上可以陪伴玉皇大帝，下可以陪伴收容院里的乞丐。"（在苏轼脑子里，几乎没有高低贵贱之分，都是两个肩膀扛个脑袋的同类）他弟弟苏辙比他性格内敛些，见哥哥经常因为那张嘴吃亏，劝他要言谈谨慎。按说苏轼点头承认就完了，可他偏偏还要强辩一句："在我眼里，天底下没有一个坏蛋啊。"不过他还是认了错："对对，这是我的一个大毛病。"多么可爱的一位古人！

这是苏轼的人格精髓，他自己很清楚。"余性不慎语言，与人无亲疏，辄输写俯脏，有所不尽，如茹物不下，必吐出乃已。"（苏轼《密州通判厅题名记》）他不是没有反省过，但还是觉得"吐之则逆人，茹之则逆余。以为宁

① 土风之影响：土风，即地域风气，如同今天所说"江南之风""燕赵之风"。

逆人也，故卒吐之”（苏轼《思堂记》）。十足的记吃不记打。六十多年的生涯中，他的言行，差不多都是在这个精髓的驱动下做出来的。看了这几段话，我们会感到苏轼才真是个“心如明镜台”的率性之人，很少沾染上俗世中的尘埃和浊臭。中国的知识分子，有不少人的心理并不怎么光明：看到别人不如自己，他会加以嘲讽；看到别人比自己强了，又会心生嫉恨，这几乎是一条永恒的规律。苏轼却跳出了这条规律，以致他这个“强者”，这个无与伦比的“聪明人”，几乎时时刻刻处在被人排陷和暗算的处境当中。

说起苏轼的聪明，可谓无与伦比，就连科举那么严肃的事，他都敢玩花活。嘉祐二年（1057）会试，欧阳修担任大主考，出的题目是《刑赏忠厚之至论》。苏轼纵横捭阖，高谈阔论，那叫一个淋漓尽致。他在答卷里写了这么几句话：“当尧之时，皋陶为士，将杀人，皋陶曰‘杀之’三，尧曰‘宥之’三，故天下畏皋陶执法之坚，而乐尧用刑之宽。”意思是说尧时的大法官皋陶在对罪犯量刑时，几次“判处死刑立即执行”，帝尧却如数驳回，坚持要宽赦这个罪犯。欧阳修看罢大为叹赏，认为此文作者对“刑”的认识非常到位（那时欧阳修还不知道这篇文章是谁写的，因为改卷的时候，相关信息都是密封的，专用术语叫作“弥封”。只有到放榜的最后一刻，才能知道谁第一，谁第二），跟孟子的仁政思想一脉相通，想把他置为第一名。同考官员梅尧臣觉得有点不对劲儿，提醒欧阳修说：“皋陶曰杀之三，尧曰宥之三。”这两句话我可从来没在哪部经典中见到过。欧阳修无奈，只得把他排除在头名之外。您看苏轼胆子有多大，造谣居然造到帝尧头上了！事后欧阳修心里不踏实，问苏轼：“你那句杀之三、赦之三究竟出于何书？”苏轼率然答道：“何须出处！”欧阳修不但没生气，反而“赏其豪迈”（陆游《老学庵笔记》），并因此认为此人“他日文章必独步天下”（杨万里《诚斋诗话》）。

嘉祐六年（1061），已经做了小官的苏轼和苏辙又参加了制科考试，这一回该轮到苏轼给苏辙帮忙了：此次考题有一道是《礼义信足以成德论》，苏辙弄不清出处了。苏轼立刻想辙，他假装发怒（参加制科考试的都不是等闲之辈，尤其是二苏，当时已经名满天下了，连首相韩琦都说："二苏在此，而诸人亦敢与之较试，何也？"此语既传，于是不试而去者，十盖八九矣。见吕本中《师友谈记》），朝监考的吏人索要砚台，边拍桌子边偷声骂道："小人哉！小人哉！"苏辙一听，马上明白此题出自《论语》的"樊迟学稼"注。这是孔子骂樊迟的一句话："小人哉，樊须也！"结果兄弟二人又双双高中。看人家二苏的作弊水平，那叫一个高明。

神宗元丰二年（1079），时任湖州知州不久的苏轼因一贯反对新法，受到小人诬陷，锒铛入狱。当时的局面非常险恶，苏轼不得不随时做好被处死的思想准备。在被押解赴京的路上，他偷偷和长子苏迈约好：你在京城里四处打听着，为父如果没有性命之忧，你就给为父送普通的食物；如果听到了凶信儿，就给为父送条鱼来（因为苏轼的案子属于特别重大的案件，叫作"诏狱"，也就是皇帝亲自过问的要案。凡诏狱犯人都在御史台里单独关押，而御史台是不设犯人食堂的，所以此类犯人的饮食，都需要家属送来。当时事出仓促，跟随苏轼到京的只有苏迈一个人）。苏迈一直谨守着父子密约，不料有一天粮食用尽，他到陈留县（今河南开封东南）去借粮，委托朋友代替他给苏轼送饭，刚巧那位朋友得到一条鱼，出于好心，做熟之后高高兴兴地送进了御史台。苏轼一看，吓得腿肚子都软了，绝望之中给神宗写了两首诀别诗。神宗本不清楚御史李定、舒亶、何正臣等人要把苏轼置于死地，见到诗，连忙命人将苏轼释放，让他到黄州去做个不管事儿的团练副使（叶梦得《避暑录话》）。

到了黄州，俸禄减少了百分之九十，家口又多，生活的拮据可想而知。一般人到了这种地步，可能光剩下骂娘了，可人家苏轼却能积极地想办法，首先是改掉了大手大脚的毛病。他自叙那段生活情景时说："初到黄州，廪入既绝，人口不少，但痛自节俭，日用不过百五十钱，分为三十块，挂屋梁。每日平旦以画叉挑取一块，即藏去叉，仍以大竹筒别贮。用不尽者，以待宾客。"

（苏轼《与秦太虚书》）我们可以想象，那时的苏轼一定是个非常快乐的“守财奴”，为了那几个小钱儿绞尽了脑汁，却又大有小孩子过家家般的乐趣！

有时候也需要开开荤，弄只鸡什么的打打牙祭。吃就吃吧，他还偏要假惺惺来一段《祝鸡文》：“罪莫大于杀生，福无过于诵经。某以业缘，未忘肉味。欲剪血毛，以资口腹。爰念世无不杀之鸡，均为一死；法有往生之路，可济三途。是故杀尔之前，为转经文一卷。伏望佛慈，下悯微命，令所杀鸡，永离汤火，得生人天。”（此处引文略有删节）您瞧，明明要把人家杀着吃了，还煞有介事地为人家祷告说：“鸡呀鸡呀，愿你来世能托生为人，不再受必然被杀之苦。”

在苏轼的生活中，总能找到使自己快乐的闪光点，这可不是人人都能做到的。他这辈子受王安石的气不少，贬到黄州，也是王安石指使李定等坏蛋们干的。所以对王安石，苏轼有一肚皮的怨恨。不过苏轼骂王安石，那叫一个有水平！有一次他约几个朋友一起喝酒，约定每人先讲一句典故，这个典故还必须得用《周易》中两个双音卦名作为概括和总结（苏轼在黄州的时候写了一本《东坡易传》，早就把《周易》读得烂熟了，才乘兴出了这么个鬼点子）。《周易》一共是六十四卦，两字名的总共有十五个，依次为《小畜》《同人》《大有》《噬嗑》《无妄》《大畜》《大过》《大壮》《明夷》《家人》《归妹》《中孚》《小过》《既济》《未济》。您想这难度该有多大？考考现在那些自称为“大师”的人，一准儿憋个大红脸答不上来。宋朝的读书人玩的就是学问，“老虎杠子鸡”那一套，还不够人家恶心的呢。一个先说：“孟尝门下三千客，《大有》《同人》。”意思是孟尝君门下有食客三千，都是同心辅佐孟尝君的，的确是“大有同人”，不为不妙。又一个说：“刘宽婢羹污朝衣，《家人》《小过》。”说后汉刘宽的婢女上菜的时候不小心把主人的衣裳泼脏了，那也是“自家人犯了点小错儿”嘛。轮到苏轼，他缓缓说道：“牛僧孺父子犯法，《大畜》《小畜》。”这个典故表面上看，是在说唐朝宰相牛僧孺和他儿子牛蔚都因罪遭贬，实际上却是在暗讽王安石和他那个宝贝儿子王雱，一个是大畜生，一个是小畜生！宋朝士子骂人水平普遍都很高，高手中的高手，当推苏轼无疑。

按说苏轼半辈子受王安石的排挤和陷害，应该恨死王安石，根本不再搭理他才对，然而当王安石被贬出朝廷闲居金陵时，他却借调官到汝州（今河南汝州）的机会，专门绕道儿到金陵去看望王安石，而且二人谈诗谈得特别投机，以致极口称赞王安石的诗如“野狐禅”，妙不可学。说苏轼是“好了伤疤忘了痛”固然不错，然而究其根源，其实还是在重复“眼前见天下无一个不好人”的老“毛病”。人嘛，厚道些好，要不然为什么直到今天，人们还如醉如痴地喜欢这位已经辞世千年的古人呢？

苏轼与高俅

苏轼是个众所周知的大才子、大好人，高俅则被《水浒传》作者描写成无恶不作的无赖和奸佞。但许多人不知道，高俅的发迹其实和苏轼有着很大的关系。后来他们之间也没有完全中断关系，还发生过一些故事。由此可见，真实的历史往往比演义小说更为复杂和有趣。

《水浒传》第二回里提到一个“反面人物”名叫高俅，并讲述了此人的发迹史，说他原本是开封府一个浮浪破落户子弟，“这人吹弹歌舞，刺枪使棒，相扑顽耍，颇能诗书词赋。若论仁义礼智，信行忠良，却是不会”。在临淮州住了几年后，经熟人介绍，来到京城金梁桥下开生药铺的董将士家，董将士不想收留他，于是把他转荐到了“小苏学士”处，“小苏学士”只留高俅在府中住了一夜，便又把他介绍给了驸马都尉王晋卿。此后高俅偶然结识了当时尚为端王的宋徽宗赵佶，由于高俅踢得一脚好球，深得赵佶的欣赏，赵佶当了皇帝后，高俅便平步青云，做到了堂堂大宋朝的太尉。

读者大概不清楚这位“小苏学士”究竟是何人，怎么会有这么大的面子，把一个卑微小吏推荐给当朝驸马爷。原来这位“小苏学士”是《水浒传》作者的笔误，应该是鼎鼎大名的“大苏学士”，也就是人人熟知的东坡居士苏轼。

南宋学者王明清《挥麈后录》卷七对高俅的发迹说得挺详细，我们再结合其他一些相关资料，便可以把高俅的一生勾勒出个大致轮廓来了。高俅原本是苏轼府中的一个小吏，苏轼是个惜才如命的人，见高俅的文章颇具风采，故而很欣赏他。哲宗元祐八年（1093），苏轼自翰林学士出任中山府（今河北定州）知府。这不是一次正常的“人事调动”，而是新派势力对苏轼施行毁灭性打击的第一步，先把他轰出京城歇会儿去。苏轼明白今后的日子怕是凶多吉少，为了不“连累”后起之秀高俅，便将他举荐给了翰林学士承旨，也就是翰林院的首长曾布。曾布这个人和苏轼是同榜进士，虽然当时两个人属于不同的政治营垒，但苏轼认为毕竟有同年之谊，才张了这个口。然而曾布还是没给苏轼面子，以自己府里的属僚本已不少为由，没有接纳高俅，于是苏轼又将高俅转荐给了驸马都尉王晋卿。王晋卿名叫王诜，和苏轼算得上是铁哥们儿，所以高俅在王驸马府中一住就是七年。直到哲宗元符三年（1100），高俅才因一个偶然的机会认识了端王赵佶。事有凑巧，一个月后，哲宗驾崩，端王即皇帝位，这就是我们熟知的宋徽宗。此后高俅走了红运，一再受到徽宗的“不次迁拜”，数年后官至节度使，又升为枢密使相。“遍历三衙者二十年，领殿前司职事，自俅始也”。俗话说，一人得道，鸡犬升天，高俅的父亲高敦复很快升为节度使，他哥哥高伸也借着高俅势焰，位居于显臣之列，其子弟“皆为郎官”，一门荣耀至极。

再说苏轼，由于朝廷内部党争激烈，屡屡遭贬。元祐八年（1093），力主让司马光官复原职的宣仁太皇太后高氏薨逝，哲宗亲政了。身为旧党人物的苏轼知道自己不可能为新政所容，很识趣地主动请外，补为中山府知府。不到一年，政局变得越来越糟，绍圣元年（1094）闰四月，因朝臣弹劾苏轼在担任翰林学士时所作的制词中有讥谤先朝皇帝之语，他很快被贬为英州（今广东英德）知州，刚走到半路，再贬为宁远军节度副使，安置于惠州（今广东惠州）。这个所谓的“节度副使”，不过是皇帝给大臣留的一点儿面子，实际上他已经是个被监视居住的流放罪人了。这还不算拉倒，三四年后，他被再贬为琼州（今海南琼山）别驾，居住在昌化军（今海南儋州西南），过着“非人所居，药饵皆无有”的艰难生活。直到徽宗即位（1100），才遇赦北归，次年病死在常州。

可以说，高俅飞黄腾达之日，恰恰是苏轼遭遇灭顶之灾之时，此后二人之间尚有什么联系呢？《挥麈后录》接着说：高俅并不是个毫无心肝的坏蛋，他始终对苏轼感恩戴德，念念不忘大苏学士对他的帮扶奖掖之情，每当苏轼的子孙亲友到京师时，高俅都要亲自抚问，赠以金银财物，周济打点他们的生活。北宋末年，元祐党人的子弟亲属境遇是非常悲惨的，这些人非但不许做官，连进京的权利都被剥夺了。即使在流放安置之处，也时常受到当地官员的凌辱和为难，有的甚至被迫害而死。苏轼的子孙在那样的逆境中能得到朝廷高官高俅的庇护，实属不易，甚至可以说是个奇迹。连苏轼本人也没想到，无意间举荐了一个小吏，竟然使自己的骨血得以保全！这究竟是“善有善报”呢，还是上天有眼，不想让大苏学士断子绝孙呢？人世间的事儿往往就是这样富有戏剧性，苏轼和高俅在人生取向上大相径庭，可以说完全不是同道之人，然而当苏门子弟贫乏不能存的时候，恰恰是高俅撑起一把大伞，救了他们的命，使其得以在南宋期间重振家风，这或许正得益于苏轼一生“眼前见天下无一个不好人”，对谁都是以诚相待，才使得政敌也为他的宽阔襟怀所感动吧。

顺便交代一下高俅的晚年。靖康初年，高俅护送徽宗南逃，到了临淮突然发病，不得不返回京城。当时大奸臣童贯、梁师成等人都由于民愤极大而被朝廷诛杀，蔡京也被流放湖南，死在南行的途中。唯独高俅免于此祸，后来病死于家中，得终天年。这大概是由于他这辈子对得起咱大苏学士，阎王老子没忍心让他做刀下之鬼和饿死鬼。

蔡京是什么人提拔起来的

北宋末年的靖康之祸，根本原因是朝廷内部的腐败，也就是俗话说的“昏君奸臣当道”。难怪金兵打过黄河之后，国人呼喊最强烈的口号不是抗击金兵，而是诛灭国贼。宣和七年（1125）十二月，以陈东、欧阳澈为首的一群太学生伏阙上书，请求徽宗诛杀以蔡京为首的“六贼”，说他们“欺君罔上，蠹国害民，卖官鬻爵，奸赃狼藉”。不单是当时朝野上下对这些奸臣恨入骨髓，就是千年后的今天，人们说到那段辛酸的历史，也难免会为堂堂大宋毁在徽宗和几个奸臣之手扼腕叹息。然而读者诸君大概不会想到，这些北宋王朝的掘墓人，竟大都出自名臣的举荐和奖拔，才一步步爬到了权力的巅峰。为首的蔡京，其发迹过程之奇，更是耐人寻味。

蔡京是谁们打造出来的“精品”呢？这还要从他刚中进士的时候说起。

此人是福建仙游（今福建仙游）人，神宗熙宁三年（1070），他和弟弟蔡卞同榜登科。这一榜的考官，乃大名鼎鼎的翰林大学士王珪。王珪是个既有原则性又踏实本分的大好人，当时很少能有人说出他多少毛病，朝他挑大拇指的却不在少数。他做学士官写圣旨，从中书舍人到翰林学士，最后到翰林学士承旨（翰林院院长），一干就是十八年，勤勤恳恳，任劳任怨，从不没脸没皮地跑官儿要官儿。草写圣旨十八年，这在整个封建时代里，也是绝无仅有的了。欧阳修曾经在仁宗面前盛赞王珪“真学士也”！这不仅仅是对他锦绣文章的夸奖，更是对他道德和人格的充分肯定。尽管欧阳修和王珪在英宗父亲应该“尊王”还是“尊皇”的问题上争论得面红耳赤，但两个人都是大君子，则是当世公认的。

熙宁三年（1070）朝廷会试，王珪担任大主考，一眼就相中了蔡氏兄弟，并对他们的才华啧啧赞赏。据《汴京遗迹志》卷十二记载，这一榜共录取了二百九十五名进士。宋人吴曾《能改斋漫录》中有个小故事，可以证明蔡京当时排名在第九。书中说蔡京途经苏州，知州命官妓苏琼陪酒宴请新科进士。蔡京请她作词，苏琼应口吟诵《西江月》道：“韩愈文章盖世，谢安情性风流。良辰美景在西楼，敢劝一卮芳酒。记得南宫高第，弟兄争占鳌头。金炉玉殿瑞烟浮，高占甲科第九。”宋朝的官妓都是高技能高智商的人才，而且隶属于官府，大多卖艺不卖身。吹拉弹唱不在话下，很多女子都会填词作曲，千万别拿人家当下贱人看。至于蔡京的弟弟蔡卞排名第几，已经无从考知，但据此词“弟兄争占鳌头”和很快被王安石看中这两点来看，名次也不会太靠后。

有一点各位务须清楚：熙宁三年正是王安石变法轰轰烈烈的一年，也是他迫切需要变法人才的关键时刻。人们对蔡氏兄弟的赞美之词传到了他耳朵里，可巧他正有个老闺女想赶紧嫁出去，于是很快将蔡卞收为东床快婿。当时王安石虽然还不是首相，但变法由他全面主持，大权独握，首相曾公亮反倒要看着他的脸色行事。给这么一位老爷子当女婿，蔡卞等于一脚踩上了登云的天梯，他哥哥蔡京也无疑是红运照到脑瓜门儿！当然，王安石还是很讲“原则”的，他假迷三道地对二蔡兄弟说：“你们别想借着老夫的权势捞取美官，都给我下到基层好好锻炼去！”因为这个缘故，王安石在位的那几年，二蔡的确奔走于州县之间，没得到很高的官位。《宋史》载，蔡卞下到江阴县（今江苏江阴）任县主簿，蔡京则到钱塘县（今浙江杭州，当时杭州州治所在县）担任县尉。

历史有时候真的很有戏剧性，歪打正着的事儿屡见不鲜。正因为二蔡没有急于求成，所以王安石被迫卸任之后，不少大臣反而盛赞蔡京、蔡卞兄弟有操守，淡泊名利，和靠巴结王安石飞黄腾达的吕惠卿、邓绾之流不可同日而语。神宗大喜，很快擢拔蔡卞做了起居舍人，蔡京做了中书舍人（都是时常跟在皇帝屁股后头转悠的近臣）。几年后，蔡京被任命为开封知府，跨进了朝廷重臣的行列。

神宗弥留之际，因为副相蔡确和宰相王珪在立太子的问题上矛盾尖锐，蔡确买通了蔡京，希望他能配合自己除掉老臣王珪，并密命他带领开封府精兵埋伏在宫门之外，一旦王珪说出不同意太子继位的话，立刻将他乱刀杀死。要知道王珪可是录取和揄扬蔡京的大座主，在座主面前，蔡京永远是他的门生啊。面对改变他一生命运的恩师，蔡京居然答应配合蔡确的毒计对王珪下黑手！幸亏当时王珪多了个心眼儿，没有贸然开口，反而当着皇太后和其他大臣的面儿极力赞成皇太子继位，才避免了一场奸臣蓄谋已久的杀身之祸。能做出这种事来的“大才子”蔡京，实在令人毛骨悚然！

说到这儿我们明白了：给蔡京第一桶金的是名臣王珪，给他第二桶金的，则是名臣王安石。

不久神宗辞世，已成为太皇太后的高氏垂帘听政，以最快的速度将赋闲十五年之久的诤臣司马光从洛阳召回汴京（司马光也是个老倔头，有个性，宁可赋闲也不参与王安石新政。北宋这种人多了去了），任命为门下侍郎（元丰改制后的次相），主持国政。司马光的主张和王安石一直是针尖对麦芒儿，所以他上台后，立即全面彻底坚决干脆地废除熙宁新法：所有王安石等人制定的条条框框，不管有道理没道理，都必须斩草除根，一点儿不留！当时不少大臣对司马光废除青苗、保甲、保马、农田水利、均输等坑害老百姓的弊法都拍手称快，但对于个别法令，却存在着不同的看法，简单来说，就是一些有识之士认为熙宁新法并非全无是处，比如免役法，就比熙宁以前施行的助役法有利于民：免役法改变了原来家家户户都必须出劳役、凡造成损失自行赔偿的旧规，规定农户可以出钱代役，使劳役的范围大大缩小；而且谁占有的土地资源多，谁就要多负担役钱，这对于那些囤积土地的豪门大户有很强的钳制作用，理应保持下去，以避免出现熙宁以前许多农户因差役闪失而倾家荡产的惨剧。司马光却固执地下令：五天之内，必须废除免役法，恢复助役法！

这时司马光最好的两个朋友范纯仁（名臣范仲淹的儿子）和苏轼率先站出来发表不同意见。范纯仁说得比较温和，他建议差役一法应当“缓行”，不妨先选择一个路分进行试点（宋代的路大致相当于今天的一个省），观其究竟，再大面积铺开不迟。司马光却“持之益坚”，害得范纯仁慨然长叹：“是使人不得言尔！若欲媚公以为容悦，何如少年合王安石，以速富贵哉？”意思是说你司马光如此感情用事，完全是不让人说话的态度嘛。我范某如果只想迎合长官的意志为自己捞好处，何必要等到如今？十年前完全可以去巴结逢迎王安石，好处早就捞足了！苏轼是个炮筒子，直言不讳地批评道：“差役、免役，各有利害。”司马光听了大为不悦。苏轼不管三七二十一，甚至追进政事堂非要说服司马光不可，这一回司马光可就“色愤然”了。不识眉眼儿高低的苏轼又讲论了半天，还是打动不了司马光，出了政事堂之后气得大叫：“司马牛！司马牛！”（《铁围山丛谈》）宋朝人骂街相当有水平，苏轼这是借孔子弟子司马牛来指责司马光倔得像头牛，令人无法接受。

与此同时，身为开封府尹的蔡京却奇迹般地在五天之内废除了府界十多个县的免役法！当他兴冲冲地向司马光汇报后，司马光大声赞许：“使人人奉法如君，何不可行之有？”假如每个官员都能像你蔡府尹这么坚定不移地执行朝廷法令，还有什么旧法不能彻底革除的？得，狡黠善变的蔡京在新任宰相司马光眼里，一下子又成了最乖觉最听话最可爱最善解人意最有政策水平的好官儿了！其实蔡京心里明镜儿一般，他认为对付司马光这种只认死理不知变通的大傻瓜，最好的办法就是为他的错误决策推波助澜。

说到这儿，给蔡京第三桶金的人又出现了：大名鼎鼎的司马光，又是一位铮铮铁骨的大宋名臣哪！

司马光去世后，蔡京因反复多变、奸邪狡诈而受到谏官们的强力弹劾，倒了几年霉。《宋史·蔡京传》说："台谏言（蔡）京挟邪坏法，出知成德军（今河北正定），改瀛州（今河北河间），徙成都。谏官范祖禹论京不可用，乃改江淮荆浙发运使（治所在今江苏仪征），又改知扬州。历郓（今山东东平）、永兴军（今陕西西安），迁龙图阁直学士，复知成都府。"

直到哲宗元祐九年（1094）三月，蔡京才回到朝廷，担任了代理户部尚书，开始了他第二轮的红运。

怎么回事呢？原来前一年的元祐八年（1093），朝廷发生了很多变故。九月份，垂帘听政达九年之久的太皇太后高氏辞世，十一月，将满十八岁的哲宗皇帝赵煦亲政，政局骤然发生了翻天覆地的大转变——被司马光旧党压抑了八九年的变法派成功复辟，重掌大权，于是新党官员纷纷杀回朝廷，成了不折不扣的"还乡团"，而曾经拥护司马光的旧党官员，一个接一个地遭到灭顶之灾。

《续资治通鉴长编拾补》卷九说："（绍圣元年四月壬子）苏轼落端明殿学士兼翰林侍读学士、依前左朝奉郎、知英州。制词，中书舍人蔡卞所撰也。"小注说道："于是元祐诸人相继黜责，而轼为之首。"这个注解说得绝对对路，其实早在一个月之前，宰相吕大防就被贬到长安，苏轼的弟弟苏辙也相继遭贬，苏轼还不是倒霉的头一个。

是谁掀起这股恶浪的呢？《苏颍滨年表》说得最为简明："（绍圣元年二月）丁未，以户部尚书李清臣为中书侍郎，兵部尚书邓温伯为尚书右丞。二人久在外，不得志，遂以元丰事激怒上意，清臣尤力。"（李清臣是前宰相韩琦的女婿，本来并不属于新党）意思是说哲宗把李清臣和邓温伯召回朝廷担任了正、副宰相，这两个家伙多年受排挤，心里气闷，于是拿司马光不尊"祖宗新法”说事儿，以此激怒哲宗。蔡京原本是奉行司马光路线最积极的官员，按说他也应该被列在“元祐党人”的黑名单里，就因为司马光死后他受到过台谏的批判，并受到贬官处理，这反倒救了他——李清臣和邓温伯认为这个人当时是在司马光胁迫下才不得不变更役法，他对司马光是阳奉阴违的，于是一道圣旨把他召回汴京，并让他担任了吏部尚书。

谁知道李清臣并没有因此得伸其志，倒是给大奸臣章惇开了方便之门，章惇身子一闪，梦幻般坐稳了宰相的宝座。他面临的问题依旧是新、旧役法之争：司马光上台之后，章惇的意见和范纯仁、苏轼是基本一致的。如今他当了宰相，不论是反对司马光还是拥护司马光，都会被指责为反复无常之徒。咋办呢？无奈之下，他决定“置司讲议”，也就是成立专门机构研究时局政策，这样就可以把责任推到讲议司去，自己永远是正确的了。那些“讲议员”们哪个是吃素的？谁肯给他顶这个缸？故而“久不决”。这时候章惇问蔡京该怎么办。蔡京回答说：“取熙宁成法施行之尔，何以讲为？”意思是说你章丞相只管全面恢复祖宗的熙宁之法，有什么好讲的！章惇一听，对呀，我怎么只看具体没看宏观呢——只要把役法问题归总到神宗皇帝变法体系当中去，不就啥事都好解释了吗？于是“雇役遂定”。《宋史·蔡京传》说：“差、雇两法，（司马）光、（章）惇不同。十年间京再莅其事，成于反掌，两人相倚以济，识者有以见其奸。”意思是说蔡京在十年之内两次面临役法的选择，态度截然不同，翻云覆雨，有识之士都看清了蔡京的奸诈用心。其实蔡京善机变会逢迎早就出了名，《铁围山丛谈》中说：“鲁公（蔡京后来的封爵）自小官时，搢绅间一词，谓之‘有手段’。”何其生动传神！

此后，蔡京干了不少残害元祐大臣的坏事，不过还是没斗过时任枢密使的曾布。当时他弟弟蔡卞已经升到了副宰相，蔡京也觊觎着相位。曾布堂而皇之地对哲宗说：“兄弟二人同在政府，不合祖宗制度。”哲宗觉得有道理，所以只任命蔡京担任翰林学士承旨。这下子可把蔡京气蒙了，发誓一定要报这一箭之仇。

或许是老天对他颇有眷顾，徽宗崇宁元年（1102），时任宰相的曾布为了得到对朝廷的绝对控制权，和另一位宰相韩忠彦闹得不可开交，韩忠彦被挤对得非常难受，想到了在定州（今河北定州）当知州的蔡京有大本事，而且和曾布有过大仇，急忙把他调回翰林院担任承旨，作为自己的强有力助手。没过几个月，曾布和韩忠彦两败俱伤，蔡京坐收渔翁之利，并很快顶掉韩忠彦，坐上了尚书右仆射兼中书侍郎（次相）的宝座。这还不算完，不久曾布也因为和蔡京矛盾太深被罢了官，蔡京再次蹿高，居然当上了正宰相！因为蔡京对曾布恨之入骨，一旦得了手，第一件事就是要把曾布置于死地。他先找碴儿把曾布的儿子整了个一佛出世二佛升天，紧接着又把曾布本人流放到南方烟瘴之地。几年之后，曾布“遇赦”回到镇江，最终死在那里。

很明显，这第四桶金的赠予者，乃是名臣韩忠彦。

韩忠彦又是什么人呢？此人乃仁宗、英宗、神宗三朝元老韩琦的长子。而韩琦则是众所公认的头号大忠臣和大功臣，曾拥立过英、神二宗，他儿子能不恭恭谨谨地继承父业忠于朝廷吗？可惜的是，他同样犯了引狼入室的大忌，最后连自己也搭进去了。

从此以后，蔡京、蔡卞兄弟把揽了朝廷大权，生杀予夺，为所欲为，把好端端一个大宋王朝当成了老蔡家的钱粮库，并最终变成了金人的饕餮大餐！

善变的蔡京一生中得到很多人的奖拔举荐，除了李清臣、童贯等人别有用心之外，王珪、王安石、司马光、韩忠彦等直臣，都是出于对他的欣赏和信赖才为国举“贤”的。而蔡京在用完这些人之后，绝没有一点儿报恩之心——他可以毫不犹豫地答应蔡确去杀王珪；可以大骂王安石去巴结司马光；可以给章惇出主意推翻司马光的差役法；可以把韩忠彦一脚踹开，坐上本该属于人家的宝座！蔡京的“模范例证”应该给很多身居高位的人提个醒儿：千万不要听谁恭维自己最顺耳，就认定此人是自己的“铁哥们儿”“好兄弟”，提携他没商量。孔子曾经说过："益者三友，损者三友：友直，友谅，友多闻，益矣；友便辟，友善柔，友便佞，损矣。"蔡京可谓把便辟、善柔、便佞给占全了。最后说一句：大君子举荐的未必都是大君子，一不留神就举荐了大奸臣。

宋朝名士米芾

很多人对米芾这个名字都不陌生，尤其是喜好书法或收藏的朋友，对其书画精品更是知之甚多。米芾，字元章，号海岳外史，因其为湖北襄阳人，故又号襄阳漫士、鹿门居士。这是众所周知的，无须赘言。本文想说的是米芾与众不同，甚至与当朝世俗格格不入的名士风范。其很多怪异反常的言谈举止，至今读来仍能让人忍俊不禁。

米芾出生于宋仁宗皇祐三年（1051），卒于徽宗大观元年（1107），享年五十六岁。此人的仕途很一般，晚年担任的最高职务不过是个“礼部员外郎”。这可不是说人家没有进取心，只不过他的心思压根儿不在钻营当官儿上头，太俗！

米芾一生酷爱书法绘画，世所公认的宋代四大书法家“苏黄米蔡”把他排列在第三位。然而后人却认为宋朝的法书，米芾当为第一。他的传世之作《研山铭》《蜀素帖》《虹县诗卷》等，都被书法界视为极品中的极品。绘画方面，他完全摒弃了五代荆浩以来的勾皴点染之法，认为“信笔作之，多以烟云掩映树石，意似便已”。被后人称为“米氏云山”，自成一格。此人对笔墨纸砚及宝物收藏都有深湛的研究，他写的《画史》《书史》《砚史》《宝章待访录》等，对其收藏和所见所闻的历代书画以及各种名砚，一一进行了品评鉴赏和精到的评述，体现出他对艺术独特的审美意趣。

米芾这些“成就”属于人尽皆知的老套话，罗列多了也没意思，本文想说的是米芾与众不同，甚至与当朝世俗格格不入的名士风范。此人很多古怪异常的行为举止，至今读来仍能让人忍俊不禁，凸显出这位宋朝名士诡谲中带有的天真和可憎中带有的可爱。

米芾“好古博雅”，往往出人意表。元人李冶《敬斋古今黈》说他家收藏有米芾的法帖，“印章有曰‘火宋米芾’者”。什么意思呢？我国古代有以金、木、水、火、土五行推演朝代更替的一套理论。此前刘裕建立过南朝宋（南北朝时宋、齐、梁、陈的第一个王朝），因为刘裕以水德立国，故称为“水宋”，而赵匡胤以火德立国，故称“火宋”。其实他完全可以自称“皇宋米芾”或“大宋米芾”，不行，那岂不是太俗套太无趣了？要玩就玩个邪乎带个性的！

宋人王称《东都事略·米芾传》中说他“冠服效唐人，风神萧散，音吐清畅，所至人聚观之。而好洁成癖，至不与人同巾器。所为谲异，时有可传笑者”。意思是说米芾好古甚至泥古，他认为宋朝的衣冠服饰过于恶俗。为了表现出与众不同，他的穿戴尽可能地效仿唐朝人，以避免与时风同流。这就好比今天某人不穿时装，而穿大清的长袍马褂。他这个癖好在当时几乎是人尽皆知，有时候他甚至宁可穿汉朝的便服，也不愿随俗。

《宋人轶事汇编》载，苏辙的亲家黄寔自言平生有两件事记忆最深刻，一件是元丰年间任淮南提举常平时在汴口见到苏轼“执杖立对岸”，于是送给他两瓮扬州厨酿美酒；另一件是十五年后任江淮等路发运使时停泊在清淮楼，见到米芾“衣犊鼻，自涤砚于淮中”，于是赠给他两饼上好的龙团茶。啥叫“犊鼻”呢？读过《汉书·司马相如传》的人一定记得，司马相如与卓文君在成都开酒店时，穿的就是“犊鼻裈”，说白了就是一种相当肥大的粗布大裤衩子——大宋朝有谁敢穿这等衣物？人家米芾偏偏就穿，谁能把他怎么样？

由于米芾举止怪异，不与众同，所以很多人称之为“米颠”。有一次他给人写回信，不愿让友人待在屋里，友人只好退至窗外。只见米芾把信写完，该落款“芾再拜”时，竟真的“放笔于案，整襟端下两拜”，您说这家伙多有意思。宋人何薳《春渚纪闻》载米芾担任书学博士时，徽宗宣召他写一幅大屏，并命他就用御案上那方端砚。米芾写完，突然跪在徽宗面前求告道：“此砚虽是无价之宝，怎奈已被臣这等俗物污染过，陛下是没法再用了。恳请陛下做个人情，把此砚赏赐给臣得了。”徽宗大笑，真把此砚赏赐给了他。米芾闻言大喜过望，怀抱宝砚碎步跑出，也顾不得墨汁洒满衣袍——您能想象当时的情景有多么可笑吧？笑够了的徽宗扭过头对蔡京说：“难怪人们都称他为‘米颠’，果然是名不虚得呀。”

因为酷爱古人书画，所以米芾也常常做一些貌似“缺德”的勾当。周煇《清波杂志》中记载，米芾经常死皮赖脸地跟别人借观古人书画，一到手便抓紧临摹，然后把临摹的假货还给人家，而且每每都能得手（古往今来所谓鉴赏家，十有八九都是有名无实故弄玄虚的假充内行，所以人们无须过于相信这帮家伙）。有一回，他向别人借了一幅唐朝戴嵩画的牛，故伎重施，把自己临摹的假画儿还给了人家，还自以为得计。谁料数日后画主人怒气冲冲地找到他，把临摹本往他面前一丢，命他赶紧把真迹交出来。米芾见手段败露，问了一句：“你咋看出此画是我临摹的？”画主人答道：“我那幅画儿的牛眼睛里有牧童的影子，你这幅假画里却没有。”米芾取来真迹仔细比对，跌脚大呼“疏忽疏忽”，只得认栽，乖乖把真本还给了人家。

这件事属于“蔫儿坏”，还有撒泼耍赖寻死觅活非要夺人所爱的事儿呢。宋人曾敏行《独醒杂志》中说米芾有一次和蔡京之子蔡攸在船上一同观赏晋代王衍的法书，冷不防夺过法帖卷起来，揣在怀中便要跳河自尽，蔡攸吓得一把拽住他问道：“米颠儿你这是干什么？”米芾哭腔儿答道：“想我米芾一生收藏晋帖无数，单单就缺王衍的手迹。我实在忍受不了此帖藏在别人家里，故而宁可与此帖同归于尽！”蔡攸迫不得已，怕真为一幅字画闹出人命官司，只得忍痛将这卷法书送给了米芾。您说还有比这更无赖的吗？

说起米芾的洁癖，更是可笑之极。宋人庄绰《鸡肋编》中载，米芾任太常博士时，朝廷举行太庙大祭，米芾按规定穿着官服参加，谁知因为他平日里过于“讲卫生”，这套官服上的“藻火”（官服上的纹饰）早就被他洗掉了，于是有人弹劾他，说他这是对祖宗大不敬。就因为这件事，他竟然被罢了官儿。

宋人吕居仁曾对友人说起米芾，称其洗手时非常讲究，总是命人端着银盆往他手上冲淋，洗完之后两手反复地拍打，直到把水拍干，也绝不用巾帕擦手，嫌脏！陈鹄《耆旧续闻》说他把女儿嫁给段拂后十分高兴，说道：“名叫拂，字去尘，真吾婿也！”

米芾的传奇故事实在太多，限于篇幅，再说最后一段传奇：有一次他穿着唐朝衣服、戴着唐人的高檐帽儿上轿子，因受轿顶高度所限，帽子太高无法进轿，于是便摘下帽子自己捧在怀里也不让仆从拿，怕仆从把帽子弄脏。下了轿刚把帽子戴齐整，恰好碰到友人晁以道，不假寒暄便颇为得意地问道：“晁老四，你看在下像何人？”晁以道笑着答道：“我看你像鬼章。”于是二人相对大笑，笑得一个前仰后合。这是为什么呢？原来当时宋朝用兵西北，俘获了羌人首领“鬼章青宜结”，因为名字太长又绕嘴，当时宋人就简称他叫“鬼章”。此人非但面目狰狞，穿的也是羌人的衣裳，与中原装束完全不同，模样十分可笑。上面不是说到“米芾字元章”吗？晁以道见米芾打扮得半人半鬼，可不就是活脱脱一个“鬼章”嘛！

红颜薄命小周后

据《十国春秋》等书记载，南唐丞相周宗生了两个如花似玉的小仙女儿，姐姐小名儿叫娥皇，长到十九岁的时候，嫁给了当时还是王子的李煜。可惜好景不长，几年后娥皇患了绝症，花容顿萎。李煜悲伤欲绝，写了篇长达一千余字的诔文祭奠她，并自称“鳏夫煜”。从表面上看，李煜要表达的是对娥皇“绵绵无绝期”的思念，可金陵人却都深知其中另有隐情。原来娥皇临终之前，李煜已经深深爱上了另一位绝色美女。这位美女是谁呢？就是周宗的次女、娥皇的同胞小妹，后人称为“小周后”。

小周后是北宋前期被俘入宋的一位倾国美女，南唐后主李煜的第二任王后（有人称之为皇后，是不准确的，因为早在后周世宗柴荣征讨淮南大胜之后，当时在位的南唐主李璟就已经改称“王”而不敢再称“皇”了）。她是怎么进入李煜视线的呢？说来也颇具传奇色彩，而且必须先从她姐姐娥皇说起。

娥皇是个既美艳无比又聪慧绝伦的女子，“通书史，善歌舞，尤工琵琶”，还能自创歌曲，如《邀醉舞破》《恨来迟破》等，可惜今皆失传。还很会玩儿，“于采戏、弈棋，靡不妙绝”，竟然还写过一本游艺专著叫《击蒙小叶子格》，您说厉害不厉害？据说有一次为元宗李璟庆寿，娥皇弹了一支精彩的琵琶曲，“元宗叹其工，以烧槽琵琶赐之，盖元宗宝惜之器也”。按照马令《南唐书》的说法，烧槽琵琶的制作本于汉代蔡邕“焦桐”之义，“或谓焰材而斫之，或谓因爇而存之”，总之是件稀世珍宝。李璟死后，李煜随即册封娥皇为王后，宠之于专房。娥皇最初着实过了几年富贵风雅的舒心日子，由她所创的朝天高髻、翘首鬟朵、紧身纤裳，一次又一次引领着南国女人们的时尚潮流。唐代的大乐《霓裳羽衣曲》历经乱离，早已失传，娥皇得到残曲后，竟奇迹般地将原曲恢复，使之得以重新流传。这样一位秀外慧中的奇女子，李煜当然爱如掌上明珠。可惜老天不作美，几年之后，她患了不治之症，不久便辞世而去，享年二十九岁。此时是宋朝建立的第五年乾德二年（964）十一月甲戌。李煜悲伤欲绝，写了篇长达一千余字的诔文祭奠她，并自称“鳏夫煜”，堪称是诔文的“世界之最”了！从表面上看，李煜要表达的是对娥皇“绵绵无绝期”的思念，其实却是为了掩人耳目，故意做出与娥皇“在天愿为比翼鸟，在地愿为连理枝”的忠贞之态，他的心早已另有所属。

事情的经过大致是这样的：娥皇患病之后，她姑妈带着小妹到宫里来看望她。皇家近亲嘛，于是姑母和小妹被例外准许在宫里住上些日子。不料有一天，李煜一眼瞥见了这个只有十三四岁、比她姐姐更加光彩照人的小女孩儿。李煜本是个风流种子，《清异录》里说他少年时就经常出入娼妓之家，自封为“浅斟低唱偎红依翠大师、鸳鸯寺主、传教风流法师”，其流连女色之程度，于此可见一斑。这一看不要紧，那颗心立刻飞到这位小女子身上。此后每当李煜和这位小美女在娥皇宫里邂逅时，总是管不住自己的眼睛，贪婪地盯着她看，甚至还趁娥皇歇息时说上几句悄悄话。这种事儿，就是再不敏感的女人，也能察觉出有点儿不对劲了。不过李煜是个很要面子的人，他母亲钟氏对他的管教也算严格，所以娥皇没咽气之前，他还不敢过于放肆，可又无时无刻不在惦记那个女子，以致食不甘味，这种煎熬，真够李煜受的！这女孩儿虽然年纪不大，却很懂得男女风情之妙，那一颦一笑，把她对李煜的爱意传达得淋漓尽致，彼此间的爱慕，两人都已经心知肚明，就差那层窗户纸没被捅破了。

谁知这女孩儿人小胆大，倒先熬不住了。一天夜里，她居然偷偷溜进李煜宫里，和李煜做起巫山云雨之事，提前一千年来了个浪漫无比的“自由恋爱”。李煜和她尽享鱼水之欢，事后回忆起这段情缘的美好和浪漫，写下了那首至今脍炙人口的《菩萨蛮》小词：“花明月暗笼轻雾，今宵好向郎边去。刬袜步香阶，手提金缕鞋。画堂南畔见，一向偎人颤。奴为出来难，教君恣意怜！”好嘛，为了走路无声，竟然把鞋子提在手里，光着小脚丫儿踏着霜露摸进李煜宫里，真够痴情的。

娥皇死后的第二年，李煜的母亲钟氏也去世了。尽丧之后的开宝元年（968年，这一年是宋朝建立的第九年），李煜提出立此女为继室，由大学士徐铉考订古礼，举行了盛大的成婚仪式。从此，这位多情女子便成了名正言顺的南唐皇后。

此后的日子里，两个人极尽绸缪缱绻。身为国主的李煜，十分的心思，九分九都用在少夫人身上了，哪里还有治国问政的心思？《十国春秋》用了“后被宠过于昭惠后”八个字来概括小周后的“待遇”，足见小周后初嫁之时，李煜对她是何等的宠爱（昭惠后即娥皇死后的谥号）。

李煜毕竟是个大才子，他和小周后的爱情生活过得十分精致，不像陈后主、隋炀帝那样的公猪，唯以纵欲为乐。为了博得小周后的欢心，李煜可谓煞费苦心。据《清异录》记载，李煜在周氏居住的柔仪殿里专门安排了主香侍女，其焚香之器有把子莲、三云凤、折腰狮子、小三神山互字、金凤口罂、玉太古、容华鼎等几十种，“贮后于中”。这可比汉武帝的金屋藏娇奢侈多了。《十国春秋》又载，李煜在后苑花园最狭窄、只能容下两个人之处修建了一座精美绝伦的小风亭，亭的四周栽满鲜花，亭上用红罗覆盖，固定红罗的物件儿叫“玳牙”，因为这些物件儿都是用玳瑁制成的。其雕镂之华丽，世所罕见。二人经常相依相偎，在此亭中忘情地饮宴狎昵。更有甚者，他还费了许多时日，用比头发丝还细的金线亲手为周氏编织了一顶镏金凤冠，以致周氏见到此冠后，惊得目瞪口呆：如此奇巧之物出自一个帝王之手，简直无法想象！仅此数例，二人之欢爱旖旎便可想而知。直到宋太祖开宝八年（975），宋朝大将曹彬、潘美、李汉琼等率领数十万大军将金陵城围成铁桶一般时，李煜还被他的臣子们蒙在鼓里，醉心于伺候他的小周后呢。

这一年大年初一刚过，金陵城便被宋军攻破，李煜及其嫔妃无一幸免，都做了宋朝的俘虏，被押解到汴京听候处置。鉴于李煜多次错过宋朝的劝降，赵匡胤给了他一个颇带羞辱性质的封号，叫“违命侯”。封号尚且如此，其他待遇就可想而知了。更可怜的是周氏，你想，这么个天生尤物，谁见了能无动于衷？所以，赵匡胤喜欢她，天生好色的赵光义更是对她垂涎欲滴。

当时赵匡胤一方面身边还有个从蜀国俘来的美女花蕊夫人，另一方面正忙着征讨北汉刘继元，没来得及将小周后召进宫便崩逝了。这下子可便宜了赵光义，此时他已经成为至高无上的大宋皇帝，得到小周后是根本不成问题的，但怎样得到她，却是一件很微妙的事。

《十国春秋》说赵光义多次命小周后为他起舞取乐，又多次行幸她，留她在宫里一住就是“数日”。明朝沈德符在《万历野获编》中还提道：宋朝有人曾画过一幅《熙陵幸小周后图》（熙陵是太宗赵光义死后的陵墓名，古人习惯于用陵名代指相应的皇帝），画上的宋太宗面色黑红，身体肥壮，小周后则腰肢纤细，被强奸时“蹙眉隐忍，若不胜之状”。看来赵光义这个粗汉，绝没有李煜怜香惜玉的耐心，一代艳后从此堕入了备受凌辱的地狱生活。更令人无法忍受的是，赵光义行奸的时候，身边竟然站满了伺候他的侍女和宦官。或许有人不理解：赵光义既然喜欢人家，何不正儿八经地“行幸”，非要折腾一个弱女子干吗呀？五代宋初的军阀大都有性心理变态的毛病，他们对女人的奸淫，几乎没有一丁点儿“爱”的成分，更多的是一种征服欲——报复敌国君主或敌方军阀，作践他的后妃美人便是一种最能羞辱他的方式。在那个野蛮的时代里，女人受多大的侮辱也没处讼冤，除了死，只能忍受。

这时候李煜还活着，从江南带来的后宫嫔妃名义上仍旧归他养活，可惜此时的李煜根本不具备任何保护嫔妃的能力，只要赵光义“需要”，他必须无条件地打发自己的女人们入宫伺候（李煜从江南带来的不止小周后一个女人，还有保仪黄氏、美人流珠、乔氏、宫人秋水、窈娘等，都是赵光义随叫随到的玩物）。当此之时，李煜心里是什么滋味？小周后心里又是什么滋味？宋人王铚在《默记》中说：“李国主小周后随后主归朝，封郑国夫人，例随命妇入宫，每一入辄数日而出，必大泣，骂后主，声闻于外，后主多婉转避之。”这段话实在太令人扼腕了：一个娇弱女子，在忍受强权者肆意凌辱之时，必须强颜奉承，不敢有任何反抗的表示，只能把满怀的悲愤发泄到无力保护她的旧主人李煜身上！透过字面，我们似乎能听见小周后声嘶力竭、声泪俱下的疯狂宣泄；也能体会到此时的小周后，甚至会感到自己还不如在马嵬坡上吊而死的杨玉环来得干净利索。那她为什么不去死呢？原因并不复杂：因为她深深爱着并深深恨着的李煜还在她的身边！面对小周后的詈骂，懦弱的李煜太缺乏应有的刚气，“宛转避之”，算什么男子汉大丈夫？此时真正应该舍生取义的是李煜呀。人活到这份儿上，还有什么脸面可言？然而即便如此，被爱麻醉透了的小周后还是不忍心抛弃他，把用忍受屈辱换来的残存之爱，用恨的形式奉献给李煜，难怪忍辱偷生的李煜深感没有勇气面对这份令他心碎的感情。

即便如此，赵光义还是觉得李煜碍眼，终于在太平兴国三年（978）李煜四十二岁生日时给他下了毒，那真是一番惨绝人寰的场景。李煜的生日是七月七日，此前他曾写过一首《浪淘沙》和一首《虞美人》。《浪淘沙》云：“帘外雨潺潺，春意阑珊。罗衾不耐五更寒。梦里不知身是客，一晌贪欢。独自莫凭栏，无限江山。别时容易见时难。流水落花春去也，天上人间。”《虞美人》云：“春花秋月何时了？往事知多少。小楼昨夜又东风，故国不堪回首月明中。雕栏玉砌应犹在，只是朱颜改。问君能有几多愁？恰似一江春水向东流。”更糟的是，赵光义命从南唐归国的翰林学士徐铉到李煜那里慰问，李煜忽然慨叹一声说道：“悔当初不该误杀潘佑和李平。”（这两个人都是苦谏李煜不可听信佞臣之言误国的耿直大臣，《十国春秋》中有传）结果呢？“铉不敢隐”，向赵光义如实做了汇报。赵光义大怒，认为李煜无意“痛改前非”，必须除掉，以绝后患，于是派人给李煜送去牵机药，命他自尽。为什么叫“牵机药”？因为这种毒药饮下之后，头和下肢会不由自主地往一起屈凑（其实是腹痛难忍，腹部后缩则头与下肢自然往前屈），像弓弩被拉开的样子（控制弓弩的机关叫机）。可怜李煜就这样死在了赵光义手里。

赵光义大概认为李煜既除，小周后从此就会完完全全归他所有，任他恣意玩弄了。然而事与愿违，失去了李煜的小周后，深感生命已经没有任何延续下去的意义，随后不食而死。（《十国春秋·继国后周氏传》：“后主暴殂，后悲哀不自胜，亦薨。”）如果按娥皇死时小周后十四岁计算，到太平兴国三年，这个可怜的女子享年不过二十七八岁而已。

在这个世界上，很多美好的东西都会遭受无端的摧残，而且越是美好的东西，遭受摧残的可能性就越大，程度也会越惨烈。让我们记住这位小周后，美丽和风情不是她的错，遭受摧残和凌辱更不是她的错，无论她遭受过怎样的摧残和凌辱，她本身永远都是最美丽的。

花蕊夫人之香消玉殒

不论谁来说宋朝历史，讲宋朝故事，都绕不开“花蕊夫人”的芳名。她美丽聪明、优雅高贵，代表了最典型、最完美的封建贵族妇女形象。《全唐诗》里收录了她写的《宫词》一百五十多首，仅从这个数字来看，就能想象出这位秀外慧中的女子具有多高的才情和雅韵。在封建时代，女人过于聪明、过于漂亮未必是件好事，恰恰相反，颖慧和姿色往往会成为她走向毁灭的祸胎。花蕊夫人就是这样一个女人。

相传，花蕊夫人被俘到了汴京之后，太祖赵匡胤想验证她究竟有多高的才情，命她即兴作诗。花蕊夫人不假思索，当即吟诵道：“君王城上竖降旗，妾在深宫那得知？十四万人齐解甲，更无一个是男儿！”这首小诗通俗易懂，虽然字里行间透露出深深的亡国之痛，却没有直接表现出对宋朝的憎恨，更多的是哀叹后蜀将帅无能，用老百姓的话说，这叫有大见识。难怪赵匡胤听后，不但没有发怒，反而对她倍加赞赏。

花蕊夫人本姓徐。《十国春秋·慧妃徐氏传》载，她是蜀中青城（今四川青城）人。蜀后主孟昶封她为贵妃，别号花蕊夫人，宠之专房。有一次她和孟昶登楼游玩，涂有龙脑末儿的扇子不慎掉到楼下，被人拾到，于是蜀人争效其制，称为“雪香扇”。还有一次孟昶携她到内廷后苑的摩诃池避暑，为她吟诵了一首小词，其中两句是：“冰肌玉骨清无汗，水殿风来暗香满。”民间争为流传，遗憾的是，后来词已经不完整，只剩下这两句了。直到北宋中后期，这段风流还萦绕在很多文人的脑海里，比如大文豪苏东坡就总认为意犹未尽，于是写了一首《洞仙歌》词：“冰肌玉骨，自清凉无汗，水殿风来暗香满。绣帘开、一点明月窥人，人未寝，攲枕钗横鬓乱。起来携素手，庭户无声，时见疏星渡河汉。试问夜如何？夜已三更，金波淡，玉绳低转。但屈指、西风几时来？又不道，流年暗中偷换。”算是了却了他一桩心愿。

入宋后的花蕊夫人心不忘蜀，夫君孟昶猝死之后，她不敢流露直接的怀念，便亲手画了一张人物肖像挂在自己宫里。有人问她此人是谁，她巧妙地回答说：这是我们蜀中的“宜子神”（帮助女人怀孕生子的地方神灵，类似于送子观音之类）。其实所画的人正是她终生无法忘怀的丈夫孟昶。一个有着丰富内心世界的女子，违心地、战战兢兢地生活在陌生的宋朝后宫，痛念死去的丈夫又不敢明言，只能用这种隐秘的手段为她的真爱默默祈祷。这种日子，即便是锦衣玉食，也无法平复她那颗受到重创的心灵。

史载蜀后主孟昶被俘到汴京，封王七天就不明不白地死了。孟昶究竟是怎么死的，已经无法查证，即使当时有解剖法医，朝廷也一定会有人出面阻止的！不过可以肯定的是，他的死一定与花蕊夫人有着必然的联系——因为只有除掉孟昶，这位旷世美女才有可能真正归属于宋朝的帝王（帝或者王）。她太美丽，太聪慧，太典雅，太精致，太完美，所以赵匡胤看上了她，晋王赵光义也看上了她，这就注定了她难以摆脱的悲剧结局。

史书中没有记录花蕊夫人是何时死的，也没有说她是怎么死的，现在我们能见到的，只有野史笔记中的零星记载。

北宋王巩的《闻见近录》中说，有一天，赵匡胤率亲王和后宫女眷宴射于后苑，赵匡胤举酒劝赵光义。赵光义答道：“如果花蕊夫人能为我折一枝花来，我便饮酒。”（这最多属于荤笑话，不属于欺君犯上。）不料就在赵匡胤命花蕊夫人折花的当口儿，赵光义引弓放箭，将她穿胸射死，随后泪流满面地抱着赵匡胤的大腿说道：“陛下方得天下，宜为社稷自重！”意思是说陛下你刚刚得到天下，应该把精力放在治理国家上面，千万不可以迷恋于女色。言外之意是说，我今天把花蕊夫人替你除掉，等于除掉了国家的祸水。赵匡胤没有责怪他，“饮射如故”。北宋末年蔡絛的《铁围山丛谈》明确记载：花蕊夫人归宋以后，赵光义也十分喜爱她。一次从猎后苑，花蕊夫人跟在赵匡胤身边，赵光义“调弓矢，引满，政拟射走兽，忽回射花蕊夫人，一箭而死”。这两则记载大同小异，都是在美化赵光义如何以社稷为重，不顾一切地清除他哥哥身边的红颜祸水。

这种记载，让人不敢不信也不敢全信。说不敢不信，是因为两说均出于宋人之口，总不至于是空穴来风吧？说不敢全信，是因为赵光义的举动实在乖张，全然不合于常理：身为开基帝王的赵匡胤，面对深深宠爱的贵妃被人射死，居然还能无动于衷，“饮射如故”，他还算个人吗？这和他“绝不妄杀无辜”的一贯主张也格格不入呀。就算此说有些影子，正常人对赵光义如此非理性甚至非人性的举动，也是无法接受和容忍的。人们或许可以由此引发这样的联想：因为赵光义太想得到花蕊夫人，但又绝没有可能。他经受不住内心的煎熬，断然采取了将美好的生命毁灭在自己面前的卑劣手段。所以做如此分析和猜想，是因为赵光义绝不是个不好女色的正人君子，他后来对南唐小周后的贪婪和强占，足以证明他对女色有极度的渴求。这样的人，有什么资格用杀死花蕊夫人的“义举”彰显他只要江山不要美人的胸怀？赵光义所以要将美好的生命毁灭掉，只能是出于本能的阴暗和妒忌，没有别的解释。

还有一本叫《烬余录》的宋朝典籍也说赵光义“盛称花蕊夫人”。赵匡胤得病时，赵光义趁机挑逗花蕊夫人，被赵匡胤发觉，“遽以玉斧斫地”。皇后、皇子赶到时，赵匡胤已经气息奄奄。赵光义仓皇逃回晋王府，不多时赵匡胤就死了（本书第三篇《赵匡胤晏驾之谜》中曾分析说，赵光义不顾一切杀死其兄，可能是惦记着艳丽的宋皇后不得不为之，这里又说是因惦记着花蕊夫人而杀死其兄赵匡胤，两种说法都是猜测，找不到史实真相。但有一点，不管是因宋皇后还是因花蕊夫人，抑或是既因宋皇后又因花蕊夫人，赵光义都不外乎是因女色而陡生恶念）。这个说法比前面两书更可信些，也符合赵光义一贯虚伪和好色的人格属性，更符合“烛光斧影千古之谜”的传说。按照这则记载推想，赵匡胤之死也有了更加合情合理的解释：赵光义贪图花蕊夫人的美色，竟然在他哥哥患病之时，挑逗本属于他哥哥的嫔妃，事情败露，他一不做二不休，索性杀死哥哥，坐上了大宋皇帝的龙床宝座。如果此说成立，花蕊夫人直到赵光义即位的太平兴国元年（976）还没有去世，其后的事，就再也找不到任何记载了。

除上述三种说法之外，还有两个现代版的花蕊夫人形象，一个是民国蔡东藩的《宋史通俗演义》，一个是李逸侯的《宋宫十八朝演义》。

《宋史通俗演义》第九回说：赵匡胤为了得到花蕊夫人而将孟昶毒死，随后将花蕊夫人接入后宫，强占为妃。第十回开篇便说花蕊夫人“是个天生尤物，不但工颦解媚，并且善绘能诗”。说花蕊夫人是“天生尤物”“善绘能诗”不假，但说她“工颦解媚”，则与她一心思念孟昶的情怀颇不相符，甚至让人感到她原本就是个十分下贱的女人，美感全无。接下来作者又说：赵匡胤与花蕊夫人绸缪几年，又迷上了大将军宋偓的女儿宋氏，“是时宋氏年十七，太祖年已四十有二了。……俗话说得好：‘痴心女子负心汉’，那花蕊夫人，本有立后的希望，自被宋女夺去此席，倒也罢了，谁知太祖的爱情，也移到宋女上去。长门漏静，谁解寂寥？痛故国之云亡，怅新朝之失宠，因悲成怨，因怨成病，徒落得水流花谢，玉殒香消”。按照蔡东藩的理解，花蕊夫人的死和赵光义毫无关系，只是因为失宠而死于开宝元年（968年，花蕊夫人入宋宫后的第三年），不知有何依据。

《宋宫十八朝演义》写得比较隐晦，但通过第十九回中的暗示，读者可以明显体会到：作者认为花蕊夫人是被宋皇后毒死的。该书写赵匡胤开宝九年（976）御驾北征河东刘继元回到汴京时，“甫进入宫门，只见宫人乱纷纷的，好像出了什么变故似的。太祖心里一惊，正要查问，忽花蕊夫人宫里一个宫女迎着太祖启奏道：‘万岁爷回宫了！快请驾到玉真宫，花蕊夫人忽得暴疾，已经不省人事啦！’太祖一听，好像凭空地响了一个霹雳，吓了一大跳，即忙奔向玉真宫去。进到里面，只见乌压压地塞满一屋子的嫔妃宫女。宋后也在床前，亲手调药哩。……太祖又问道：‘她这病是怎么起得呢？’宋后又回道：‘适才与臣妾同在后苑观菊花，她还是好好的……不知怎的，回到宫里，忽然说是肚里急痛，面色也顿时改变，咕咚便倒在地上，昏迷过去了。’”

两部演义写花蕊夫人之死都与宋皇后有关，却都和赵光义毫无瓜葛，这与宋代数则笔记的基调完全不吻合。从情理上分析，花蕊夫人即使受到赵匡胤的冷落，也断不至于郁郁而终，她是个有情趣有气质有文化的女人，孟昶猝死那么大的打击她都能挺过来，何况被她根本不爱的赵匡胤冷落呢？至于说她被宋皇后毒死，更不可信。宋皇后出身高贵，她母亲是五代后汉高祖刘暠的女儿永宁公主，她本人则是名正言顺无可争议的大宋皇后（《宋史·后妃传》曰：孝章宋皇后，河南洛阳人，母汉永宁公主。开宝元年二月，遂纳入宫为皇后，年十七），花蕊夫人根本不可能与她争夺皇后之位，这是当时长脑袋的人都能判断出的结论。聪明绝顶的花蕊夫人，怎么可能在这样重大的问题上犯糊涂？退一步说，宋皇后用如此歹毒的手段杀害花蕊夫人，与她一贯善良的基本人格也不相符。通盘研读相关的宋代文献，我还是认为花蕊夫人死于赵光义之手，是最符合当时的大背景和赵光义本人人格缺陷的。虽然小说可以虚构，但这两部演义笔下的花蕊夫人写得毫无新意，完全落入了传统后宫争风吃醋如同乌眼鸡的俗套中。花蕊夫人被描写得俗不可耐，没有一点儿令人欣赏和同情之处。看这样的演义，毋宁相信宋人固有的传说。

关于这个人物，我在长篇历史小说《赵宋王朝》第一部《火德宏基》中用了相当多的笔墨，勾勒出这位才女必然的悲剧命运和她本身具有的闪光人格、超越常人的聪慧，以及世俗人无法理解的仪态和境界。我采用的是一种唯美的笔调。借此机会，将花蕊夫人之死向读者稍作介绍，也算是个“最新版本”吧。

（前接开宝九年赵匡胤亲征河东，命赵光义留守京城）赵光义无法控制自己的双脚，一步步朝花蕊夫人宫中走去。每走一步，他就觉得心跳得更响，跳得更快。一片枯叶飘落下来，从他的鼻尖上滑落下去，他下意识地闭了一下眼。当他再睁开眼时，花蕊夫人的宫门已经离他很近了。就在这时，他害怕了，他突然感到自己就像这片黄叶，即使在一瞬间能遮住皇兄的眼，他马上又会重新睁开，看清一切，他到底是皇帝啊！他打了个寒战，后背凉了一阵，这阵凉促使他急急忙忙转过身朝回走！快出宫了，他的后背不凉了，心里却燃起一团欲火，烤得他浑身难忍。今天是拥有她的一个好机会，可能也只有今天。他拿不准花蕊夫人会不会拒绝反抗，也不知道她事后会不会告诉皇兄。不过在赵家的重围中，她一个降国女子能有多大胆量？想到这里，他止住脚步，重新转回身，又朝花蕊夫人宫门走去。……他实在忍受不住，决定用膳之后，一定要到花蕊夫人宫里去一趟。他径直走到花蕊夫人宫前，正遇着青杏握着一卷宣纸匆匆过来，一见到他，愣住了。“我是晋王，去禀知贵妃，本王有话要对她说！”见到赵光义进门，花蕊夫人从案边站起，彬彬有礼地问了一句：“不知晋王寻臣妾有何话说？”赵光义掩饰着咚咚心跳的紧张，做出一副若无其事的样子，说道：“也没什么要紧的事，不知皇上出征这些日子，贵妃起居可好？”“还好，谢谢晋王惦记。”……他顺势往案前一坐，与花蕊夫人对视起来：“贵妃想不到本王能来此处吧？”花蕊夫人淡淡一笑，说道：“晋王说错了，臣妾料到晋王一定会来的。”“哦？”赵光义心中一震，随后又是一阵惊喜，“贵妃真是精明绝世啊！难怪皇兄对贵妃一往情深。像贵妃这样的真仙，谁见了能不动情？”“承蒙晋王谬奖，臣妾既不精明，也非真仙，不过是个凡人罢了。可是对晋王，臣妾从来没有糊涂过。臣妾等了十几年，今天皇上不在京里，晋王总算来了！”赵光义的心快蹿出嗓子眼儿了，天啊，原来这么多年她一直对本王有意？他再也控制不住情绪的激动，伸手去摸花蕊夫人的纤手。花蕊夫人早有准备，将手抽回，看也不看他一眼，起身朝床头走去。望着花蕊夫人袅袅轻移的腰肢，赵光义忍不住问道：“贵妃，为何不在案前叙话？”“臣妾在这里与晋王叙话，晋王心里岂不更加喜欢？”赵光义倏然起身，目不转睛地盯着花蕊夫人，也跟到榻前，伸出双臂，刚要把花蕊夫人拥进怀中，却被她闪身躲开。“晋王对臣妾有心，臣妾来汴京没几天便已深知。晋王不是要和臣妾叙话吗？那就先叙叙话吧，臣妾心里也有不少话要和晋王说呢！”“也好。”赵光义缩回双手，“贵妃心里有何烦闷，尽管对本王讲。”“有几句话臣妾多年以来一直想问问晋王，只是一直也没找到像今天这样清净的日子。”“贵妃要问什么？”花蕊夫人起身站到赵光义对面，这回轮到她目不转睛地盯住赵光义了：“孟昶究竟是怎么死的？”赵光义一腔欲火，顿时像被凉水浇熄了一样：“贵妃为什么要问这样的话？”“晋王，臣妾以为自己不仅仅是个女人，还能为你振聋发聩，对不对？”花蕊夫人说这句话时，嘴角还挂着微笑。可在赵光义看来，这笑已不像刚才那么妩媚，更像是嘲笑。“贵妃，想不到你误会了本王这么多年，你认为本王会加害于孟昶？”“臣妾认为不认为有什么用？臣妾是在问晋王啊！”花蕊夫人打断赵光义的话。“臣妾已知今天必为晋王所有，只剩这么点疑虑，晋王还不能给臣妾说个明白吗？”听到花蕊夫人说她“今天必为晋王所有”，赵光义被熄灭的欲火又重新烧起来。他在揣度花蕊夫人的心思：看来她对此事早有怀疑，不过是要验证一下罢了。其实验证了又能怎么样？还不是个无奈！……花蕊夫人见他又想搂抱，往后挪了挪，一只胳膊背到身后，像在摸什么东西。赵光义还没弄清怎么回事，只觉得眼前有个明晃晃的东西闪了两下，惊得他将臂一扬，这才看清花蕊夫人手中握着一把剪刀，再看她时，眼里射出的已不是温柔和清丽了……“你要杀本王？”赵光义猛地站起身来，一只手紧紧攥住花蕊夫人的细腕。“放开我！”花蕊夫人拼命挣扎。可惜她一个弱女子，怎能敌得过赵光义？她圆睁星眼，恨恨地说：“我知道我杀不死你，纵然如此，我也要告诉你：我想杀了你，想了好多年了！”“你疯了！”赵光义狠狠地把花蕊夫人的腕子一甩，花蕊夫人踉跄了两步，立身刚稳，又扬起剪刀，用尽力气朝赵光义胸前刺去。赵光义将身一闪，刀尖在他右臂上划了一下。他眼里冒出怒火，劈手夺过剪刀往地上一扔，将花蕊夫人抱起来按倒在榻，恶狠狠地说道：“不想活了？”“我只恨自己是个女人，敌不过你……”不知哪儿来的一股蛮劲，赵光义顾不得许多，双手死命扼住花蕊夫人的脖项，越扼越紧，越扼越紧，直到花蕊夫人抓住他胳膊的两手无力地垂下，脸渐渐变得扭曲而青紫，颤动着的双唇再也说不出话来，他才把手松开。这是他进宫前绝没想到的结果，也是他绝不想看到的结果！他感到自己的头又昏又涨，不由摸了摸额头，额上全是汗。他呆呆地坐回案前，望着榻上的花蕊夫人，好像还没弄清发生了什么事。（《赵宋王朝》第一部第五十九回）

这些场景肯定不会是当时场景的再现，但我坚信没有冤枉赵光义。因为除了他，没有人具备毁灭花蕊夫人的能力。

狸猫换太子事实真相

传统京剧里有一出戏叫《狸猫换太子》，描写北宋真宗年间刘皇后无子，真宗另一位妃子李宸妃怀了孕。刘皇后为了将李氏的孩子据为己有，想出了一个极损的招儿：她自己也假装怀孕，而且产期和李氏几乎在同时。李氏如期产下皇子后，她便命亲信宦官将一只剥掉皮的狸猫偷偷塞进李宸妃宫中，把皇子换到她的宫里，并声称皇子是她所生，李宸妃生下的是个不祥的怪物。如此"调包儿"之后，她的皇后地位当然得到了最大限度的巩固，同时也满足了她想做母亲的夙愿。而可怜的李宸妃，却因生下所谓怪胎被赶出了后宫。事实真的如此吗？

这个故事在我国民间流传很久很广，以致很多人都相信宋朝真的发生过这么一件咄咄怪事。它的可信度究竟如何呢？我们看看史书的记载，就会一目了然了。

要说清这个"历史事件"，首先要弄清楚三个主要当事人的背景：真宗赵恒、皇后刘氏和李宸妃。

真宗是太宗赵光义的第三个儿子，他大哥赵元佐因和宰相赵普怄气得了癫痫病，无法继承帝位；二哥赵元僖很是能干，深受赵光义器重，可惜年纪轻轻便突发重病猝死（应该是心肌梗死、脑出血之类的急症），本没有任何希望取得皇位的赵恒就这样捡了个大便宜。

早在赵恒还是韩王的时候，一个偶然机会认识了从蜀中“漂”到汴京的少女刘氏。刘氏的母亲很早就过世了，他父亲是个普通的军将，在太宗初年北征北汉时殉国。刘氏当时年纪幼小，被一个姓龚的大户收养下来。成人后的刘氏不但长得非常漂亮，而且聪明灵透，又很擅长跳蹉鼓舞。为了不耽误这孩子的前程，老龚头儿打发亲生儿子龚美带着这位刘氏妹妹到汴京闯荡（老龚头儿打发刘氏到京都，当然是希望她能嫁个好人家，自己的儿子也好沾沾光）。龚美是个小银匠，打得一手好银器，赵恒就是因为要给他夫人打几件银器，才无意间认识了龚家兄妹，并一眼就相中了如花似玉、年仅十四岁的刘氏小女子。自此之后，“富于春秋”的赵恒一发而不可收，居然把这位“天仙妹妹”召到自家府里，没日没夜地观赏她曼妙的舞姿。

赵恒的结发妻子是开国大将潘美的女儿潘氏，伺候潘氏的嬷嬷又是曾经得到过赵光义恩幸的一个宫女，虽然眼下是过了点气儿，毕竟在太宗面前还有些面子。她看到潘氏越来越受赵恒冷落，心里很是不忿儿，几次替潘氏打抱不平，要赵恒赶紧把刘氏撵出府去，赵恒哪里能舍得呢？眼瞅着韩王爷“屡教不改”，嬷嬷一怒之下把他拈花惹草的事儿告给了他爹赵光义。赵光义听罢大为恼火，立即命这个不争气的儿子把刘氏女轰出家门。赵恒不敢违逆“圣命”，又不甘心失去这个难得的美人儿，正在抓耳挠腮无计可施的时候，他的卫队长张耆给他出了个主意：韩王何不暂且把刘氏安置在小人府里，由小人替您伺候着？赵恒一听，觉得此计大妙，既没有抗拒老爹的圣旨，又把美人儿寄存在一个隐秘之处，有空儿了照样可以和她约会绸缪。于是神不知鬼不觉地把刘氏送进了张耆家里。

几年后赵恒做了皇帝，忙不迭地将刘氏接进了后宫，由于二人经历过“爱情煎熬”，赵恒对刘氏的宠爱堪称无以复加。刘氏可没有被赵恒的宠爱所麻醉，她经受了这次高强度的羞辱之后，发愤要在大宋朝的后宫里谋得属于自己的一席之地。凭着超人的心计，她拉拢宦官，分化权臣，“寻常看不见，偶尔露峥嵘”，一路扶摇，最终当上了大宋的皇后。

可惜刘氏有个致命的毛病，就是不能生育，尽管雨露阳和源源不断，直到真宗晚年，肚皮也没能鼓起过一次，这自然成了她最大的一块心病。事有凑巧，她的侍婢李氏偶然间被赵恒行幸了一次，竟然怀上了龙种（请注意：此时的李氏根本不是什么嫔妃，更没有任何的名分和封号，只是刘皇后宫里行走的一个粗使丫头而已）。《宋史》记载，李氏怀孕的事儿，赵恒知道得一清二楚，李氏临产之前，他还特地带着后妃们到砌台做过一次“民俗预测”呢：如果掉到台下的玉钗摔断，就预示着李氏将生公主；如果没摔断，便会生下皇子来。结果玉钗落地后，竟然完好无损（《宋史·后妃传》说：李宸妃，杭州人也。初入宫，为章献太后侍儿，庄重寡言，真宗以为司寝。既有娠，从帝临砌台，玉钗坠，妃恶之。帝心卜：钗完，当为男子。左右取以进，钗果不毁，帝甚喜）！数日之后，皇子降生，把赵恒高兴坏了。可他高兴的只是喜得贵子，早把为他延续香火的李氏丫头忘到了九霄云外去了。刘皇后是个权力欲极强的女人，赵恒一直对她既敬且畏。尤其是赵恒到了晚年，大事小情都是刘皇后说了算，其跋扈之气日甚一日，和晚清那位慈禧太后老佛爷差不多了。所以刘皇后硬生生把皇子从李氏手里夺过来，对她来说只是件寻常之事。

小皇子到手之后，她与一位一向巴结她的杨淑妃共同抚养，而李氏则依旧处于服杂役的奴婢群里，该干吗还干吗［《宋史·后妃传》说：“初，仁宗在襁褓，章献以为己子，使杨淑妃保视之。仁宗即位，（李宸）妃默处先朝嫔御中，未尝自异。”章献就是刘皇后］。理由很简单：李氏只是个来自杭州的丫头，未来的皇帝出自这种贱人的肚皮，名声太不好听了。（刘氏是忘记了她自己啥出身呢，还是对自己的微贱出身极度敏感呢？）赵恒和李氏本来就没有感情可言，再加上惹不起刘皇后，只能睁一只眼闭一只眼，任由她蛮横霸道，一点儿办法也没有。

没多久赵恒得了重病，自顾不暇，更顾不上过问李氏的下落，李氏当然也就更不敢声张此事了。

皇子名叫赵受益，从会说话时起，小受益便称刘皇后为“大娘娘”，称杨淑妃为“二娘娘”，“终太后世，仁宗不自知为妃所出也”——孩子全然不知道他的生母是谁。宫里的女眷和宦官们虽然有不少人知道此事底细，可谁敢捅这个马蜂窝？那不是自己找死吗？

数月后赵恒病死，十三岁的赵受益继承了皇位。由于年龄太小，按照皇家惯例，暂由皇太后刘氏垂帘听政，十余年间，刘太后执掌着朝廷的最高权力，更不可能有人再提及此事。

直到刘太后病故，赵恒的八弟赵元俨才将此事的原委告诉了赵受益，也就是当时在位、已经改名为赵祯的仁宗皇帝，真相最终得以大白。仁宗听罢悲痛之极，他真想把刘太后掘出来鞭尸三百，彻底清出赵氏祖坟，在宰相吕夷简和谏官范仲淹等人的极力劝说下，赵祯最终还是以大局为重，忍下了这口气（《宋史·范仲淹传》说，言事者多暴太后时事，仲淹曰：“太后受遗先帝，调护陛下者十余年，宜掩其小故，以全后德。”帝为诏中外，毋辄论太后时事），保全了国家和朝廷的体面（这种丑事如果张扬出去，被敌国契丹和西夏知道了，会受到他们的轻蔑而成为笑料儿），他追赠亲生母亲李氏为章懿皇后，祔葬在父皇真宗的墓旁，这段公案才宣告结束。

至于李氏究竟怎么死的，史书中说得比较隐讳。《宋史》《长编》《宋史全文》等文献的记载如出一辙，说刘太后病重时，加封李氏为宸妃，“是日妃薨”。会说的不如会听的，这样的记载无疑在暗示后人：刘太后在临死前做下了一件丧尽天良的坏事：她最终把李宸妃害死了！同时她又做了一件弥补罪恶的事：最终给了李氏一个名正言顺的封号——宸妃。按照古文献的记载，李氏的“宸妃”名号只享用了不足一天，所以一切戏文小说提前称李氏为宸妃，都是不符合历史真实的。

尽管刘皇后的做法没有《狸猫换太子》讲得那么荒诞离奇，还是受到了后人一致的谴责。

元代戏剧家把这件事儿翻出来编成了戏文。元杂剧中有一出《金水桥陈琳抱妆盒》，就是以这个事件为蓝本进行再创作的。剧中写真宗在后花园与众嫔妃游玩，别出心裁地和嫔妃们约定：他要射出一个弹丸，哪个嫔妃能拾到此丸，便可得到他的行幸（这出元杂剧按照戏文老套，把真宗写成了大流氓，把所有嫔妃写成了女流氓）。“美人”李氏无意间捡到了弹丸，于是得幸怀孕，生下一子。刘皇后为此妒火中烧，命侍女寇承御将小皇子盗出，要刺死他丢进金水河。寇承御不忍心做这种伤天害理的恶事，与宦官陈琳合谋，将小皇子装在一个妆盒里，假装去给八大王送礼，将皇子转送到八大王家中寄养。八大王为了避祸，谎称这孩子是他的第十二个儿子。后来真宗驾崩，临终前选定八大王的第十二子为太子，继承了皇位。刘太后得知新皇帝就是李氏所生后，逼问寇承御，寇承御撞阶而死。新皇帝最终弄清原委，重赏了宦官陈琳。

这出戏意在揭露刘太后不顾赵氏江山，因嫉妒而欲置皇子于死地，还没出现“狸猫换太子”的荒诞情节。

到了明朝以后，有人在这出戏的基础上进一步“加工”和“包装”，才成了后来“狸猫换太子”的雏形。因为狸猫换太子的做法太离奇，也太令人发指，所以这出戏很快就火了起来（这是抓住了读者观众的猎奇心理），直到今天，几乎是家喻户晓。殊不知这则故事原本出于剧作家们的“戏说”，和历史的真相完全不相符合。

如果我们能对中国历史了解得更多更深一些，就会理解：宋朝尤其是北宋前期，可能发生刘太后霸占人子甚至害死李宸妃的事件，但不会出现剥下狸猫皮那样不忍听闻的惨剧，因为宋朝统治者从建国起就力倡仁爱。这种残酷的手段只可能发生在残暴阴暗的元朝和明朝——那两个动不动就要剥人皮的人渣横行的朝代。这也是“宸妃事件”一经元、明人之手便大大走样儿的原因，这两个朝代的文人生活和思想的随意性极大，任何历史事件和历史人物，他们都可以根据自己的好恶任意篡改和演绎，对祖宗缺乏应有的责任感和起码的尊重。

宋朝的历史很复杂，翻烧饼一类的变数也非常之多，加上政治体制上、官吏制度上、科举制度上、人事制度上经常变革，所以后世很多以宋朝人物、事件为基础进行的文艺创作，往往会闹出各种牛头不对马嘴的笑话儿。

比如在《抱妆盒》里，作者连主要人物的身份和地位都没有搞清楚（元朝和明朝的读书人学问一般都很有限，胆儿却都很大，尤其是那些没有政治出路的穷酸秀才，时时处处信口雌黄，翻云覆雨，自以为是。他们最大的本事仅仅在于炒作自己而已）。首先，李氏当时并不是后宫有品级的“美人”，只是个小丫头；其次，把真宗的弟弟“八大王”说成是赵德芳，也是谬之千里（由于谬种流传，后来不少戏文中都沿袭了这个错误。其实传统京剧所谓“唐三千宋八百”当中，违背历史基本真实的比比皆是，连有口皆碑的《铡美案》也纯属捏造，而且造得太邪乎，居然造到了皇帝女婿头上了，编戏的人还有什么不敢伪造的？宋朝既没有陈世美，更没有秦香莲）。赵德芳是太祖赵匡胤的次子，早在太宗即位后不久就莫名其妙地死了，他本人统共活了二十三岁，哪儿有机会再去抚养晚于他生命几十年的仁宗啊？（可参看本书《赵匡胤两个儿子怎么死的》一节）实际上这个人物的原型应该是真宗的弟弟十三太保赵元俨才对。再次，剧中为大宋立下头功、保全皇帝性命的宦官陈琳和寇承御也都属子虚乌有，凭空杜撰出来的。连关键的主人公都出于杜撰，这戏您还敢信？

刘后是个什么样的女人

宋朝是女主执政最多，且时间最长的一个朝代。从建立之初，赵匡胤的母亲杜太后就有过干政的迹象，只是她寿命不永，建立第二年就去世了。“狸猫换太子”传说中那位真宗刘皇后，不仅在宋史上，就是在整个封建时代里，也称得上是一位传奇女性。不论智术还是权谋，她一点儿也不比吕后、武则天差，在她实际执政的将近二十年里，干了很多惊天动地的大事，也留下了不少耐人寻味的疑团。

在《狸猫换太子事实真相》一节里，我们已经大致交代过，刘氏祖籍是太原，后来迁到了四川成都。她出身低微，父亲叫刘通，充其量相当于今天一个团级军官，死在太宗北征河东的途中。这个没爹没娘的苦孩子后来被一个姓龚的人家收养，又跟随她“哥哥”龚美北上京城汴京，做了“汴漂儿”。此间被太宗皇帝的三皇子韩王相中，进了王府之门，这一步彻底改变了她的命运。虽然那段日子里忍受了不少屈辱（因名不正言不顺被寄养在韩王府侍卫官张耆家里），但毕竟在太宗驾崩后，很快走进了皇家的后宫。或许正是那段令她难堪的屈辱，形成了她非要凌驾于一切人之上的强烈权力欲。如果真是这样，那段屈辱又何尝不是她人生当中一笔巨大的精神财富？

刘氏是刘通的第二个女儿，至于叫什么名字，已经无从考知了，只知道她出生于太祖乾德六年（968），初次踏进韩王府是十五岁，进宫时的年龄是二十九岁（真宗赵恒即位第一年为至道三年，997年），完全算得上是“大龄女青年”了，可人家绝不自暴自弃。

起初的一段日子里，刘氏过得还算开心，“入为美人”，“大中祥符中，为修仪，进德妃”。（《宋史·后妃传》）这里顺便交代几句：“美人”是宋朝内命妇的位号，相当于正四品官的待遇，比正五品的“才人”高，比正三品的“婕妤”低。大中祥符是真宗使用的第三个年号，按公元纪年折算，在1008至1016年之间，这时候的刘氏已经在四十一岁到四十九岁之间了。“修仪”也是内命妇之号，相当于正二品；“德妃”更是了不得，已经相当于一品了。宋朝的皇妃分为四等，分别是贵妃、淑妃、德妃和贤妃。也就是说，进到德妃这一级，在后宫女眷范围内，堪称在一人之下万人之上了。不过啥事儿都得按规矩来，真宗再喜欢她，也只能是个妃子（是高官而不是皇后，皇后是不论品的，如同皇帝，可不能按品官看待），因为早在淳化四年（993），太宗就为当时还是韩王的赵恒明媒正娶了一位夫人，是大将军郭守文的千金（上面提到的那位韩王潘夫人去世后，太宗又为韩王娶了郭氏。《宋史·后妃传》：“真宗章怀潘皇后，大名人，忠武军节度美第八女。真宗在韩邸，太宗为聘之，封莒国夫人。端拱二年五月薨，年二十二。”）按照当时的制度，真宗即位后，郭氏当仁不让地成了皇后。这郭氏是个很守妇道的好女人，只是身体不大好，经常闹些小病小灾的，年纪比刘氏还要小好几岁。因为她出身于将帅之家，算个高干子女，当然自视甚高，更不会把刘氏放在眼里。到了这一步的刘氏岂能甘心继续忍辱负重？郭皇后越是看不起她，她就越不服气，久而久之，两人的矛盾越来越深。女人最容易犯的毛病就是过于看重自己的年龄和相貌，认为这是征服男人的最有力法宝，其实大错特错。

《宋史·后妃传》说刘氏“性警悟，晓书史”。啥意思呢？“性警悟”就是心眼儿活泛，“晓书史”就是识文断字。刘氏仗着自己识字这点儿优势，渐渐开始接触朝廷大事，甚至能给窝窝囊囊的真宗出点儿主意。看来啥时候有文化都比文盲吃香得多呀。《宋史·后妃传》说她只要过耳朵的朝廷大事，都能记个差不离儿。“真宗退朝，阅天下封奏，多至中夜，后皆预闻。”这种“夫妻店”的生活模式，一方面使她了解了很多别的后宫女人无法了解的朝廷内幕，另一方面也极大地锻炼了她的政治才干，以致到了真宗晚年，终于造成“帝久疾居宫中，事多决于后”的必然局面。

《后妃传》说郭皇后“景德四年（1007），以疾崩，年三十二”。郭皇后究竟得的什么病，史书上没明说，但极有可能是在后妃之争中被刘氏气死的。不管怎么样吧，反正景德四年，后宫的台柱子彻底倒了，按照礼制，必须再立一个新台柱子担任六宫之主，母仪天下。真宗想立的新皇后当然非刘氏莫属，然而此议一出，立刻遭到不少大臣的坚决反对，理由嘛，归根结底就是刘氏出身低微，来路不正（尤其是曾经被太宗责令出局，等于宣判了刘氏绝不可以成为赵家的女人），不配做大宋朝的皇后。此时刘氏自然是义愤填膺，却又无计可施，还得借助于宠爱她的真宗。好在真宗是个多情种子，不顾大臣们一片声儿的瞎嚷嚷，“卒立之”——终于圆了刘氏的皇后梦，时间是大中祥符五年（1012）的十二月丁亥。这一年刘氏四十四岁，离真宗驾崩的乾兴元年（1022）还有整整十年。

这里还要提一提刘氏将李宸妃所生的儿子据为已有那件事。一般人认为那时候刘氏已经是主宰后宫的皇后了，其实完全不是如此。刘氏自修仪晋升为德妃，已经是大中祥符五年的事了。《宋史·真宗纪》明确记载：“（大中祥符五年五月）戊寅，修仪刘氏进封德妃。”这句话说明两个问题，第一，刘氏强夺太子的时候还仅仅是二品修仪，远不是什么皇后娘娘，所以元杂剧和历史演义称之为“皇后”，为时过早了点儿；第二，刘氏加速度往高层爬，集中在真宗封泰山、祠后土之后，这时候的真宗已经比较衰老，也比较糊涂了，而刘氏却正处在精力旺盛的中年。或许有人要问：刘氏当时并不是皇后，她哪有那么大权力把李宸妃的儿子据为己有？皇后干什么吃的，就不能去管一管？当时的实际情况是，自从郭皇后薨逝直到大中祥符五年这五六年时间里，后宫根本就没有皇后，原因很简单：真宗想立刘氏为后，大臣们反对，而真宗又不愿意册立别的女人为后，事情就搁浅了；过段时间真宗再提，大臣们再反对，事情又搁浅了，就这样一直拖到大中祥符五年，真宗才“卒立之”。这五六年里虽然没有名义上的皇后，但横霸后宫的实权人物就是刘氏，换言之，此时的刘氏已经是个尚无名分的“准皇后”，而且前景明朗，谁敢不怕她？

不久真宗辞世，十三岁的皇太子赵祯继承了帝位，这便是宋仁宗。试想，在这样的局面之下，刘氏能甘心退居二线，老老实实当她的太后去吗？凭着卓越的政治才干和娴熟的政治手腕，她顺利地取得了垂帘听政的最高领导权，成为实际上的国家主宰。其实早在真宗还没去世之前，她就将反对派宰相寇准一脚踢到了广南，表现出胜过真宗数倍的运筹和掌控能力。

事情的经过是这样的：天禧三年（1019），真宗中风，刘氏（这时候可真应该称呼人家为刘皇后了）如鱼得水，几乎把揽了所有朝政。时任宰相的寇准一直不待见这个女人，看在眼里，急在心里，偷偷给真宗上了一道奏疏说：皇太子聪明仁义，希望陛下以国家社稷为重，赶快把帝位传给太子，再选择德高望重的大臣辅佐，才是万全之策。目前担任太子老师的王钦若和钱惟演都是邪佞之徒，绝对不能再用了。真宗很快答应下来，并命翰林学士杨亿草写诏书。谁知此时朝廷内外都已布满了刘后的眼线，此事很快败露，寇准的处境顿时变得岌岌可危。一直追随寇准的宦官头目周怀政担心寇准倒霉牵连到自己，索性发狠找到禁军头目杨崇勋，请他帮忙发动政变，杀死王钦若等刘后倚重的奸相，仍拥戴寇准为宰相。杨崇勋当场答应下来，谁知权衡之后觉得这事儿太玄乎，半道儿变了卦，把这个计划出卖给了刘后的另一个亲信——宰相丁谓。丁谓半夜三更穿着女人的衣裳跑到枢密使曹利用府上报急，结果天还没亮，曹利用带兵包围后宫，把企图逃走的周怀政杀死，寇准则以谋反大罪被贬到道州

（今湖南道县）。真宗死后，寇准被追贬到雷州（今广东雷州），彻底“歇菜”，一直到死。

按说这一次是丁谓和曹利用救了刘后（此时又该称之为刘太后了），理应成为她的死党吧？其实不然。这两个人后来又都死在了刘太后手里，这也是刘太后自认为干得最漂亮的两件大事。

丁谓是苏州人，心眼儿足够多，也很通达机变，像寇准那样的愣头青，十个八个捆在一起也斗不过他。在酒席宴上当着众人的面儿为寇准擦胡须上的羹汤这样的下三烂事儿，丁谓都能干得出来。这家伙玩人很上瘾，寇准遭贬之后，他着实把朝内朝外的“寇党”玩了个不亦乐乎，过足了整人的瘾。刘太后垂帘后，丁谓还想将她也玩于股掌之中，您说这不是利令智昏吗？刘太后早就看出丁谓一直没拿自己当真佛，决定把他也除掉。当时丁谓信任的宦官雷允恭负责修建真宗陵墓，因为选址上出了问题，遇到水穴（按照堪舆之说，墓地的下面不能潮湿甚至有暗流），犯了风水大忌，重新修建又必然耽误工期。刘太后抓住这个机会，不但把雷允恭判了死罪，灭了活口儿（雷允恭在刘后垂帘与否的争夺战中给她卖了不少的命，是刘后阴谋独掌大权的详细知情人），还把罪责强加到丁谓身上：你这个宰相是怎么当的？修建皇陵用人不当就该问你的罪。出了问题你还敢拖延不报，该当何罪？丁谓万万没想到这女人会如此阴险毒辣而又如此铁腕儿，脑筋还没转过弯儿来呢，“圣旨”已经下达：留你丁谓一条小命儿，滚到崖州（今海南三亚西）当司户参军去吧！丁谓离开汴京之日，真宗驾崩才五个月。丁谓这个人的确不怎么样，甚至可以说是恶贯满盈，但因为修皇陵出了点儿小问题就获如此重罪，确实有点儿冤。

说完丁谓，再说说曹利用。此人在澶渊之盟中立过大功，其后又剿灭西南宜州蛮夷叛乱，所以一路做到枢密使（宋朝最高军事长官）。他性情耿直，疾恶如仇，而且敢作敢为。当然，这样的人难免有些傲气。刘太后执政后，大量起用她的亲党，比如当年收留她的那个侍卫长张耆、她哥哥刘美等；又宠着不少内廷宦官。曹利用对此越来越看不过去，甚至在朝堂上就公然点名，批评刘太后任人唯亲、纵容宦官交结大臣损害朝政。刘太后心里能舒坦吗？不过曹利用是手握兵权的人，她一时还不敢轻举妄动，甚至主动给他面子。《宋史·曹利用传》载，有个叫罗崇勋的黄门犯了点事儿，刘太后命人交给曹利用处置。曹利用最恨的就是黄门宦竖，当着仆从的面儿把罗崇勋的头巾扯下来扔到地上，没鼻子没脸把他骂了个狗血喷头，罗崇勋算是把曹利用恨透了。没多久，曹利用的侄子曹汭在赵州（今河北赵县）兵马监押任上也犯了法，罗崇勋主动请求前往按察，结果因曹汭醉酒之后身披黄袍，让属下戏呼“万岁”属大逆之罪，判杖死。因为此事牵连到曹利用，符合“连坐”的法律条文，故而曹利用即刻被贬为随州（今湖北随州）知州，紧接着再贬房州（今湖北房县）安置，由宦官杨怀敏护送。宦官们大都痛恨曹利用，所以“行至襄阳驿，怀敏不肯前，以语逼之。利用素刚，遂投缳而绝”。刚走到湖北襄阳，杨怀敏就逼着曹利用自尽了！可怜这位为国家立过无数战功的枢密使，就这样死在宦官们手里。为了掩盖曹利用的真正死因，刘太后对外声称他是“暴卒”，也就是得急病死在路上。《宋史》称曹利用之死，“天下冤之”。

清除了这两位重量级人物，朝廷很快安定下来，刘太后也因此确立了在朝廷中的绝对权威。此时的她，已是位五十大几的老太太了。直到她明道二年（1033）过世，大权一直握得极其牢固。按照常理，她完全可以随心所欲地了却自己所有的心愿，然而有两件事，她的做法却大大超出了“常理”，也就是上面所说留给后世的那些“耐人寻味的疑团”。

先说第一件事。刘氏将李宸妃所生的儿子据为己有之后，不但没有马上将宸妃从肉体上消灭，反而做出了一个惊人的决定：“使刘美、张怀德为访其亲属，得其弟用和。”当时李宸妃的弟弟，也是她唯一在世的亲人李用和就住在汴京，境况十分凄惨，靠凿冥钱勉强糊口（冥钱就是为死人烧的纸钱）。费了九牛二虎之力把李用和找到之后，刘氏马上给了他一个“三班奉职”。官儿虽然不大，总比凿冥钱的日子体面多了！《宋史·外戚传》说，刘氏此后还不断地给李用和加官：累迁右侍禁、阁门祇候、权提点在京仓草场、考城县兵马都监。一个凿冥钱出身的年轻人，摇身一变当上了京畿大县的武装部长（考城县在今河南民权，当时属于汴京十六县之一，其地位相当于今北京的大兴、房山之类，比其他的县都高一级），简直像在做梦，因为此时的李用和还不清楚刘氏究竟为什么要发这么大的慈悲，给他这么丰厚的待遇呢！刘氏如此安排，的确和传统所谓"斩草除根"的理念大相径庭，单靠一句"女人心海底针"是无法解释通的，要知道刘氏绝不是个凡俗庸下[①]的女人啊！细细品味，大概只能用"人性博弈"才能解释得通。首先，刘氏自己没有生育能力，但她内在的母性却没有完全泯灭，她热切地渴望能有一个属于自己的孩子，这正是她见到李宸妃这个比自己出身更微贱的女人拥有了亲生儿子之后，产生强烈嫉妒的根本原因，也是她不惜采用"非人性"手段，将别人的孩子抢夺到自己怀里的动机所在。当她靠强权满足了"做母亲"的愿望之后，如果继续以"非人性"的思维模式处理"遗留问题"，她应该果断地把李宸妃除掉，甚至将李宸妃所有的亲属都除掉，这样做完全顺理成章。然而事实却是，她不但对李宸妃之子呵护有加，胜如己出，还把李宸妃的弟弟救出苦海，授予官职。所有这一切，都说明刘氏作为一个女人的本能和良知并没有沦丧殆尽，很可能她是想用更加人性的手段来弥补第一次迫不得已的"非人性"劫夺吧。就她自身而言，更多表现出的是一种赎罪感，她需要求得内心中人性与非人性的平衡，这也正是宋朝讲求人性、讲求理性的一个实例。比起"搜孤救孤"一杀几百口儿的野蛮时代，可以说是个极大的进步。

第二件事也很能反映刘氏内心博弈的激烈程度。她坐稳天下后，随之而来的局面是：她已经完全有能力像武则天一样当个无人撼动的女皇帝了。《宋

① 凡俗庸下：低俗的意思。

史・后妃传》说：有个叫方仲弓的无名小臣上了一道奏疏，恳请刘氏按照武则天曾经施行过的故事，建立刘氏的宗庙。还有个叫程琳的大臣，居然给她献了一幅《武后临朝图》！不难想象，当时不少大臣都想到了刘氏极有可能废掉宋朝，自立刘氏的新朝，才极尽谄谀地“劝进”。小臣方仲弓敢上“立刘氏庙”这样的奏章，显然后面一定有大人物的支持。程琳又是个什么样的人呢？《宋史・程琳传》载，此人是个山东汉子，在刘太后垂帘听政期间官儿升得很快，算是刘氏倚重的大红人吧。面对“武后临朝”这样的巨大诱惑，刘太后采取了什么态度呢？《后妃传》称她看到程琳的劝进图之后，将它往地上一摔，愤怒地嚷道：“吾不作此负祖宗事！”史书的记载往往过于简略，而且要“为尊者讳”，我们大可不必全信。按照常理，大臣们如果没把刘太后的心思揣摩透，是绝对不敢轻易提出这种所谓“建议”的。退一步说，如果刘太后压根儿就没动过当女皇帝的念头儿，完全可以当即就把程琳处死，因为程琳犯的是十恶不赦的谋逆大罪，杀他一百回也不为过。而刘太后仅仅“掷其书于地”，这么轻描淡写就拉倒了？很显然，程琳完全是摸准了刘太后的脉搏才上的表，只不过事到临头，这位权力欲极强的刘老太后考虑再三，还是没敢冒天下之大不韪，才煞有介事地做出这么个姿态了事。

可以想象，她当时的头脑里，人性与理性的博弈是何等激烈：她已经把别人的儿子据为己有了，还要把别人的江山社稷也据为己有吗？她有权力也有能力做出这种非人性、非理性的选择，然而最终她却在皇帝宝座唾手可得之际选择了放弃，没有别的解释，只能归结于她所处的宋朝，那毕竟是个讲人性、讲理性的朝代，她的野心和欲望在强有力的道德、伦理和仁义面前，再一次被抑制了。

兖国公主的婚姻凭啥那么惨

“公主”这个称谓，欧阳修《集古录跋尾》卷八《唐昭懿公主碑》中说，古代礼书上有古训：天子不能自主女儿的婚事，必须由三公主之，所以叫“公主”。宋朝人高承的《事物纪原》里也有类似的记载。但说归说，做归做，皇家的闺女要嫁谁，三公说了未必算数。公主自己想自由恋爱更不可能，最终还是得皇上说了算。兖国公主的婚姻就是一个明证。

兖国公主是仁宗的长女，生于景祐四年（1037）。她母亲是苗贵妃。苗妃的母亲许氏曾经给仁宗当过乳母，后来仁宗长大，许氏离开了后宫，嫁给了一个叫苗继宗的人。仁宗即位之后，因思念乳母，找到了许氏下落，于是将她的女儿收进宫中，算是对许氏的报答（仁宗之所以庙号为“仁”，就是因为这位皇帝生性仁厚，总惦记着知恩图报）。《后妃传》说苗氏“以容德入侍，生唐王昕、福康公主。封仁寿郡君，拜才人、昭容、德妃”（容德不是妃子的名号，只是强调女子有容貌有品德。白居易《续古诗》之五：“窈窕双鬟女，容德俱如玉。”仁宗一共有过三个儿子——赵昉、赵昕、赵曦，可惜都短命夭折了）。这里提到的“福康公主”，就是本文题目中的那位兖国公主，“福康”是她幼年时所受的封号。嘉祐二年（1057年，这一年福康二十一岁），因为福康公主要出嫁，才晋封为兖国公主。大概是因为苗氏出身微贱，在后宫里从不张扬，处事平和，心境也比较恬淡，活了六十九岁。

仁宗共生过十三位公主，其中九位夭折，兖国公主一直被他视为掌上明珠，是不言而喻的，这样的宝贝蛋儿，为什么还会有悲剧发生呢？要说清这段辛酸，还要从仁宗的母亲谈起。

仁宗的亲生母亲是李宸妃，仁宗生下没几天，就被刘后强行霸占。直到刘后去世，仁宗一直把她当成生母，百般孝顺。刘后去世后，宗室赵元俨把仁宗生母是李宸妃的真相抖了出来，仁宗这才如梦方醒，可这时李宸妃已经死去好几年了。仁宗为宸妃尽了孝道，封了皇后，并为亲娘舅李用和再次加官晋爵（李用和是李宸妃唯一的弟弟）。《宋史·后妃传》说："（仁宗）拜用和为彰信军节度使、检校侍中，宠赉甚渥。既而追念不已，顾无以厚其家，乃以福康公主下嫁用和之子玮。"意思是说仁宗感到实在无法表达对母后一家的洪恩大德，做出了一个出人意料的决定：把刚刚成人的长女福康公主嫁给舅舅李用和的儿子李玮，以续赵、李两家永久之好。就是这个看似非常之"仁"的决定，断送了一个青春女子美好的一生！时间定格在嘉祐二年（1057）的六月丙寅（《长编》卷一八六：丙寅，进封福康公主为兖国公主，仍令所司择日备礼册命。戊辰，淑妃苗氏为贤妃，兖国公主之母也。公主将出降，故有是命）。

不可否认，仁宗的出发点是很好的，用心也堪称良苦，因为李用和是生母李宸妃唯一在世的亲人，仁宗恨不得与李家世世为亲，才想出用联姻的方式来确立两家关系的主意。但他忽略了两个重要的问题。第一，这门亲事的血缘关系太近了：兖国公主究竟该称李玮的父母为舅爷舅奶呢，还是该称公公婆婆呢？岂不是乱了套？第二，仁宗根本没问自己的女儿喜不喜欢李玮，就强行包办下来。如果李玮是个英俊小生，也就差强人意凑合了，慢慢培养感情嘛；可惜那李玮实在让公主爱不起来。《宋史·公主传》说："玮朴陋，与主积不相能。"史书往往说得简略而隐晦，透过纸背，我们不难体味到，李玮不但长相丑陋，脾气性格、为人处世也不怎么样，用句古话说是“锥朴”，用现在的话说，就是头不通人情世故更不懂得呵护妻子的倔驴。

宋朝是个男女相对平等的时代（所谓“三从四德”之类，都是南宋以后的事儿），莫说是皇家女儿，就是寻常人家女子，也不是男人想怎么欺负就怎么欺负的。比如李清照嫁的第二任丈夫张汝舟，因为对李清照拳脚相加，被李清照一张状子告到朝廷，结果张汝舟不但要给李清照赔礼道歉，还因此丢了乌纱帽。千万不要误以为封建社会里女人都是受气包儿——那是谣传。

所谓“积不相能”，就是说公主和李玮越处越别扭，越过矛盾越深。史书里不可能记载多少儿女怄气的琐事，但作为当事人兖国公主来说，一天十二个时辰和这么个家伙厮守在一起，那滋味儿有多苦，她自己心里最清楚。

其实李用和一共有三个儿子呢，长子李璋，那是相当的仁义。《宋史·外戚传》说他“积官为天平军节度观察留后、知澶州。护塞商胡，会河涨，讹言水且至，璋据厅事自若，人心乃安，河亦不溢。徙曹州观察使，累迁武胜军节度使、殿前都指挥使。仁宗书‘忠孝李璋’字并秘书赐之。宴近臣群玉殿，酒半，命大盏二，饮韩琦及璋，如有所属”。试想，如果不是极为欣赏的臣下，仁宗犯得上御笔题写“忠孝李璋”吗？如果不是极为信任的臣子，能在自己晚年时对他嘱托后事吗？要知道韩琦可是当朝的堂堂宰相啊，能与韩琦同等看待，足以说明李璋在仁宗心里的地位之高。仁宗为什么不把兖国公主许配给李璋呢？最合理的解释是：李璋已经有了妻室。

李用和的三子李珣也相当出色。《外戚传》说他曾出使契丹，“契丹遗以金器，使还，悉上之。更赐黄金及‘李珣忠孝’字”。

这个糊涂的仁宗，怎么就偏偏选中了生瓜蛋子李玮当女婿呢？

李玮是这么个东西，他母亲杨氏（也就是李用和的老婆、兖国公主的婆婆）又如何呢？《宋史·外戚传》只用了简简单单七个字：“所生母又忤主意”。从字面上说，是李玮的母亲违了公主的心意，说白了就是没伺候好公主。其实宋朝的公主大多都受过良好的教育，兖国公主虽然脾气刚烈些，也绝不像《打金枝》里的升平公主那样横行霸道蛮不讲理。《宋史·公主传》说兖国公主从小就很孝顺。“帝（仁宗）尝不豫，主侍左右，徒跣吁天，乞以身代。”（指的是嘉祐元年年初仁宗突发脑卒中不省人事那件事）这么好的姑娘，为什么会和李玮母子闹得天翻地覆呢？俗话说“一个巴掌拍不响”，很有道理。仁宗逆着女儿的心愿把她嫁给一个自己不喜欢的差劲儿男人，对于公主来说，已经是十二分委屈了，到了李家，还得不到应有的尊重（此时李用和已经去世，否则可能还会平静一些），她心里能不憋屈吗？如果李玮能多给她一些温存安慰，公主很可能就此认命了，怎奈李玮根本不懂得公主内心的委屈，倒像逮住理似的：你家皇帝老子愿意把你嫁给我，又不是我李玮求你的，活该！李玮的母亲更是不懂事，可以想象，所谓“忤主意”，十有八九是在小两口儿发生矛盾时，她一味袒护自己的儿子，数落公主仗势欺人。

李焘《长编》里记载着这么一件事，说公主由于三年以来心情一直不好，与在李府伺候的宦官梁怀吉一块儿饮酒（此事发生在嘉祐五年，兖国公主下嫁已经三年有余），“杨氏窥之，公主怒，殴杨氏”。用现在的话说，就是李玮的母亲扒人家门缝儿，窥探儿媳妇的隐私，还给她儿子李玮打了“小报告”。其实这也算不得什么丢人事儿：是个宦官，又不是小白脸儿，咋了？这下子公主再也无法忍受，把这个“素质极低”的婆婆胖揍一顿，而后愤然离开李府，回娘家后宫去了！《宋史·公主传》说：“主中夜扣皇城门入诉。”试想，如果公主不是气昏了头，能深更半夜独自一人跑回宫去告御状吗？此时的仁宗皇帝大概也明白自己办了件糊涂事儿，所以兖国公主入宫之后，他没说二话，更没有把女儿遣送回婆家，而是对李家憋了一肚子的气。第二天李玮赶紧上书自称有罪，仁宗本打算把这个混账女婿降官三级，打发到外地受罪去，可又于心不忍，赶紧下旨补救：降官的处分就免了，罚三十斤铜得了！

谁承想皇上不问大臣问，此事传开之后，朝廷上下没有一个大臣对公主的境遇表示同情，反而一片声儿地指责公主不遵妇道，任意胡为，给皇帝丢了脸。先是右正言王陶愤然上书，论宫门夜开，请求严惩给公主开门的护卫军卒，其实也是指桑骂槐；紧接着谏院、御史台大小官员一齐上阵，怒斥公主不该做出这等不忠不孝的事来（右正言王陶、知谏院唐介、殿中侍御史吕诲等纷纷上书，仁宗都不予理会。见《长编》卷一九二）。北宋的谏官胆子一般都很大，他们提出的谏议若是得不到答复或解决，那就没完没了，不停地上书。这些人见仁宗袒护女儿，又上书指责兖国公主用人不当，请求仁宗对侍奉公主的宦官们严加处置，把仁宗搞得头都大了一圈儿，又不敢得罪谏臣，只得妥协让步。《长编》载："（九月）庚申，兖国公主宅都监、入内供奉官梁全一以下九人，并远小处监当，入位祗候梁怀吉配西京洒扫班。……时台谏官皆言主第内臣数多，且有不自谨者。上不欲深究其罪，但贬逐之。"老冬烘司马光嚷嚷得最厉害，他给仁宗写的一封奏疏说："臣闻父之爱子，教以义方，弗纳于邪。公主生于深宫，年齿幼稚，不更傅姆之严，未知失得之理。臣谓陛下宜导之以德，约之以礼，择淑慎长年之人，使侍左右，朝夕教谕，纳诸善道。其有恃恩任意非法邀求，当少加裁抑，不可尽从。"意思是说兖国公主不懂事儿，全是让仁宗给娇惯坏了的，应该对她好好进行批评教育，不能就这么不明不白把她收留在后宫，助长她的嚣张气焰。迫于众多大臣、御史的压力，仁宗命女儿独居后宫进行"深刻反省"。兖国公主本来已经十二分委屈，又遭到大臣们没鼻子没脸一通儿数落，气得"欲自尽，或纵火欲焚第"。

仁宗心疼宝贝女儿，又不敢得罪大臣，万般无奈之下，只得好言好语劝女儿回到了婆家。不过"后数年，终不协，主还宫"（《宋史·外戚传》）。意思是说她和李玮又凑合了几年，依旧是冰炭不相容，公主不得不再次回到后宫，求个清净。这一次仁宗来了个各打五十大板：李玮降为卫州知州，公主降封为岐国公主。在公主看来，宁可守一辈子活寡，也比在李家过得舒坦。话是这么说，公主心里能不压抑、不痛苦吗？在这种遥遥无期的煎熬中，兖国公主度过了最后几年不见人的日子便郁郁而终，年仅三十三岁。

好在仁宗去世之后，英宗对她还算很理解，“英宗立，进越国长公主”。英宗短命而死，神宗刚即位的治平四年（1067），便再次“进楚国大长公主”。可惜已经太晚了。公主去世之后，大臣们认为公主的死，李玮负有不可推卸的直接责任，于是神宗皇帝“以奉主无状，贬郴州团练使、陈州安置”。也就是说，李玮这小子被赶到陈州（今河南周口）劳动改造了不少年。公主泉下有知，或许心里会舒坦几分吧。

在兖国公主的婚姻生活中，不敢说她自身没有过错，然而父亲的包办，使她的婚姻如同忍受炼狱的折磨，却是不争的事实。我们能从中悟出什么道理呢？都说“皇帝的女儿不愁嫁”，那要看怎么说了，皇帝的女儿嫁得不好，连离婚手续都没人给办理，连分居都要受到谴责。从这点上看，生在皇家，还不如当个农家女子省心自在，至少不可能有大臣出来指责教训她。

苏轼喜欢过的女人

苏轼对女人的态度，可以用“好色而不淫”五个字概括——他喜欢女人，但不以淫乐为主，更多的是体会欣赏女子的才艺和聪慧。苏轼与女人之间发生过很多动人的故事和闪着智慧之光的趣事。这些女人，不仅包括他的妻妾，还有不少知名或不知名的妓女。

苏轼先后娶过两位夫人，第一位叫王弗，是眉州青神（今四川青神）乡贡进士王方的侄女（乡贡进士不等于进士，只是在乡试中中举，有资格参加国家级会试的贡士，如果会试落榜，还是白衣一个。唐、宋人称此类人为“进士”，仅仅是出于礼貌，让人家听着心里舒坦，精神满足而已），是个非常聪慧的女子。苏轼步入“婚姻殿堂”是在他十九周岁时的至和元年（1054），这一年王弗十六岁。按苏轼自己的说法，他原本想过隐居山林的生活，既不想娶妻也不想做官，只是迫于家庭压力，才不得已结婚考进士。从苏轼一生的表现看，这话应该是发自肺腑的，这就是人们常说的“阴差阳错”吧。

王弗进了苏家门儿后，表现得相当不错，伺候公婆无微不至，这让苏轼很感动，觉得娶妻未必是件不愉快的事儿。更让苏轼惊奇的是，此女从来没说过她能读书识字，只是在苏轼读书时喜欢陪在他身边，当个“陪读”而已。而当苏轼偶尔有所遗忘时，王弗竟然能为他提醒，甚至能把一段一段的文字背诵下来。苏轼起初是惊讶，后来问她一些其他的书，她都能知道个大概，这可让苏轼不得不刮目相看，甚至对她产生了敬意。不久王弗为苏轼生下长子苏迈，小日子是越过越有味儿了。

三年之后的嘉祐二年（1057），苏轼参加欧阳修主持的礼部会试，高中榜眼，又中了殿试乙科。还没来得及授官，偏赶上奶奶程老夫人过世。按当时的礼法规矩，直系长辈去世，子孙是要守丧三年的，于是苏轼急急忙忙赶回家乡尽孝，直到嘉祐四年（1059）年底，才和父亲苏洵、弟弟苏辙重新回到汴京。这次回京带没带王弗，文献中缺乏记载，不过从苏轼为王弗写的墓志铭分析，王弗应该是跟到汴京来的。第二年苏轼被授予福昌县主簿，心里不服（北宋进士前几名一般很快可以授予官职，苏轼因为守丧错过了机会，再回京城后，只授了个县主簿，当然于心不甘），于是参加了嘉祐六年的制科考试，又高中了第三等。这一回给了他一个签书凤翔府判官的官儿（凤翔府在今陕西凤翔，宋朝时算个大郡）。《亡妻王氏墓志铭》中说，这次他是带着夫人赴任的（所以我认为嘉祐四年苏轼父子从蜀中回到汴京，王弗是跟着来的）。

苏轼是个有口无心的人，性格极端外向，这种人在官场上混，往往要吃大亏。王弗意识到了这一点，所以对丈夫的言行非常留心。据苏轼自己说，那段日子里，王弗无时无刻不在为他操心：他出差回来，王弗一定要细细过问，并告诉他哪件事处理得当，哪件事处置不妥，今后务必多加注意。在凤翔接待客人时，王弗经常躲在帘后边听，客人走后，她能做出自己的判断：某人光拣你爱听的说，这种人绝对不靠谱儿，以后少搭理他；某人对你恭维得太过，一旦你没了利用价值，他会毫不犹豫地离开你，甚至落井下石。更奇的是，日后的结局往往都与王弗的判断相吻合。

可惜好人不长命，英宗治平二年（1065），苏轼刚从凤翔任满回到汴京，五月二十八日，王弗便因病去世了。苏轼非常悲痛，把她权殡在城外（因当时苏轼又急着参加秘阁考试，事儿都赶在一块儿了），打算稍闲时将其遗体运回老家安葬。刚好第二年他父亲苏洵病故，苏轼便将两件丧事一道处置了。

与王弗的恩爱，在苏轼心里留下了不可磨灭的印象，直到熙宁八年（1075）他升任密州知州时，还做了一个真真切切的梦，梦见又和王弗在一起，只是这次“相聚”的情景十分凄凉，于是提笔写下了一首悼亡词《江城子·乙卯正月十二日夜记梦》：“十年生死两茫茫，不思量，自难忘。千里孤坟，无处话凄凉。纵使相逢应不识，尘满面，鬓如霜。夜来幽梦忽还乡，小轩窗，正梳妆。相顾无言，惟有泪千行。料得年年断肠处，明月夜，短松冈。”这一年王弗死去整整十年。苏轼站在王弗的角度说：明月之下、孤坟之中，你一定是在为我们阴阳相隔而凄苦断肠！这其实也正是苏轼本人的内心感受——他又何尝不是日日夜夜思念着远在家乡土地上埋葬的故妻！

苏轼的第二任夫人叫王闰之。他写的《祭王君锡丈人》说：“某始婚姻，公之犹子。允有令德，夭阏莫遂。惟公幼女，嗣执罍篚。”翻译一下，意思就是“苏某初娶的是您的侄女（古代称哥哥或弟弟的儿子为犹子。很多书上都说王弗是王君锡的亲闺女，与王闰之是姐妹，错了），可惜上天不假年命，年纪轻轻便离开了人世。而您的幼女闰之，又成了苏某的夫人”。宋人王宗稷编写的《东坡先生年谱》据此断定，王弗是王闰之的叔伯姐姐，而不是亲姐姐。王宗稷这样说：元祐八年（1093），“先生继室同安郡君王氏（王闰之）卒于京师。……先生初娶通义郡君王氏（王弗），乃同安之堂姊也。……但未能究先生再娶之岁月耳”。

王闰之生于庆历八年（1048），王弗生于宝元二年（1039），堂姐妹二人相差九岁。有人说早在苏轼娶王弗时，王闰之就羡慕不已，为自己没能嫁给才华横溢的堂姐夫而深感遗憾，这完全不符合事实——王弗十六岁出嫁，那时王闰之才七岁，还是个不懂事的小丫头，哪儿来的遗憾？也太早熟了点吧？

苏轼继娶王闰之在哪一年，没有现成的书证。按照情理推断，应该是苏轼在治平三年（1066）回乡葬父期间议定的这门亲事。这一年王闰之十八岁，正是最佳年华。但古代礼法规定，守丧期间是不能婚娶的。父母之丧必须守足二十七个月，算是三年之丧。苏洵死于治平三年四月，所以苏轼与王闰之结婚最早应该在神宗熙宁元年（1068）七月之后。《年谱》称苏轼熙宁元年免丧，十月的时候写了一篇《四菩萨阁记》，还在蜀中没动身呢。直到熙宁二年（1069）才回到京城，任职主管官诰院。

现在可以断定，苏轼守父丧期满后，很快和王闰之完婚，随后一道回到汴京，则二人结婚必在熙宁元年之末。关于这一点，还可以找到相对确凿的证据：《宋史·苏轼传》说："轼知杭州，过年十九，以诗赋解两浙路，礼部试下。"意思是苏轼任杭州知州的时候，他和王闰之所生的儿子苏过十九岁，顺利通过了两浙路乡举，继而到汴京参加礼部会试。苏轼知杭州是元祐四年（1089）七月三日到任的（《咸淳临安志》所载），而《汴京遗迹志》载，元祐期间朝廷会试只举行过两次，一次在元祐三年，另一次在元祐六年。宋朝的乡试在会试的前一年举行。按照这个时间表，苏过参加的肯定是元祐五年两浙路乡举，当年前往汴京（因为会试定在当年的二月，必须提前几个月到京做相应的准备）——这一年苏过十九岁。按照旧俗，他的实足年龄是十八周岁。倒推十八年，苏过生于熙宁五年（1072）。苏过还有个哥哥叫苏迨，生于哪一年史籍中没有确切记载，但既然长于苏过，至少比苏过早生一年多。也就是说，苏轼和新婚之妇到达汴京后不久的熙宁二年，王闰之便有了身孕，这个时间应该是不会有太大出入的。

熙宁二年是苏轼仕途的真正开始，此后他相继担任过开封府推官，杭州通判，密州、徐州、湖州知州，刚到湖州没几天，就被奸人陷害，蹲了大狱（乌台诗案）。这时的王闰之受到了极大的惊吓，没有跟随苏轼赴汴京狱。几个月后，苏轼被贬为黄州团练副使，只带着长子苏迈来到黄州（今湖北黄冈）。过了一段时间，王闰之才由苏轼的弟弟苏辙护送到黄州。

这位少夫人和她堂姐一样的聪慧，只是因为苏轼因诗下狱，一怒之下，把苏轼在密、徐、湖州写的不少诗文付之一炬，甘愿和丈夫过农耕生活。《苏长公外纪》说苏轼在东坡养了一头耕牛，没想到得了牛水痘，眼看将死，王闰之献计说："先生赶快熬一锅青蒿汤，兴许能救活。"苏轼如法炮制，给牛喝了，那牛果然痊愈（古人都晓得青蒿能解毒，可治疟疾水痘，从这件小事上也能得到印证）。此后不但小日子过得有声有色，苏轼对王闰之的聪明也另眼相看。

元丰八年（1085），神宗驾崩，司马光执政，苏轼遇赦，被授予登州（今山东蓬莱）知州，上任才七天，被召回朝，踏入了他一生当中最辉煌的仕途：初授中书舍人，接着升任翰林学士，其间为了避祸，外任杭州、颍州（今安徽阜阳）、扬州知州，又回到朝廷担任礼部尚书。就在这一年，跟随了苏轼二十多年的王闰之因病医治无效，死于汴京。苏轼在《书金光明经后》中回忆说："轼之幼子过，其母同安郡君王氏讳闰之，字季章，享年四十有六。以元祐八年八月一日卒于京师，殡于城西惠济院。"

王闰之死得正是时候：就在她刚刚闭上眼的九月份，苏轼便被赶出京城到了河北的定州，没多久被贬到岭南惠州安置，继又贬到海南岛，直到六十五岁才遇赦北归，次年病死在常州。如果王闰之不死，也只能跟着这个倒霉催的丈夫流落岭南，待在"殆非人居"的地方活受罪。这两位蜀中丽人，王弗可谓是红袖添香的新妇，王闰之可谓是祸福与共的夫人，她们都亲身体会到了中国历史上绝无仅有的大才子风范，从这一点来说，他们姐妹真是很幸运。

很巧的是，苏轼身边还曾有一位丽人也姓王，叫王朝云，是苏轼当杭州通判时收入室中的。那年朝云才十二岁，是杭州的一名歌妓。苏轼后来为朝云写的墓志铭说："东坡先生侍妾曰朝云，字子霞，姓王氏，钱塘人。敏而好义，事先生二十有三年，忠敬若一。"看来"敏"和"义"可以概括朝云的品行。那时候士子身边虽有夫人，也可以名正言顺地纳妾，甚至可以光明正大地与妓女往来，绝对用不着偷鸡摸狗，也用不着战战兢兢地在外头养小三儿包二奶。朝云的"敏"无疑主要表现在艺术方面，时不时为苏轼浅斟低唱、珠落玉盘，是她分内的职事。朝云跟着苏轼也没少担惊受怕，发配黄州、流放惠州，她一直跟在苏轼身边。

绍圣三年（1096）七月的一天，贬在惠州百无聊赖的苏轼想听朝云唱歌，于是给她出了个题目，命她把自己写的那首《蝶恋花·花褪残红青杏小》唱一遍。朝云似有所感，不觉流泪说："妾平生最不忍唱者，'枝上柳绵吹又少。天涯何处无芳草'二句也。"苏轼不免伤感道："我方伤春，你又悲秋！"没想到几天之后，朝云竟真的死在了惠州，年仅三十四岁。

苏轼一生接触过的女人绝不止这三位。叶廷琯《鸥波余话》说："王文诰撰《苏集编注》云：其友人衡山王泉之作令江西，尝至都昌，见《都昌县志》载，坡公南迁时，遣妾碧桃于县，因为此诗。"（转引自《宋人轶事汇编》）意思很清楚：苏轼被贬惠州居住时，为了让侍妾碧桃少受罪，走到都昌，把她留在那里自谋生路去了。为此他还颇为伤感地写了一首诗："鄱阳湖上都昌县，灯火楼台一万家。水隔南山人不见，东风吹老碧桃花。"陈鹄的《耆旧续闻》又说：辰州知州陆子逸曾对他说，苏轼《贺新郎》词总提到"榴花"，人们都不知道是什么意思。他曾在晁说之家见过东坡的手迹。晁说之告诉他："东坡有妾名朝云、榴花，朝云死于岭外，惟榴花独存，故词多及之。观'浮花浪蕊都尽，伴君幽独'，可见其意矣。"意思是说朝云死后，苏轼身边还有个名叫榴花的侍妾相伴。

宋人方勺《泊宅编》里记载：杭州妓女琴操善言辞，苏轼很喜欢她。一次在西湖上问琴操道："何谓湖中景？"琴操回答："落霞与孤鹜齐飞，秋水共长天一色。"苏轼接着问："何谓景中人？"琴操答道："裙拖六幅潇湘水，髻挽巫山一段云。"琴操对自己的对答非常得意，反问苏轼："如此究竟如何？"苏轼不假思索地答道："门前冷落车马稀，老大嫁作商人妇。"琴操大悟，即日削发为尼——到了"嫁作商人妇"的地步就惨了！

又如宋人张邦基《墨庄漫录》里说：徐州有营妓马盼者，甚为慧丽。东坡守徐州时，极喜之。马盼能学苏轼书法，得其仿佛。苏轼书《黄楼赋》未毕，马盼窃效其所书"山川开合"四字，苏轼见之大笑，"略为润色，不复易。今碑四字，盼书也"。

与妓女相交，玩的也是雅致。他对淫荡女人十分反感，在杭州当通判时，有个妓女要求从良。苏轼平日看不起她，于是判状称“九尾野狐，从良任便”，意思是你这个野狐狸精赶紧从良吧，别再害人了。另一位姓周的妓女也想从良，苏轼却判道：“慕《周南》之化，此意虽可嘉；空冀北之群，所请宜不允。”意思是说周氏愿意从良的愿望固然可嘉，但杭州营妓不能都从良啊，所以“表现好”的，暂时还不能离开。所谓“表现好”，就是只卖艺不卖身，有些情致的女子。

对于当时士子纵情声色，苏轼也是持反对态度的。他最好的朋友王巩因“乌台诗案”受到牵连，被贬到岭南宾州（今广西宾阳县）。苏轼在给王巩的信里奉劝他务必以养生为重，千万不可沉溺于女色：“粉白黛绿者，俱是火宅中狐狸、射干之流，愿深以道眼看破。”（《与王定国书》之三）——擦胭脂抹粉儿的妖娆女子，都是火宅中最害人的狐狸和射干（一种体形较小的狐狸），希望老兄看透女色的危害，远离这些剧毒之物，别让她们用软刀子把你杀死。

苏轼被贬到黄州后，得到知州徐君猷（大受）无微不至的关照，他非常感激。徐知州这个人哪儿都好，就有一个毛病：好色。家里养着孙、姜、阎、齐四个美妾。苏轼曾劝徐知州注意节欲，徐知州不听，结果苏轼还没离开黄州，徐知州就因纵欲死掉了。为此苏轼深感痛心，也总拿这个例子劝告朋友。

苏轼一共有过四个儿子，没有女儿。长子苏迈是王弗所生。次子苏迨、幼子苏过是继室王闰之所生。还有一个夭折的儿子名叫苏遁，是他贬到黄州时生的，其母正是侍妾朝云。《朝云墓志铭》说：“生子遁，未期而夭。”意思是小儿子苏遁生下不到一周岁就死掉了。王宗稷《东坡先生年谱》载，苏遁死于元丰八年（1085）七月十八日，其时正值苏轼遇赦北上途中到金陵（今江苏南京）。为此苏轼还作了一首小诗，称“吾年四十九，羁旅失幼子”。后来他之所以对朝云非常怀念，和朝云为他生过儿子有很大关系。

名妓李师师下落之谜

别瞧宋朝的宰相咱说不出几个，提起李师师这个名字，那可是无人不晓，足见帝王将相未必比风尘丽人更能吸引人们的眼球。人们大都知道李师师与徽宗、词人周邦彦之间发生的风流韵事，但在金兵南下、汴京城破、徽钦二帝被虏之后，这位家喻户晓的名妓终归何处呢？传说种种，究竟哪一种才更接近历史的真相？

李师师究竟是个什么样的人？南北宋之交的张端义所撰《李师师轶事》应该是比较接近史实的记载，可惜过于简略，只讲了徽宗与她相会时无意间碰上周邦彦一件事。还有一本叫《李师师外传》的书，写得比《轶事》详尽多了。综合这两本著作以及散见于宋朝古籍中的只言片语，我们可以对李师师的生平做一个大致的勾勒。

李师师的父亲名叫王寅，是汴京东二厢永庆坊染局的“匠”，按现在的职称说，应该属于工程师级别，因为古时候没技术干粗活儿的人叫“工”，有技术的才能称为“匠人”或者“工师”。据说，李师师的母亲刚把她生下来就去世了，王寅用豆浆代替母乳，愣是把孩子养活了。不过也有问题：这孩子生下来不会哭。王寅心里别扭，于是按照汴京习俗，把孩子抱到宝光寺里舍身入佛，图个吉祥。没想到老僧刚问了王寅一句“知道这是啥地方吗”，孩子竟然大号悲声，把个秃顶老头儿吓得够呛，不住手地抚摸孩子的头囟儿，老半天才算止住哭声。从此，女孩该哭就哭，该笑就笑，一切恢复正常。王寅琢磨：既然孩子这么有佛性，就在取名字上留个念想儿吧。佛门的头头儿俗称为“老师”，咱这妞儿就叫“师师”吧。

师师四岁的时候，王寅犯了大罪被判处死刑，开妓院的老鸨李妈妈听说后，主动把师师收养下来。因为老鸨子姓李，于是师师也就随了她的姓。光阴荏苒，师师慢慢出落成了一位绝色美女，吹拉弹唱，曼舞轻歌，汴京城里绝对没人能望其项背，逐渐在圈里火了起来，不久爆火。

再说那位徽宗皇帝，他生性风流，虽然后宫有那么多嫔妃，还非要沾沾名伶的香泽不可。有个叫张迪的宦官，没净身之前是个专在瓦舍里行走的小混混儿，所以跟镇安坊的李妈妈挺熟。这小子瞅准了徽宗的心思，怂恿徽宗说：“镇安坊有位李师师，堪称色艺双绝。”

这话勾得徽宗心里发痒，第二天便把张迪叫过来，钦点了“内府紫茸二匹（细毛之茸）、霞氎二端（西藏所产的红色丝织品，即今之红氆氇）、瑟瑟珠二颗（据说也是产自西藏的宝珠）、白金廿镒”（廿音念，二十也。一镒等于二十四小两，二十镒就是四百八十两，除以十六小两，等于三十斤），假称商贾到镇安坊通问。老鸨子从没见过这么厚的礼，立马笑得找不着北了：“没问题没问题，今儿个晚上就方便！”

到了黄昏，徽宗换上民服，带着四十多个同样换了服装的“内勤人员”来到镇安坊。李妈妈欢天喜地地把徽宗请进来，先上了点儿雪藕、苹婆（《中华大辞典》注解说，苹婆就是苹果，差得太远了。“苹婆”指的是凤眼果儿，其树名叫相思树，所以果实也叫相思果，是古梵语的音译。其果实味道和栗子、榛子差不太多，属于干果。而今天的大苹果，是20世纪初才从国外引进的，历史并不悠久，宋朝绝对没有这玩意儿）、大枣儿之类，聊了半天，就是不见李师师出来接客。老鸨子只好给徽宗赔罪：“儿性好洁，勿忤。”

好不容易把李师师请了出来，师师却根本不睬。她为啥恁牛呢？因为这女子最看不起的就是商人。徽宗见师师“淡妆不施脂粉，衣绢素，娇艳如出水芙蓉”，也没生气。李妈妈可吓傻了，赶紧赔罪：“儿性颇愎，勿怪勿怪。”啥叫“愎”？就是又刚又轴又自大，您如果晓得“刚愎自用”那个成语的含义，就知道李师师当时是个啥情态了。徽宗直勾勾瞅着李师师，见她“幽姿逸韵，闪烁惊眸”，问道：“姑娘多大了？”李师师懒得搭理他，眼皮子都不抬。“我问姑娘芳龄哪！”李师师越听越心烦，干脆一扭屁股走了。李妈妈急得直跳脚儿，好言好语劝她赶快给客人弹琴。李师师无奈，于是大老远坐在徽宗对面，轻拢慢捻，一遍又一遍地弹着《平沙落雁》，一直弹到天明。据说这一天是大观三年（1109）的八月十七日。

李妈妈埋怨李师师，李师师却轻蔑地答道：“不就是个富商吗？孩儿凭什么非要热情接待他？”

按说这事儿到此也算告一段落了，谁知徽宗到镇安坊的事儿很快在汴京城大街小巷不胫而走，自然也传到了李妈妈耳朵里。她一把鼻涕一把泪地埋怨师师说：“娄子叫你给捅大了，知道你得罪的是什么人吗？是当今的皇上爷！这回非诛咱九族不可！”师师是个慧黠女子，很快给李妈妈吃了定心丸：“皇上既然肯来找孩儿，肯定不忍心杀了孩儿。再说皇上逛窑子又不是什么光彩事儿，他能因为这点小事儿不顾体面大肆张扬吗？妈妈放心，保管没事儿。”还真让李师师说着了，从此以后，徽宗隔三岔五往镇安坊送礼。大观四年（1110）年初，还给了李师师一把“蛇蚹古琴”，这可是件价值连城的大内宝物！

紧接着，徽宗再次登门，李师师依旧是淡妆素裹。李妈妈要走，谁承想徽宗拽住她说：“从今以后朕就管你叫老娘。都是一家子，千万别拘着。”李妈妈当时啥表情，猜都能猜出来。这一回徽宗玩得高兴，赐给镇安坊的宝物不计其数，先是一幅“金勒马嘶芳草地，玉楼人醉杏花天”的名画，又有“藕丝灯、暖雪灯、芳苡灯、火凤衔珠灯各十盏，鸬鹚杯、琥珀杯、琉璃盏、镂金偏提各十事，月团、凤团、蒙顶等茶百斤，黄白金各千两，端溪、凤咮砚、李廷珪墨、玉管宣毫笔、剡溪绫纹纸”。此时的李师师，可谓是史上最牛妓女了。

徽宗如此胡来，郑皇后无法忍受了，哭着规劝徽宗说：“官家行幸妓女太失身份，再说官家总在夜里行走，万一出点儿岔子怎么办？”徽宗忍了一阵子，不久旧病复发，又怕被郑皇后知道，正无计可施呢，张迪又来献策了：“艮岳（徽宗时修建的皇家园林，参看本书《宋徽宗有多少小爱好》）离宫的东偏有块官地，离镇安坊很近。皇上只要在那地方修建一道长廊，一直通到镇安坊，外加高墙，多派军队宿卫，岂不是想啥时候去就啥时候去？”徽宗说干就干，一条专用通道很快就建成了。

打这儿以后，徽宗没日没夜在李师师的醉杏楼里泡，又是下棋又是玩双陆，输了就一掷千金往醉杏楼里送，好不快活。

《水浒传》说浪子燕青曾有过进醉杏楼的经历，应属谣传，张端义记的一件事还比较可信，是个叫周邦彦的文人惹出来的。

此人当时担任开封府监税，是个挺有雅兴的家伙。有一回周邦彦刚到醉杏楼，偏偏徽宗接踵而至，吓得周邦彦屁滚尿流，赶紧钻到了床底下。徽宗怜香惜玉，把从宫里带来的一颗贡橙给了李师师，接着一通儿卿卿我我，被周邦彦听了个不亦乐乎。

日后周邦彦把那天的所见所闻写成一首《少年游》词：“并刀如水，吴盐胜雪，纤手破新橙。”最后两句是“城上已三更，马滑霜浓，不如休去，直是少人行”。有一次李师师给徽宗唱这支曲儿，徽宗问：“这是谁作的词？”李师师照实答道：“开封监税周邦彦。”徽宗越听越不对劲儿——这不明明是在描述朕那天的旖旎风光吗？周邦彦，朕非让你吃不了兜着走！

一次早朝，他怒气冲冲地质问宰相蔡京：“开封税官周邦彦定额完成情况极差，你为什么迟迟不办他的罪？”蔡京心里想：没听说呀。再说也怪了，小小一个开封税官处级干部，皇上怎么会记得这么清？想归想，嘴上表示一定要督促开封知府严查严办。散朝一问，开封知府说："府里几个税官，只有周邦彦是超额完成指标的。"蔡京猜想一定是周邦彦把皇上得罪了，于是喝令知府："上意如此，只得迁就。"圣旨很快发下："周邦彦职事废弛，日下押出国门。"

事隔一两天，徽宗再次来到醉杏楼，李师师竟然不在，一问才知道是送周邦彦去了。徽宗一直等到起更，师师才回来，眼角儿还挂着香泪。徽宗火更大了："尔往那里去？"师师照实回答说："臣妾知道周邦彦得罪，略致一杯相别。不知官家要来。"面对李师师的高度诚信，徽宗消了气儿，又问："他送给你新词了吗？"师师回答说："有《兰陵王》一首。""那你就唱给朕听！"李师师一板一眼唱完，徽宗大喜，立刻下旨：周邦彦免罪，提升为大晟乐正（大晟乐府的行政副院长）。

天下没有不散的筵席，转眼间到了宣和七年（1125）年底，骤然崛起的金国大军一路南下，不日之间，先头部队便打到了黄河边。黄河的口子一开，那可真叫一发而不可收了。徽宗自知国家难保，急忙宣布禅位给太子赵桓，自个儿退处太乙宫，当他的"道君教主"去了。这时候李师师咋样了呢？金人攻城的风声很快传到她耳朵里，她命令李妈妈："从今以后咱家的资产，必须听孩儿全权处置！"老鸨子吓傻了，眼睁睁瞅着师师把所有资产交到开封府充当了军费。李师师接着又托张迪转告徽宗：小女子不忍沦于敌手，情愿入道为女冠。徽宗立马下"教旨"：赐京师之北慈云观居之（此时的徽宗已经不是皇帝，所以不能再称"圣旨"。他现在的身份是"道君教主"，故而称为"教旨"）。

由于李师师的艳名早就传遍北国，大金元帅闼懒攻破汴京第一件事就是号令全军："郎主有令：务必找到李师师！"那时人人都知道师师的义举，谁也不忍心出卖她，金人搜索数日，踪迹全无。不想汉奸张邦昌居然一条小绳儿把师师拴进了金国大营。师师凛然大骂："豺狼当前，我一个弱女子尚且宁愿一死。你高官厚禄，恶贯满盈，如今又把我当成邀赏的厚礼，老天不会饶恕你！”说完拔下金簪自刺其喉，没能毙命，随后又把簪子掰断吞进喉中，这才香消玉殒。《外传》作者满怀激情地评论说：“观其晚节，烈烈有侠士风。”《外传》还颇带嘲讽地说：“道君帝在五国城（今黑龙江省依兰县附近），知师师死状，犹不自禁其涕泣之汍澜也。”

且慢！如果最后这段话《外传》所记是真，那么李师师真应该被追认为烈士才对。遗憾的是，在其他零星的宋代文献当中，却有着与《外传》全然不同的版本和描述，这就不能不使人发出疑问了：《外传》的作者究竟是不是宋朝人啊？鲁迅先生是把此书归到宋人小说里的。

孟元老《东京梦华录》卷五《京瓦伎艺》说：“崇、观（即崇宁、大观，1102—1110）以来……主张小唱：李师师、徐婆惜、封宜奴、孙三四等，诚其角者。”看来李师师善于演唱，而且是明星大腕儿级艺人已无可怀疑。问题出在后半段写李师师慷慨就义究竟从何而来，这也是甄别李师师是否“烈士”的关键所在。宋人张邦基《墨庄漫录》卷八说：徽宗政和年间，李师师、崔念月二妓名著一时。“晁冲之叔用每会饮，多召侑席。其后十许年再来京师，二人尚在，而名声溢于中国，李生者门第尤峻。”晁冲之，宋代实有其人，且被蔡京等人编入元祐党人中。从时间上看，李师师大红大紫至少十几年。这些说法和《外传》还没有太大的出入，接下来的叙述就不同了。张邦基说：靖康中，李师师与同辈赵元奴，及筑毬吹笛袁绹、武震辈例籍其家。李师师“流落于浙中，士大夫犹邀之，以听其歌，然憔悴无复向来之态矣”。意思是说靖康之变，朝廷为了获取财宝赔偿金人，将李师师等富豪家的财产查抄充公。同时被查抄的还有球星和吹笛高手袁绹、武震等家。这两个人结局不得而知，李师师则是闻风而逃，南下浙江。混乱之间，流落到江南的士大夫还不时邀请李师师为他们唱歌取乐，只是当年的美人，如今已经是“风鬟雾鬓，怕见夜间出去”了。

这种说法能找到强有力的证据，那就是南宋徐梦莘所著的《三朝北盟会编》。该书的真实性，几乎没有人提出过怀疑。《会编》卷三十记载说：“靖康元年正月十五日，奉圣旨（此时的圣上已经换成钦宗赵桓了），仰聂山、何栗等人，赵元奴、李师师、王仲端曾经祗应倡优之家，并萧管袁陶（袁陶、袁绹肯定是同一个人）、武震、史彦、蒋翊五人，筑毬郭老娘诸人，家财籍没。”这段话出自“圣旨”，而且聂山、何栗等人都是当时的京朝大官，不会有假。被点名的倡优之家一共是三户，其中两户都和张邦基所说相吻合，完全可以认定为信史。如此看来，《外传》所谓李师师主动捐款、义不受辱而亡，则纯属于虚构了。南北宋之交的刘子翚写过二十首《汴京纪事》诗，最末一首说：“辇毂繁华事可伤，师师垂老过湖湘。缕衣檀板无颜色，一曲当时动帝王。”（《屏山集》卷十八）可以作为李师师的确南逃的确凿证据。再结合张邦基“士大夫时常请她唱歌”的记载，不难想象：曾经“一曲动帝王”、和当朝皇帝有一腿的风流名妓，如今身无分文，颜色憔悴，为了换口饭吃，只得以低价充当天涯歌女了。她的芳名之所以还能出现在士大夫的诗文当中，完全是由于昔日的辉煌。至于李师师究竟是到了“江浙”还是“湖湘”，就不得而知了。

综合这些资料，我们可以确定：李师师经历了十几年的大红大紫之后，不幸赶上了靖康之变，被朝廷抄了家，仓皇之间逃出京城，避免了被押往北国的厄运（《三朝北盟会编》卷七十七记载，靖康二年正月二十五日，“金人来索妓女千人、蔡京童贯王黼梁师成等家歌舞宫女数百人，杂剧、说话、弄影戏、小说、嘌唱、弄傀儡、打筋斗、弹筝琵琶、吹笙等艺人一百五十余家，令开封府押赴军前”。此时李师师已经逃跑，所以不在押赴之列了。这大概得益于她的家最先被抄，她当然最先感到大事不妙走为上策。当时金人不仅仅要金银财宝，美女和艺人也是他们掠夺的主要对象），已经是万幸了。此时的李师师，应该至少将近四十岁了。到南方之后，凭着昔日风流勉强混口饭吃，直到颜色褪尽，死在民间。

按这一脉络描述出来的李师师，除了“一曲动君王”的绝技之外，似乎并没有更值得圈点和赞扬之处，最终归宿也无非是老死江湖，和烈士头衔毫不搭界。

如果此说不差，《外传》又是怎么出炉的呢？今人邓之诚注《东京梦华录》有几句概括性的话讲得颇有道理，他说：“《李师师外传》托言钱谦益悬百金求之不得，后钱曾得之。其书称谓语气，一望而知为明季人妄作，竟谓师师慷慨就义。”意思是《外传》为明朝末年人伪作。但传播者为了证实此书为宋人所作，还煞有介事地说：藏书家们都知道有这么一本好书，苦于寻觅不到，名士钱谦益曾经悬赏百金求购此书，都没能如愿。最终还是钱曾把它得到了——整个儿属于造假。

我很赞成《外传》为明末人所作这个观点，因为此书虽然文笔甚好，但还是露出了不少的破绽：

第一，书中提到李师师为徽宗反复弹奏一支叫《平沙落雁》的曲子，这就有问题了：《平沙落雁》最早刊载在明朝末年的《古音正宗》当中，明朝崇祯年间方才面世。《天闻阁琴谱》说：“盖取其秋高气爽，风静沙平，云程万里，天际飞鸣。借鸿鹄之远志，写逸士之心胸者也。”17世纪才出现的琴曲，12世纪的李师师怎么就弹上了呢？这不是和朱元璋使用飞毛腿导弹一样荒谬吗？退而言之，宋朝上自士子下至平民，所歌所舞大都气格柔弱，尤以艳情者居多。李师师是个靠风流吃饭的妓女，徽宗又是个好色之君，怎么可能弹奏《平沙落雁》这类志趣高远的曲子呢？

第二，说徽宗再幸醉杏楼时，李师师以蛇跗古琴“为弄《梅花三叠》”，也不对。《梅花三弄》是古曲不假，但最初是支笛曲，也不叫《三弄》，只称《梅花落》而已。宋人郭茂倩《乐府诗集》卷二十四《横吹曲辞》说：“《梅花落》，本笛中曲也。唐大角曲亦有《大单于》《小单于》《大梅花》《小梅花》等曲，今其声犹有存者。”至于《三弄》，最早见于元朝朱庭玉的《双调·夜行船·春晓》套曲：“晓角《梅花》三弄曲，勾引起禁钟楼鼓。”可还是首笛曲。直到明朝，此曲才被改编成琴曲。明人朱权的《神奇秘谱》明确称，此曲由晋代桓伊所作“笛曲”改编而成，全曲主调出现三次，故称《三弄》。《外传》的炮制者又误以为此曲也是古琴曲，所以露了破绽。

第三，《外传》把挞懒称为进逼汴京的金军主帅也是不准确的。《大金国志》卷二十七《挞懒传》说：“挞懒一名挞辣，一名昌。太子两围宋京，懒皆以兵从。”此人只是个以兵跟随的将军，并非主帅，而且宋朝记录靖康之变的文献不少，却很少提到此人，估计是出于《外传》编者的臆想。

第四，《外传》说徽宗送到醉杏楼的礼品中有一幅“金勒马嘶芳草地，玉楼人醉杏花天”的名画，也很值得怀疑。这两句诗虽然相传出于杜甫之手，但从古到今各种版本的杜甫集子里都没有收录。最早记载这两句诗的竟然是南宋后期出现的佛教著作《五灯会元》，但并没有明确说是杜甫的诗。倒是明朝才出现的《水浒传》《醒世恒言》《金瓶梅》三本书中都有提到。这并不奇怪，起因是明朝武英殿大学士吴伯宗《荣进集》里收有《大驾春巡诗应制》诗：“君王马上索诗篇，杜甫诗中有一联：金勒马嘶芳草地，玉楼人醉杏花天。”吴伯宗是明洪武四年的状元，而洪武四年又是明朝举行的第一次科举大考，此人的名气就可想而知了。因为吴伯宗有名，引的又是“杜甫”的诗，其双重名人效应以及诗句本身的美学效应，应该对明朝文学创作产生很大的影响，难怪施耐庵、冯梦龙和兰陵笑笑生都情不自禁地将其用进自己的作品。以此推知，那位写《李师师外传》的先生自觉不自觉受到当世风气的影响和熏染，杜撰出这么一幅“古画”，是再正常不过的事，也是顺理成章的事，更是他在作假时太容易忽略的事——起码宋朝所有的书画文献（如《宣和画谱》《云烟过眼录》《画继》等）都没有记载有过这么一幅画；宋朝所有的诗话文献（如《石林诗话》《沧浪诗话》之类）也都没有记载或评论过这么一联诗。您想啊，琴曲、古画这些雅玩意儿都是明朝的，那作品还能是宋朝的吗？既然《外传》是明朝人的伪作，当然也就不足取信了。

典章制度

宋朝的国号是怎么来的

一个朝代的国号，一定包含着丰富的政治意义，有着必然的历史渊源。宋朝也是如此，定其国号为“宋”，也颇有些来头，绝不是谁脑袋瓜儿一热就叫起来的。

中国历代王朝，其国号都是很有讲究的：比如秦朝的“秦”，是沿袭原来受周天子之封的“秦国”而来；汉朝的得名则是因为刘邦在建国之前曾被封为“汉中王”。再看宋朝之前的五代，也各有各的一套“理论”：朱全忠建立的后梁的得名（因为此前的六朝已经有个南朝萧姓梁了，所以后人称南朝梁为“萧梁”，朱全忠的梁为“后梁”或“朱梁”），是源于他从大唐宣武节度使起家，宣武节度的开府之地在大梁（今河南开封），又曾受唐帝之封为梁王，建国后建都于大梁，所以国号为“梁”，顺情顺理；李克用建立的后唐的得名，是源于他的姓氏是大唐皇帝恩赐的（李克用本来是西北沙陀人，姓朱邪），他一生都在为光复大唐做着不懈的努力，并以唐室当然继承人的身份自居；石敬瑭建立的后晋之得名，是源于他建国之前一直担任太原节度使，开国以后又暂时定都于太原，而太原乃是三晋之都会，故而取国号为“晋”；刘知远建立的后汉之得名，是源于他姓刘，和刘邦、刘秀属“同祖同宗”，想借人家点儿灵气给自己的国家带来福佑；郭威建立的后周则谱儿更大，他想恢复到周文王、周武王时代的强盛与富庶，一个字：牛！

宋朝是紧接着后周的中原正统王朝，选择其国号，也是煞费苦心的。

赵匡胤是后周第二代皇帝柴荣最信任的年轻将领之一，南征南唐李璟之后，被授予忠武军节度使，随柴荣北上征讨契丹回到汴京后，因为战功卓著，又被任命为殿前都点检（当时中央禁军的最高统帅）。柴荣死后，七岁的柴宗训即皇帝位，改命他为归德军节度使。唐五代时期的节度使是个握有军权的实职，也就是说，赵匡胤虽然还担任着殿前都点检，但他必须要有很多的时间待在他的节度使衙门里处理军务。这个任命，说明当时辅佐柴宗训的后周老臣们已经对赵匡胤很不放心，想把他从汴京挤对出去——即使不能完全彻底地挤出京城，牵制他一些精力、分散他一些权力也是很有必要的。赵匡胤不是傻子，他能感觉不出来吗？所以他在柴宗训即位后几个月，就迫不及待地发动了陈桥兵变：此时不先下手为强，再迟就不知道会出什么岔子了！

归德军节度军府设在哪儿呢？就在今天河南的商丘，也可以说是汴京的东方门户。说起商丘这地方的历史，那可真是太久远、太丰富了。相传黄帝的孙子帝喾高辛氏有两个儿子，老大名叫阏伯，老二名叫实沈。这两个小子长大后，都是鼎鼎有名的大力士，可就是兄弟不和，经常互相攻打。高辛氏死后，尧即位为天子，眼瞅着两兄弟的势力不断壮大，干戈不息，血流成河，伤透了脑筋。当时阏伯担任的是火正之官，就是掌管天下火种采集储藏和祭祀大火星的官；实沈担任主金之官，就是冶炼五金制造器皿、兵器的官。后来尧想出了一个平息内乱的好办法：天上不是有二十八星宿吗（二十八宿：东方苍龙七宿为角、亢、氐、房、心、尾、箕；北方玄武七宿为牛、斗、女、虚、危、室、壁；西方白虎七宿为奎、娄、胃、昴、毕、觜、参；南方朱雀七宿为井、鬼、柳、星、张、翼、轸）？这二十八宿中的心宿的主星叫大辰星，又叫商星，又叫大火星；而二十八宿中的参宿，按五行顺逆一推演，主的是金。那时候还有个天地“分野”的说法：天上的星宿和地上的一些区域是互相对应的，即古人常说的“上应天星，下观人事”。尧帝按图一查，大火星对应的分野是商丘一带，参星对应的分野是河东即山西临汾一带，于是“很有原则”地把阏伯安置在商丘，依时祭祀大火星，而把实沈安置在临汾，依时祭祀参星——哥儿俩从此相隔非常遥远，看你们还怎么打！后来文人们把相隔遥远叫作“参商”（参指河东之临汾，商指商丘），就是从这儿来的。

五行所说的金、木、水、火、土相生相克那套理论，古人也是笃信不疑的。按照五行生克的顺序，是水克火、火克金、金克木、木克土、土克水；木生火、火生土、土生金、金生水、水生木。阏伯掰着手指头一掐算，火、土不相生，自己肯定是平安无事，而火又克金，于是大喜，认为他永远能压住实沈一头，便兴冲冲地来到商丘，建了个长、宽各一百步的大祭台。他在世的时候称此台为“火台”，死了之后，当地人改称为“阏台”，就是“阏伯之台”的意思，更具有深远的纪念意义。打那儿以后，商丘这地方的人对火一直十分崇仰，不论是天上还是地上，只要沾了“火”字，就会像敬神一样地去敬它。

到了周朝，武王灭了商纣，把商纣的叔伯哥哥、商朝“三仁”之一的微子封到了商丘，建立了宋国，后人称之为“宋微子”，此人也是天下所有宋姓人的共同祖先。《史记·宋微子世家》说：“微子故能仁贤，乃代武庚，故殷之余民甚戴爱之。”看来宋微子在商丘的组织管理工作做得很到位，也很成功，深得当地臣民们的拥戴。微子死后，人们为他修建了一座庙，按时祭祀，叫作微子庙。此后历朝历代，微子庙坏了就重修，一直延续着很盛的香火，甚至成为商丘人最重要的精神寄托之一。

打从微子之后，宋国又传了许多代，直到战国中期，齐湣王联合魏、楚两国伐宋，杀死了宋王偃，宋国才宣告灭亡。

国虽然亡了，但“宋”这个地理概念并没有因此而消失，所以后来历代帝王在这里设立州郡，大都以“宋”称之。杜佑的《通典·地理》说：隋文帝置宋州。大唐复为宋州。五代和北宋初，这地方也叫作宋州。

这样一说就清楚了：赵匡胤“龙潜之地”在宋州，发迹之地也在宋州，在确定国号这样的重大问题上，这段历史当然是非常重要、必须考虑的因素。然而这还不能算是全部的原因，古代金、木、水、火、土这一套，也在赵匡胤确定国号问题上起了非常重要的作用。五行相生相克，从远古时代开始，就被天子帝王们套用在朝代的更替上了。如果是一个朝代内父子相传，就叫作“受”，比如颛顼高阳氏是“水德”王，颛顼死后，帝喾受颛顼而生，自然是以“木德”称王。这叫作木受于水，火受于木，土受于火，金受于土，水受于金。如果是改朝换代的两姓相衔接，按照天道而更替，新朝继承旧朝的就叫作“生”，新朝灭亡旧朝的，就叫作“克”。比如秦始皇代周统治了中国，以克水德称王；刘邦灭了秦，建立汉朝，那么汉朝就是克水德而生，自然就是土德了，这叫作土克水。从秦朝一代代推衍下来，直到五代的后周，是以“木德”开国，而赵匡胤继承后周建立宋朝，依照顺序当然就该是“火德”了。这可真是无巧不成书，商丘本来就是最早祭祀火神的地方，赵匡胤起家于此，建立的新朝又应上火德，所以这个“宋”字绝对是个无可替代的“吉祥号儿”了。于是乎建隆元年（960，宋朝建国的第一年）的三月壬戌，“有司言：国家受周禅，周木德，木生火，当以火德王，色尚赤。从之”（《宋史·太祖纪》）。议案虽然由相关部门提出来，但可以肯定，大主意还是人家赵匡胤亲自拿的，只不过需要在太常寺、礼院走个过场罢了。

有时候历史合巧得令人咋舌：后周第二代皇帝姓柴名荣，细细端详，“柴”字下边就是个“木”字，而且其本义也是木头。那“荣”字的繁体写法是“榮”，底下又是个“木”——你说糟糕不糟糕！更令人称奇的是，这“木”字的头顶上居然就是两把火——这不明明是在伺候着让赵匡胤、赵光义那两把火把他烧个精光吗？这个巧合，我在长篇小说《赵宋王朝》第一部里也有提及，是由赵匡胤的军师赵普发现并提议将新朝国号定为“宋”的——我认为这种推测应该与历史的真实相差不会太远。

宋朝的“圣诞节”

一提到“圣诞节”，读者很快会联想到西方那位慈祥的白胡子老人。中国古代也有圣诞老人吗？非也。这里所说的“圣诞节”，只是借用一下名称而已，实际想介绍的是宋朝各位皇帝的诞节——既然古人都称皇帝为“圣上”，他的诞节凭啥就不能叫“圣诞节”呢？

把圣王的诞生之日定为全国法定节假日，早在唐朝就已经出现。洪迈《容斋随笔·诞节受贺》说：“诞节之制，起于明皇（唐玄宗李隆基），令天下宴集，休假三日。肃宗亦然，代、德、顺三宗皆不置节名。及文宗以后，始置宴如初。则受贺一事，盖自长庆年至今用之也。”

既然有这么个传统，宋朝的开国皇帝赵匡胤自然可以当仁不让。赵匡胤的生日是二月十六日，所以建国当年，宰相便上表请求把这一天定为国家法定的诞节。取个什么名儿好呢？想来想去，就叫“长春节”吧。其实叫“长春”无非就是想讨个吉利，谁知这个节却给后蜀孟昶冥冥中带来了灭顶之灾。《十国春秋·后蜀后主本纪》记载了一则故事，挺有意思，说偏安在西南的后蜀有个传统，每年的除夕，都要命学士题写两块桃符板放在孟昶寝门的左右。广政二十七年（964）大年根儿，轮到学士幸寅逊撰词，一连写了好几副，孟昶都不满意，索性自己动笔，写下一联：“新年纳余庆，嘉节号长春。”非常得意地安放在自家寝殿门前。

谁料这时候宋朝大军已经进逼蜀国腹地，大年刚过，宋朝大将王全斌便推进到成都升仙桥，兵临城下了。孟昶自知途穷，只得命宰相李昊草写降表，宣布投降。为了进一步稳定新得的土地，赵匡胤派行事稳妥的儒将吕余庆火速赶往成都，成为大宋朝第一任成都府知府。赵匡胤的诞节叫"长春"，正应了孟昶那句"嘉节号长春"，只不过这是人家赵匡胤的嘉节，却成了孟昶的亡国之"节"；而大宋最先知成都府的吕余庆，又应了孟昶那句"新年纳余庆"，真可谓无巧不成书。

赵匡胤驾崩之后，弟弟赵光义即位。赵光义的生日是十月七日，于是在他登基后的第二年（赵光义登基时恰好刚过十月七日），便把每年的十月初七定为诞节，取名为"乾明节"，象征着宇宙乾坤在他的统治下一片光明。当然，从此以后人们也就不再过"长春节"了。

宋朝第三代皇帝真宗生于太宗开宝元年（968）的十二月二日，于是他即位之后，顺理成章地把这一天定为诞节，取名叫"承天节"。真宗这个人一向比较谦和，这个节名本身就有"奉天承运"的意味儿，绝不算牛。

接下来的仁宗是大中祥符三年（1010）四月十四日出生的，他即位的当年，大臣们忙不迭把这一天定为"乾元节"。为什么要取这么个名儿呢？因为真宗最后一年的年号改为"乾兴"，刚改完年号他就驾崩了，于是这一年就成为乾兴元年（1022）。仁宗赵祯在这一年即位，对他来说是个吉兆，所以"即皇帝位于乾兴之元"就成为具有非常意义的年头儿，诞节就应这个好兆头吧。宋朝历史上在位最久的就是这位仁宗皇帝，干了四十二年，可惜没能生出个儿子，只得把他弟弟赵允让的儿子赵宗实过继过来，后来赵宗实改名赵曙，继承了他的帝位，是为英宗。

赵曙生于仁宗明道元年（1032）正月初三，他即位在嘉祐八年（1063）的四月初一，当年没赶上过诞节。直到这一年八月，大臣们才想起这档子事儿，连忙上书，确定今后每年的正月初三为“寿圣节”。说起赵曙，也算是个苦命人了，他即位前就得了挺厉害的病，用现在的话说，像是暴怒型抑郁症——不犯病的时候郁郁寡欢，一旦犯病，又是摔东西又是骂人，所以当时宰相大臣们光顾给他治病了，哪儿还想得到定什么诞节呀。几个月后，他的病情稍有好转，这才赶紧起了个“祝愿皇帝健康长寿”的诞节名儿给他冲喜。可惜九五之尊的赵曙还是没能抗过命，在位三年多便一命呜呼，这也是北宋历史上在位时间最短的皇帝——宋英宗（除去非常状态下即位的宋钦宗和南宋末代小皇帝瀛国公）。

英宗死后，其长子赵顼即位，这就是赫赫有名的变法皇帝宋神宗了。赵顼生于仁宗庆历八年（1048）四月十日，当年二月［英宗崩逝于治平四年（1067）正月］，大臣们定四月十日为“同天节”，取“天下和同”之意。大概是神宗在位时劳神过度，三十六七岁便得了脑血管病，元丰八年（1085）三月，年仅三十八岁便撒手人寰。他死后，太子赵煦即位，是为哲宗。

赵煦生于神宗熙宁九年（1076）十二月七日，即位当年的五月丁酉，“群臣请以十二月八日为兴龙节”（《宋史·哲宗纪》）。赵煦的生日明明是初七，诞节却要定在初八，究竟什么意思？《长编》卷三五六给出了答案：“丁酉，以十二月八日为兴龙节。上实七日生，避僖祖忌，故改焉。”好嘛，古代的避讳可真要命，连八辈祖宗的忌日都要避开！这种避讳之例，连研究避讳的专家们都没有注意到，太特殊也太极端了。僖祖是谁呀？是赵匡胤和赵光义的高祖。《宋史·太祖纪》载：赵匡胤当了皇帝以后，按礼法制度要追封四代祖先，于是他的高祖赵朓被追封为僖祖，曾祖赵珽被追封为顺祖，祖父赵敬被追封为翼祖，父亲赵弘殷被追封为宣祖。赵煦是北宋的第七代皇帝，这么算下来，赵朓都已经是他的十辈祖宗了（太祖赵匡胤、太宗赵光义算同一代）。哲宗赵煦更短命，总共活了二十五岁、当了十五年皇帝。因为哲宗也没有儿子，元符三年（1100）正月去世，他的同父异母弟端王赵佶当上了大宋朝的第八代皇帝。这位便是尽人皆知的宋徽宗。

赵佶生于神宗元丰五年（1082）的十月初十。当年四月，确定诞节为“天宁节”，取“天下安宁”之意。遗憾的是，大宋朝的天下最不安宁的，恰恰是这位风流皇帝在位之时。天下已经大乱，他才如梦方醒，急急忙忙把帝位禅让给了他的长子赵桓，是为钦宗。

赵桓生于元符三年（1100）四月十二日，而他即位的靖康元年（1126），金人已经逼到了汴京城下。所以钦宗的圣诞没有来得及诏告天下，只是在当年四月十二日这一天，“群臣上寿于紫宸殿”（《宋史·钦宗纪》），匆忙之中，这个诞节就取名儿叫作“乾龙节”，取“乾元龙兴”之意。可怜这位在位最短、当俘虏时间最长的皇帝，只享受了一次圣诞，便被金人一条小绳儿牵到北国服刑遭罪去了。

南宋的第一位皇帝是高宗赵构，此人是钦宗赵桓的同父异母弟，生于徽宗大观元年（1107）五月二十日，虽然在战事扰攘之中，群臣还是把圣诞这件事放在了心上，建炎元年（1127）的五月初，高宗的生日被定为诞节——天申节。大概是取“申明天道”之意吧。这位皇帝在宋朝历史上可圈可点之处甚多，不仅是在他的领导下保住了赵宋王朝的半壁江山，还有一件事颇值得后人玩味：

北宋自从赵匡胤的弟弟赵光义继承了皇位之后，代代相传，都是赵光义这一支的嫡脉子孙，直到徽宗弄丢了北宋。作为徽宗第九子的赵构，还是赵光义的后裔呢。更糟的是，赵构白活了一辈子，竟落得个膝下无儿。《宋史·高宗纪》说：元懿太子薨，高宗未有后，而昭慈圣献皇后亦自江西还行在，后尝感异梦，密为高宗言之，高宗大寤。会右仆射范宗尹亦造膝以请，高宗曰：“太祖以神武定天下，子孙不得享之，遭时多艰，零落可悯。朕若不法仁宗，为天下计，何以慰在天之灵？”于是诏选太祖之后。意思是说赵构唯一的儿子元懿太子赵旉因受到惊吓不幸夭折后，一直没有再诞育皇子。哲宗的孟皇后（若干年前，孟皇后因得罪哲宗被逐出后宫，却因祸得福，在靖康之祸中，因没在后宫居住而幸免于难。她是唯一一位没有被金人掠到北国遭罪的后宫女人）悄悄对赵构说，她在颠沛流离中做了个很奇怪的梦，梦见天神责怪太宗皇帝把太祖赵匡胤开创的天下据为己有。靖康之祸，正是对太宗骨肉的天报。赵构听罢恍然大悟，于是下旨：尽快在太祖一支的后裔中寻找皇位继承人。找来找去，认为赵昚最为合适。赵构当了三十六年皇帝之后的绍兴三十二年（1162）六月，毅然把帝位还给了太祖一支的传人赵昚，这便是后来的南宋孝宗。

赵昚的身世如何呢？《宋史·孝宗纪》说，他是赵匡胤的第七代孙，赵匡胤次子秦王德芳的第六代孙，秀王赵子偁的儿子。建炎元年（1127）十月戊寅生于秀州（今浙江嘉兴）。

按照老规矩，绍兴三十二年八月，群臣便定下每年的十月戊寅，也就是十月二十二日为新皇帝赵昚的诞节——会庆节。为啥取这么个名儿呢？很好理解：老皇帝赵构退位颐养天年是大庆，新皇帝赵昚即位大展宏图也是大庆，两庆合一，不正是“会庆”吗？由于赵昚这个皇帝是赵构“禅让”得来的，也就是说他当了皇帝，高宗仅仅是主动退位，还没去世呢。对于这位太上皇，赵昚是极尽孝敬，晨昏定省，膝下之欢，一点儿也不敢怠慢，要不然为啥庙号为“孝宗”呢。糟糕的是，高宗是个命特别大的老头儿，活了八十多岁，直到淳熙十四年（1187）九月才闭上了眼，这样的高寿在中国皇帝史上也实属罕见（高宗在苗刘之变中因惊吓过度患上了阳痿病，这或许正是他能长寿的主要原因）。这一年已是孝宗当皇帝的第二十五个年头，也是孝宗六十大寿之年了。您想啊，在这么漫长的岁月里，孝宗不是陪着老爷子逛玉津园、聚景园，就是游西湖、天竺寺，真够累了，他早就想歇歇了！所以高宗刚去世一个多月，孝宗便忙不迭地下旨让皇太子“参决庶务”。一年多后，淳熙十六年（1189）二月，孝宗禅位，他的三儿子赵惇登基，这便是南宋第三代皇帝光宗。

赵惇出生于绍兴十七年（1147）九月初四，即位当月，大臣们便将新诞节确定下来，定名为“重明节”，取“日重光”之意——因为孝宗还健在嘛。还有一层更隐秘的含义，就是暗藏皇权重新回到太祖一支的手里，太祖的嫡孙们终于可以“重新焕发光明”之义。第二年改元为绍熙，也明显带有“绍续淳熙”的意味。

不幸的是，赵惇娶了个不该娶的悍妇，他的悲剧早在高宗活着的时候就已经注定了：庆远军节度使李道家生了个千金，取名叫凤娘，请道士皇甫坦看相。这妖道不知凭哪一条，硬说此女是贵极之命，理当母仪天下，还跑到高宗面前大放厥词。已经老糊涂了的高宗信以为真，立马决定把凤娘聘给时为恭王的赵惇为妃（爷爷包办孙子的婚姻）。这凤娘肚皮还挺争气，很快给赵惇生下了个大胖小子。三年之后，李凤娘被册立为皇太子妃。这女人本来就十分骄横，自从生了皇子，越发蹬鼻子上脸，多次到高宗、孝宗面前告赵惇的黑状，惹得高宗、孝宗两个老头儿都很不高兴，屡屡对她进行“批评教育”，只是碍着她生下皇子的大功，才没把她休了。谁料到，凤娘不但在丈夫赵惇面前依然故我，连公公和太公公也恨之入骨了。赵惇即位之后，她立刻要求太上皇立自己的儿子嘉王为太子。孝宗觉得此女实在是不懂皇家规矩，狠狠地训斥了她一顿。凤娘大怒，跑到丈夫赵惇面前大哭悲声，说太上皇有废立之意（废掉赵惇另立新帝）。赵惇信以为真，竟然从此不再拜见太上皇。凤娘离间了赵惇父子还不罢手，还要把赵惇也整治得服服帖帖才甘心。有一次，一个宫女端水给赵惇洗手，赵惇见宫女的手又白又嫩，多看了几眼。谁知道这一幕恰恰被凤娘看在眼里，几天后，她派人给赵惇送来一个大礼盒。赵惇还以为凤娘悔过了呢，满心欢喜地打开一看，竟然是那个宫女的一双手！这一惊非同小可，赵惇顿时感到神思恍惚，随后卧床不起——最毒妇人心哪！更糟的事接着发生了：赵惇的病情刚刚好转了一点儿，凤娘竟趁着赵惇外出祭天之际，将赵惇最宠爱的黄妃也残忍地杀死了。赵惇接二连三受到这种超强刺激，很快病入膏肓，再也无力问政了。他躺倒了，国家的事总得有人管哪。谁来管？当然是皇后凤娘了。

从绍熙二年（1191）十一月开始，朝廷大权都掌握在这个女人及其家族和一帮宦官的手里，赵惇成了名副其实的“看守皇帝”。就这么病病恹恹挨到绍熙五年（1194），又出了一件了不得的大事：孝宗赵昚崩逝。您大概不理解：太上皇死了，这有什么可大惊小怪的？的确，赵昚崩逝本来属于正常，毕竟年纪大了嘛。不正常的是此时赵惇因病无法吊丧，赵昚的老婆皇太后竟然与皇后凤娘联手玩了一手绝活儿：偷偷把赵惇的儿子嘉王叫到“重华宫之素幄”，让他继承了皇位，并宣布从此时起，尊赵惇为太上皇帝，尊皇后凤娘为寿仁太上皇后——硬是背着当朝皇帝把生米做成了熟饭，把皇帝炒了鱿鱼！赵惇这个皇帝，当得可真够窝囊。

嘉王名叫赵扩，生于孝宗乾道四年（1168）十月丙午（十八日），即位当年八月，以诞辰为“天祐节”：上天保佑，上天保佑啊！第二年改年号为庆元——庆祝一个全新的纪元。这两个举措，都明显体现出新皇帝赵扩和满朝大臣由衷期望光宗赵惇留下的阴影赶快散尽。不过其间还有个小插曲儿：天祐节刚定下不久，有大臣说这两个字是唐末哀帝用过的年号，很不吉利，建议更改诞节名，于是将“天祐节”改成了“瑞庆节”，意思与天祐差不多。

赵扩算是幸运的，他在位三十一年，尽管这三十多年也不那么平静，他毕竟实实在在地享受了三十个诞节，比起他爹那个短命鬼来算多了。因此，赵扩死后庙号为宁宗。可惜的是，他膝下也没有儿子，只得效仿仁宗皇帝在宗室里选择接班人。嘉定十七年（1224）闰八月，出生在绍兴（今浙江绍兴）山阴虹桥里的一个普通宗室子弟赵贵诚大出意外地捡了个皇帝做，从此开始了他长达四十一年的帝王生涯。

当了皇帝的贵诚改名为赵昀，死后庙号为理宗（赵昀虽然不是宁宗所生，但还是赵德芳的嫡传，赵匡胤的第十世裔孙。他是宋朝在位时间第二长的皇帝，仅次于北宋仁宗赵祯）。《宋史·理宗纪》记载，赵昀出生于宁宗开禧元年（1205）正月初五，于是这一天又成为当时举国庆贺的诞节，叫作“天基节”。赵昀为帝的四十来年，可以说是南宋回光返照的一段时间，曾经强大的金国于端平元年（1234）被新崛起的蒙古人和南宋将领联手消灭。对于宋朝人来说，这既是件好事，又是件坏事。为什么这么说呢？蒙古人帮助深受金人摧残的宋朝消灭了百年仇敌，洗雪了靖康之耻，这不是件大快人心的好事吗？然而随着金国的灭亡，蒙古贵族将几乎全部的兵力都用于围攻宋朝——苟延残喘了一百多年的南宋这一回可真的看见家门之外“狼来了”！还好，就在宋朝行将灭亡之前的景定五年（1264），过足了皇帝瘾、过腻了天基节的赵昀两腿儿一蹬，把烂摊子交给了一个叫赵孟启的年轻人走了。

这赵孟启虽说是赵匡胤的十一世嫡传，却不是理宗赵扩的亲生儿子——也是从宗室里过继到膝下的。赵扩一生虽然生过好几个儿子，可惜都夭折了，没办法，只得将他弟弟赵与芮的独生子过继过来继承皇位。理宗宝祐元年（1253），赵孟启被确立为皇太子，改名赵禥。他的生辰是嘉熙四年（1240）四月九日，即位当年，这一天便顺理成章地成了新的诞节——乾会节。赵禥在位共十一年，过了十个诞节，只是每过一个乾会节，宋朝的疆土就少一大块儿。这位年轻皇帝既没有治国的经验也没有做人的权威，整个朝廷都被权相贾似道牢牢攥在手心儿里，即使他想有所作为都不可能。《宋史·度宗纪》说他“亡国不于其身，幸矣”。要知道他这个“幸”可是用短命换来的呀，死的时候他才三十四岁。这位度宗赵禥倒是“幸”了，可他三岁的儿子却倒大霉了：咸淳十年（1274）七月，赵禥驾崩，断奶没两年的赵㬎承诏即皇帝位。赵㬎有个哥哥叫赵昰，封为吉王，还有个弟弟叫赵昺，封为信王。原本赵昰是赵禥的长子，该当皇帝，怎奈这孩子属于庶出（嫔妃所生而非皇后所生，他母亲是淑妃杨氏。当时也有大臣主张应由赵昰即皇帝位，权相贾似道却坚持立嫡，所以排行老二、全皇后所生的赵㬎当了皇帝），没能继承皇位。为啥要提到这两兄弟呢？往下看您就明白了。

赵㬎生于咸淳七年（1271）九月二十八日，尽管他即位时已是蒙古大军兵临城下，大臣们还是没忘了把这一天定为诞节，取名叫“天瑞节”。名字挺好，可惜上天不可能再为宋朝降下什么祥瑞了：在一片刀光剑影之中度过一年多，德祐二年（1276）三月，还不懂得人世是咋回事儿的六岁小童皇帝赵㬎（实足年龄五岁）便在大臣们的簇拥下走出临安城门，踏上了北归元朝大都的漫漫之路。

上面提到的大哥赵昰和小弟赵昺怎么样了呢？他们的命运看上去比北宋灭亡时强一些：不是所有宗室都当俘虏，比如这两个小兄弟儿，就随着大臣们流亡到福建去了。就在赵㬎当了蒙古俘虏北归的同时，宰相陈宜中在福州立赵昰为帝，改元景炎。怎奈大宋朝气数已尽，如此脆弱不堪的流亡政府能持续几天？两年之后，“昰殂于硇洲，其臣号之曰端宗。庚午，众又立卫王昺为主，以陆秀夫为左丞相”。（《宋史·瀛国公纪》）文天祥也好，陆秀夫也好，他们誓死不降的英雄气概固然值得后人称道，然而仅凭气概，根本无法挽救这个已经烂透了的王朝，勉强坚持了一年，在蒙古人铁桶般的重围之下，陆秀夫背着那个三四岁的孩子赵昺，纵身跳进了茫茫无际的南海。最后这两个可怜的小皇帝，连名义上享受诞节的运气都没能获得。

到此为止，所谓宋朝十八帝，实际上只有十六帝有自己的诞节。这个问题交代到这里，是不是可以结束本文了呢？别急，后头还大有内容呢！宋朝是个女主临朝问政相当频繁的朝代——问题来了：男人当了皇帝就算圣人，就可以拥有圣诞佳节，享受全国臣民的庆贺，那女人们呢？女人行使皇权就不算圣人吗？岂有此理！

开女主诞节先河的第一个女人是北宋真宗的刘皇后——她也要有自己的诞节。乾兴元年（1022）真宗驾崩之后，仁宗年纪幼小，故而真宗遗命刘氏垂帘听政（这刘氏就是传说中狸猫换太子的那一位，前文已有专章，可以参看），这也是宋朝历史上第一位掌握皇权的女主。仁宗的“仁”出于天性，小小年纪就颇知孝顺，当年便撺掇大臣为母亲（仁宗一直认为刘氏就是他的生母，直到刘氏死后，他才得知生母是李宸妃而并非刘氏）设立诞节。大臣们一方面感叹于仁宗之孝，另一方面也不想因此得罪刘氏，于是当年十一月，便确定刘氏的生日正月初五为“长宁节”——长久康宁嘛。刘氏出生于正月初五，正好夹在元旦和元宵二节之间。不管咋样，那也是人家的圣诞，意义不同啊。

第二位垂帘听政的女主是仁宗曹皇后。英宗即位之后整天犯癫痫病，故而曹氏两度垂帘，但这位女政治家非常谦恭，没有允许大臣为她设什么诞节。

第三位当政女主是英宗的夫人、神宗的母亲、哲宗的祖母高氏。哲宗即位的时候也是个孩子，根据神宗的遗命，高氏以太皇太后的身份垂帘听政。当年，哲宗亲自下旨，以太皇太后生日七月十五日为诞节，取名为“坤成节”。《周易》以乾为天，为父；坤为地，为母，所以“坤成”就是仰仗太皇太后来治理国家的意思。高氏垂帘前后七八年，拨乱反正，推翻王安石新法，成就了一代名相司马光——换句话说，如果没有高后执政，司马光的名气可能就只局限在《资治通鉴》那本书上面了。

南宋理宗赵昀即位之后，本来不应该存在皇太后垂帘问题，因为他当皇帝时已经是二十岁的大小伙子了，那杨太后为什么还要垂帘呢？这里面的水可太深了。

原来宁宗晚年本已立了赵竑为皇子（也是宗室子弟，初名贵和，后改名竑），按说一切都是铁板钉钉的事儿，没想到即将成为皇帝的赵竑因嘴巴不严，酿成了大祸。

这位杨太后原本不是什么大家闺秀，而是个连自己姓什么都不清楚的野丫头，因为生得有几分姿色，被一个叫杨次山的人收为妹妹献到宫里。这女子心眼儿足够用，刚进宫就大得宁宗的宠幸。当时宁宗宠着两个女子，除杨氏外，还有一个是曹美人。权相韩侂胄认为杨氏鬼点子太多，不如曹氏温厚，劝宁宗立曹氏为皇后。宁宗喝多了迷魂汤，最终还是立了比他大好几岁的杨氏为皇后。偏巧杨次山安插的奸细王梦龙把韩侂胄的献策告诉了杨次山，这下子杨氏算是把韩侂胄恨透了，非要狠狠地报复他不可。礼部侍郎史弥远一向和韩侂胄矛盾极深，杨次山找到他，让他联合几个朝臣把韩侂胄做掉。史弥远一听，欣然领命，和参知政事钱象祖、礼部尚书卫泾、著作郎王居安、右司郎官张镃（这些人大都是韩侂胄的死对头）聚首而谋，很快一条杀人毒计便形成了。开禧三年（1207）十一月三日，韩侂胄早朝，走到六部桥时，被史弥远埋伏的中军统制官夏震截住，不问三七二十一将韩侂胄拽到玉津园"槌杀之"，然后向宁宗报告：韩侂胄妄起兵端，祸国殃民，臣等已经把他给杀了。宁宗完全不敢相信这是真的，直到数日之后，才得知这个阴谋出自身边的信臣王梦龙，但已无可奈何。

诛杀韩侂胄，史弥远是头功，谁还敢惹他？于是朝廷大权很快转到了史弥远手里，甚至连皇子赵竑，他都不放在眼里，这让赵竑十分憋闷。为了防备万一，史弥远买了个善弹琴的美女送进赵竑宫里"伺候"，赵竑哪知道这女子是个奸细？一来二去，还把她当成红粉知己呢。有一天两人刚乐呵完，赵竑指着地图对美人说："知道这是什么地方吗？此处叫崖州。日后我当了皇帝，一定要让史弥远那个老混蛋到那里去享福！"美人把这话告诉了史弥远。还把赵竑写的"弥远当决配八千里"八个大字一并交到了史弥远手里。史弥远又恨又惧，一不做二不休，决定立另一位宗室子弟赵贵诚为皇子。

嘉定十七年（1224）闰八月，宁宗赵扩快不行了，史弥远趁着黑夜把赵贵诚召进宫里，当时杨皇后并不知道。史弥远派杨皇后的侄儿杨谷、杨石把废赵竑立贵诚的事告诉了皇后，并且声称：如果不立赵贵诚，"祸变必生，则杨氏无噍类矣！"（《宋史·后妃传》）杨皇后没办法，只得点头认可，接着史弥远矫诏废赵竑为济王，立赵贵诚为皇子，改名赵昀，即皇帝位，尊杨氏为皇太后。为了让杨氏放心，赵昀"坚决请求"让她垂帘听政。

既然杨太后垂帘了，那也是圣人嘛。为了表示"孝心"，赵昀立刻决定把杨太后的生日五月十六日定为"寿庆节"。这位机关算尽的女人还算头脑清醒——赵竑被史弥远杀死后不久，看破政局的她赶紧宣布撤销垂帘，还政于赵昀。这个诞节算是最惨的了，一次都没过上，就被无情地“注销”了。

理宗赵昀的皇后名叫谢道清，是前朝宰相谢深甫的孙女。度宗赵禥即位之后，被尊为皇太后。因为度宗也是过继的宗室，为了讨好太后，赵禥很自然请求谢氏垂帘，以示谦退和孝顺，还把谢氏的生日四月初八定为“寿崇节”。谢氏接受了诞节待遇，却没有接受垂帘听政的任务。这位老太太命很硬，熬到度宗驾崩，瀛国公赵㬎即位，又被尊为太皇太后，垂帘听政。南宋灭亡后北上大都——算是宋朝末年的北京人了，且在那里度过了最后的七年光阴。

男主、女主们的诞节都说完了，是不是该结束了？没有，还得补充一个特别重要的“圣诞节”：北宋徽宗对道教的喜爱到了痴迷的程度。为了表示对道祖的无比崇敬，重和元年（1118）四月初六，借着大享明堂的机会，一道圣旨，把“太上混元上德皇帝”的生日二月十五日定为国家最高诞节——贞元节。徽宗这一朝里，不管是死了的还是活着的，不管是男的还是女的，老的还是少的，也不管是京城的还是外藩的、当官的还是老百姓，只要和道教搭上界，都能走红运。可惜混元皇帝太上老君一点都没领他这份情！

下面列个简表，以供宋史爱好者观览：

男主：

太祖赵匡胤：二月十六日长春节。十六年。

太宗赵光义：十月七日乾明节。二十年。

真宗赵恒：十二月二日承天节。二十五年。

仁宗赵祯：四月十四日乾元节。四十一年。

英宗赵曙：正月初三寿圣节。四年。

神宗赵顼：四月十日同天节。十八年。

哲宗赵煦：十二月八日兴龙节。十五年。

徽宗赵佶：十月初十天宁节。二十六年。

钦宗赵桓：四月十二日乾龙节。一年。

高宗赵构：五月二十日天申节。三十六年。

孝宗赵昚：十月二十二日会庆节。二十七年。

光宗赵惇：九月初四重明节。五年。

宁宗赵扩：十月十八日天祐节，后改瑞庆节。三十年。

理宗赵昀：正月初五天基节。四十一年。

度宗赵禥：四月九日乾会节。十年。

瀛国公赵㬎：九月二十八日天瑞节。二年。

女主：

真宗刘皇后：正月初五长宁节。十二年。

英宗高皇后：七月十五日坤成节。八年。

宁宗杨皇后：五月十六日寿庆节。一年。

理宗谢皇后：四月初八寿崇节。十一年。

先人：

混元皇帝太上老君：二月十五日贞元节。八年。

宋朝的受降礼

古代受降之礼是颇有些讲究的，它属于传统吉、嘉、宾、军、凶五礼当中的军礼。不过这种事儿毕竟是几十、上百年才遇见一次，不属于常规性的礼仪，所以只在先秦古籍《左传》中有零星记录，而且从《史记》《汉书》一直到《旧唐书》《新唐书》，都没有这方面的专门记载，更没有“受降礼”这么个章节。直到宋代，才逐渐形成一套有完整仪式的受降礼。

宋朝初年，接连收复了不少的偏国，最先归入大宋版图的是占据湖北江陵一带的荆南高继冲政权和占据湖南一带的潭朗周保权政权，随后大将王全斌、曹彬等人用了六十六天，又拿下盘踞于四川的后蜀孟昶政权；不久，宋朝大将潘美、尹崇珂又收复了占领两广的南汉刘鋹政权。太祖末年，大将曹彬、潘美又将南方大国南唐攻破。到此为止，江南除了杭州的吴越钱俶、漳泉的陈洪进之外，都已为宋朝所有，北方则只剩下盘踞在山西的北汉刘继元一个顽敌。

在这种情况下，宋朝君臣越来越感到需要有一套比较像样的受降之礼，以显示泱泱大国的风范。《宋史·礼志·军礼》中载：“太祖平蜀，孟昶降，诏有司约前代仪制为受降礼。”

但如前所述，受降礼不是“常规性”礼仪，因此早期文献中只有一鳞半爪的记述，并没有具体明晰的“操作规程”。

《左传·宣公十二年》说：这一年的三月，楚国围攻郑国，终于攻进了皇门。“郑伯肉袒牵羊以逆，曰：‘孤不天，不能事君，使君怀怒以及敝邑，孤之罪也，敢不唯命是听？其俘诸江南以实海滨，亦唯命。若惠顾前好，使改事君，君之惠也，孤之愿也，非所敢望也。’退三十里而许之平。潘尫入盟，子良出质。”（引文略有删节）这段话意思是郑国被楚国攻破都城之后，郑伯赤裸着上身，手牵一羊走到楚军阵前，口称“孤家对上违背了天意，对下没能侍奉好楚君，使楚君心怀愤怒亲临敝国，实在是孤家的大罪，岂敢不唯命是从？楚君如果将孤家俘到江南，填充海滨之荒芜，孤家也唯唯听命。如果能念先代君王之好，使孤家改事楚君，正是孤家的大愿，然而孤家不敢有这样的期望”。于是楚君下令后退三十里，准许郑伯投降，命大夫潘尫入宫盟誓，并命郑伯的弟弟子良出为人质。这是上古时期一个比较典型的受降事件，其中最惹人注意的是“肉袒牵羊”四个字，杜预注解说：“肉袒牵羊，示服为臣仆。”《礼记·郊特牲》说：“君再拜稽首，肉袒亲割，敬之至也。”按《礼记》的说法，古人向对方表示敬意，最高莫过于“肉袒”了。

到了魏晋时期，光“肉袒”已经不过瘾了，降国之君须把自己捆绑起来，以表示更大的诚意。蜀后主刘禅投降的时候，就是这种打扮儿。《三国志·蜀书·后主传》说：“（邓）艾至城北，后主舆榇自缚，诣军垒门。艾解缚焚榇，延请相见。因承制拜后主为骠骑将军。……后主举家东迁，既至洛阳，策命之曰：‘惟景元五年三月丁亥，皇帝临轩，使太常嘉命刘禅为安乐县公。於戏，其进听朕命！’”什么叫“舆榇自缚”？就是将一口棺材放在车上，把自己捆起来，跟在棺材车后步行到对方营前请降。

如此看来，亡国受降还是没有固定的礼仪规定，换句话说，受降礼是到宋代才逐渐定型的。说“逐渐”，是因为其定型有一个逐渐细化的过程。

宋太祖赵匡胤最初拿下湖北和湖南的时候，还没有顾及受降之礼。李焘

《长编》卷四载，乾德元年（963）七月，湖南降王周保权被押解到汴京后，“诣阙待罪，诏释之，以为右千牛卫上将军”。《宋史纪事本末》说湖北高继冲投降，也只是“遣客将王昭济奉表纳于帝，帝受之，而授高继冲荆南节度使如故”。几乎都没有什么礼仪可言。

《长编》卷四有一句话，很少有人注意到：说乾德元年五月丁丑这一天，“明德门成”。明德门是个什么建筑呢？它是汴京南三门的中大门，原本叫作乾元门，是汴京的“门面”建筑。后因年久失修，变得十分破旧，于是赵匡胤下令整修，修完之后，就改名叫作明德门了。因为这个门是南面正中的大门，于是有了特殊的意义——此后再受降敌国，皇帝便登上此门，坐北朝南、居高临下地接受伪国主的投降。

乾德二年（964）十月，赵匡胤派出精兵强将，分成南、北两路分别插向后蜀的心脏成都，不堪一击的后蜀小朝廷顷刻间土崩瓦解，后主孟昶乖乖地当了俘虏：“蜀主命李昊草表请降，（王）全斌受之，遂入城。”

按照赵匡胤的指示，降王及其主要大臣、后宫都要押解到汴京，接受“委任”和处分。这个“礼”究竟应该如何制定呢？礼官们很快拿出了具体方案：孟昶到汴京的前一天，在崇元殿（即大内的大庆殿，北宋举行大宴会或大庆典的宫殿）摆设御坐和仪仗，规制和前几年元旦大宴差不多。第二天孟昶到京，要在明德门到皇城间的天街（皇城前的街道，类似于今北京的长安街）陈列大队的马军和步兵。同时在明德门外，为孟昶及其随行人员铺设素案、席褥。赵匡胤以及文武百官都在明德门楼之上，俯视下方。阁门通事舍人（宋朝负责朝会宴请、供奉赞相协助完成礼仪之事的普通官员）引领孟昶一行穿上白色的衣裳、戴上白纱帽子，面朝明德门方向一字儿排开。一切准备停当后，孟昶朝明德门下跪，将降表交给阁门使，俯伏在地听候发落。降表由阁门使呈交到赵匡胤面前，然后由他身边的宰相大声宣读，读完之后，阁门使奉圣旨下楼，再次走到孟昶面前，指挥着阁门通事舍人们将孟昶扶起，其他随行官员和孟昶的家属也随之起身——这么一番折腾，这些老少都累得差不多了。接下来是宋朝大臣宣读赦罪圣旨，同时宣布封孟昶为秦国公、他儿子孟玄喆授泰宁军节度使以及其他随从官员的任命，孟昶等人须感谢皇恩，重新跪地，“拜呼万岁”。之后，由宋朝的衣库使指挥着小吏，分别将皇帝所赐的衣裳、帽子送到孟昶等人面前，还得麻烦孟昶“再拜跪受”一次。到此为止，明德门外的礼仪部分基本上就结束了，孟昶及其主要随行人员穿上新衣服，骑上马，到升龙门前下马，等候宋朝皇帝驾临崇元殿。赵匡胤在崇元殿坐定之后，阁门使引领孟昶等人来到大殿之前，“舞蹈拜谢”（礼仪中的舞蹈不是指今天所说的跳舞，而是按照一定程式规定的一些拜谢动作）。赵匡胤大声宣布“召孟昶升殿”，阁门使应声引领孟昶等人从东面台阶进入大殿，宣抚使为他排定顺序之后，孟昶趋到御座之前跪地，向赵匡胤谢恩，然后归位，稍停，与他的官属舞蹈而出。宋朝宰相则率百官称贺。到此为止，升龙门、崇元殿的一套礼仪又结束了，接下来才是大宋皇帝赐宴降王。百官近臣熬到现在，才能陪孟昶在大殿里猛撮一顿。

对于孟昶的投降，赵匡胤是相当客气的。据说宋朝大军还没开拔，他就开始为孟昶修建一座数千间房的大宅院。赵匡胤有他的打算，他想把姿态做足，以吸引其他伪国主尽早归降。

不过接下来的两个南方大国都很不识趣，南汉刘𬬮非但不听劝告，反而摆出一副要跟宋朝拼个鱼死网破的架势，甚至还敢主动入侵宋朝领土。

赵匡胤不慌不忙，蓄势待发，终于在开宝四年（971）年初，下达了攻取南汉的圣命。潘美、尹崇珂大军突进，以迅雷不及掩耳之势将广州团团围住。刘𬬮的大臣李托等人狗急跳墙，一把火把广州府库全都烧了，还有宦官把大量金银珍宝和后宫美女装了数十艘大船漂洋过海，不知下落。刘𬬮的倒行逆施使赵匡胤大为震怒，所以岭南大捷的军书送到他面前时，他命令大臣安排的不是受降礼，而是“献俘礼”——虽然广义来说都是接受敌国的投降，可这和“受降礼”差出十万八千里了。

刘𬬮被押解到汴京后，赵匡胤依旧登上明德门，门前依旧排列仪仗和兵卫，各兵种和朝廷百官却身穿常服（常服不是朝服，意在表现此次等待的不是什么敌国国主，而是一般性罪犯，用不着穿像样的衣裳给他们面子），排列在门楼之上。门内东、西街前专门设了个“献俘位”，众多将校列队于旁。一切准备就绪，枢密院首长大声吆喝，命武士把脖子上拴着白绢的刘𬬮等人像牵狗一样牵到献俘位，前边还有几个士卒举着征讨俘获刘𬬮的露布开道。就这么着一直把这帮家伙牵到了太庙的西南门。刘𬬮等人进了南神门，肃立等待礼官将本次大捷告慰赵家供奉在太庙里的列祖列宗。告礼完毕，一行俘虏从西南门出去，又被押解到太社，仪式和程序与太庙告祭大体相同。折腾了一个够，才顺原路返回明德门前。这时候宋朝的将校个个都是戎服带刀，“伺候”着刘𬬮等人。赵匡胤身穿常服就座，文武百官舞蹈毕，阁门通事舍人引领刘𬬮来到献俘位站好，众将校再次拜舞，再由士卒举着露布来到明德门楼前。此时刑部尚书趋到楼上（请注意，是刑部尚书，可不再是阁门礼官喽），向皇帝跪奏俘虏全部押到，请求圣旨发落。赵匡胤厉声质问刘𬬮：为何敢与天朝负隅顽抗，又为何敢将府库焚烧一空？刘𬬮磕头不止，并把所有罪行都推到宰相龚澄枢、李托等人身上。赵匡胤这才发话，命士卒为刘𬬮松绑，将龚澄枢、李托等罪大恶极之人立即押赴刑场，砍头示众。刘𬬮跪谢不杀之恩，穿上赵匡胤所赐的衣服鞋帽，率领从官家属列队跪在明德楼下高呼万岁。宋朝这边儿则是百官称贺，整个儿仪式宣告结束。

当时的形势是：湖北、湖南、广东、广西、四川都已经被宋朝“解放”，占据浙江的钱俶和占据福建的陈洪进早就哭着喊着要求降宋，赵匡胤出于战略上的考虑（他想要这两个小国继续牵制大国南唐），才没有答应立刻接纳他们。就全国而言，南方只剩下一个南唐，北方只剩下一个北汉。赵匡胤集思广益，决定集中优势兵力先拿下南唐。

就在赵匡胤去世的前一年，曹彬、潘美、李汉琼等将帅不负圣命，经过几个月苦战，终于攻破了南唐都城金陵（今江苏南京），后主李煜带着他心爱的小周后和一班臣子横渡大江，来到了他从未到过的宋都汴京。

李煜也是个不听劝的主儿，错过了宋朝使者几次劝降的最佳机会，他总是梦想能凭借长江天险来保存“社稷”，可惜秦始皇时就开挖秦淮河掘断了帝脉的金陵城，是无法容留任何人在这里称帝的。因为李煜也属于“负隅顽抗”一类，所以宋朝大臣们强烈请求按照给刘鋹的待遇接待李煜。赵匡胤考虑到李煜虽然不识时务，但毕竟在他爹李璟当政时就不敢再称帝，改称“王”了，而且还奉了“正朔”（即是用宋朝所颁布的历法，表示臣服于中原正统王朝），这一点不同于刘鋹，态度上当然也要有所区别，于是“御明德门，露布引李煜及其子弟官属素服待罪”。给李煜留面子的是：这份露布没有当场宣读。不过赵匡胤还是非常恼火——管你“能有几多愁”，朕非封给你一个“违命侯”，让你体会体会与天朝对抗会落得多么耻辱的下场！

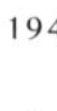

太宗赵光义即位之后，很快接纳了吴越钱俶和漳泉陈洪进，这已经不属于“受降”，所以赵光义很有礼貌地封赏了他们，并给了他们很高的政治待遇。

接下来的重中之重是征讨太原刘继元，这无疑是一场攻坚战：不光是河东兵骁勇善战，更主要的是太原城内有位无敌大将军杨业，外有契丹大军的增援。不过，在宋朝几十万大军的轮番攻打之下，太原最终还是陷落了。当时赵光义是御驾亲征，受降仪式暂在太原举行。“帝幸城北，陈兵卫，张乐，宴从臣于城台。（刘）继元帅官属素服台下。（太宗）遣阁门使宣制释罪，召继元亲劳之。从臣诣行宫称贺。时以在军中，故不备礼。”大体过程和接受孟昶归降时差不多，只是更加简略。

等赵光义回到汴京，才正式安排了刘继元的受降礼：先是诏告天下，将已攻破敌国、俘虏伪主的捷报告献太庙。当天的黎明，阁门通事舍人引领刘继元等人来到太庙，依然是在西阶下面朝东站立，他带来的官员和眷属分成几行，站在他的身后。接着是太尉宣布告庙仪式开始，博士官引领刘继元，端着祭奠用的酒爵进入第一室祭奠。通事舍人大声朗读："皇帝亲征，收复河东，伪主刘继元及伪命官见！"侍从官大声命令刘继元再拜，拜完出室等候。第一室告完再到第二室、第三室、第四室、第五室，程序和第一室完全相同。第一室到第五室分别供奉的是赵光义的高祖赵朓（追封僖祖）、曾祖赵珽（追封顺祖）、祖父赵敬（追封翼祖）、父亲赵弘殷（追封宣祖）和兄长赵匡胤（太祖）五代。这些仪式进行完，太尉宣布赦免刘继元罪，封他为彭城郡公，其他主要降臣也当场命官，此后不再以"俘虏"称之，算是成了"一家人"。

哲宗元符二年（1099），西北部落蕃王拢拶、邈川首领瞎征等归降宋朝。由于此时距宋初频繁受降已经过去了一百多年，当时什么礼仪，后来人都很模糊了，所以哲宗命礼官们重新草拟受降仪式。

到了徽宗政和初年（1111），议礼局索性编写了一部内容相当详尽的《受降仪》，礼仪十分烦琐，但的确能展示一个煌煌大国的气派——原有的礼仪程式全部保留并加以细化之外，又增加了对僧、尼的所有行动轨范，以及内侍人员（宦官及内廷人员之类）展扇、舞蹈等具体内容。遗憾的是，这部内容丰富的《受降仪》还没来得及用上一次，徽、钦二帝以及大宋朝几千口子宗室、外戚、官吏，便被金人虏到了北国——金人没有受降仪，也不懂得什么叫受降仪，他们只知道用什么样的手段，甚至可以不择手段地灭掉颇懂"受降仪"的宋朝君臣。

包公为啥叫包龙图和包待制

包公是家喻户晓的明星级历史人物，关于他的故事和传说，即使大字不识的人也能说出一大堆。在很多戏曲和小说中，人们习惯上不是称呼他的姓名，而是称他为“包龙图”和“包待制”，这是尊称还是戏称？这种称呼最早起于何时，于史有据吗？

这里先对包公的生平做个最简单的介绍。包拯字希文，安徽合肥人，生于真宗咸平二年（999）。此前他还有两个哥哥，一个叫包莹，一个叫包颖，可惜都夭折了，所以包拯就成了“独生子女”。好几出京剧里都说他从小失去父母，是嫂子把他抚养成人的，这属于“戏说”，实际上他父亲包令仪和母亲张氏都活了很大岁数，直到包拯二十九岁中进士的时候，老两口还都结实着呢。1973年合肥出土的《孝肃包公墓志铭》说：“天圣五年（1027）进士甲科，初命大理评事、知建昌县（今江西永修稍北）。时皇考刑部侍郎家居，皇妣亦高年，乐处乡里，不欲远去。公恳辞为邑，得监和州税。”意思是说包拯中了进士以后，本来任命他担任建昌县令，因为父母年迈不愿跟儿子到远处当官员家属，包拯便给朝廷打了个报告，恳求在近地为官，以便照顾双亲。朝廷考虑到他的实际困难，给了他一个和州（今安徽和县）税务局局长的差事。此后包拯历任扬州天长（今安徽天长）知县、端州（今广东肇庆）知州。包拯四十四岁时端州任满回朝，又干了几个月的“勾当京东排岸司”（主管京城东部河运的机构），次年（仁宗庆历三年，1043年）十一月，当时担任御史中丞的王拱辰相中了他，举荐他当了“监察御史里行”。

先说王拱辰为什么看中他：其实包拯四十多岁之前一点儿名气也没有，就因为他恰巧当了端州的知州，给他带来了意想不到的好运，为什么这么说呢？因为端州那地方出端砚，在那里做过官的人离任，没有不带几十方好砚台回来打点权贵的，而包拯“不持一砚归”（见包恢《肇庆府学二先生祠堂记》）。这消息传到王拱辰耳朵里，当然对他的清廉作风非常赞赏，立刻推荐他进了御史台。

再解释什么叫“监察御史里行”：其实就是监察御史，带上“里行”两个字，仅仅表示此人属于“低官高聘”，没别的。

这个职位使包拯如鱼得水，上任以后，他接连上疏，表现上好，所以第二年便甩掉了“里行”，成为正式的监察御史。

庆历五年（1045），包拯到契丹国出了一趟官差，第二年回到汴京，改任三司户部判官，开始从事经济领域的管理工作。此后又担任过京东路转运使、三司户部副使，皇祐二年（1050），五十二岁的包拯升任知谏院（北宋掌管谏诤的部门）。

此后的一两年里，他干了几件大事，一是彻底查清了一桩平民冒充皇子的重大案件（冷青冒充皇子案：仁宗曾行幸过一个侍女，并使她怀了身孕。不料此女因犯了皇家规矩被赶出了后宫，出宫后嫁给了一个军校，住在马军桥，生下仁宗的女儿，却得了四六风死了。很快她再次怀孕，生下一子，取名冷青。仁宗晚年无子，为传皇位的事儿非常着急。这女人得知此讯后异想天开，到处散布谣言，称自己的儿子就是仁宗的亲骨肉。时任开封知府的钱明逸就曾当场给冷青下跪叩头。包拯认为其中必然有诈，经缜密查实，破了此案）。二是硬把仁宗的老丈人张尧佐弹劾贬了官（张尧佐是张贵妃的父亲。这位贵妃美貌绝伦，可谓是三千宠爱在一身。为了讨好贵妃，仁宗破例接连给张尧佐加了四使：宣徽南院使、淮康军节度使、景灵宫使、同群牧制置使。“制命一出，中外惊骇”。包拯三番五次上书弹劾，人称“包弹”。不久，张尧佐便被贬到孟州当知州去了）。

其后历任河北都转运使、瀛州（今河北河间）知州、庐州（他的老家合肥）知州，因保举不当，降为池州（今安徽池州）知州。至和三年（1056）七月，欧阳修在仁宗面前说了包拯一箩筐的好话，请求重用此人，以清吏治。仁宗是位最能纳谏的好皇帝，一个月后，包拯被提升为江宁（今江苏南京）知府。才四个月后，他又被调到开封府担任知府。

包拯在开封只干了一年零三个月，并没有判过太精彩、太典型的实际案例，也从来没有过得力的助手王朝、马汉、张龙、赵虎，恰恰相反，当时在府里供职的那些吏人，都是想给他找麻烦的。

宋人徐度《却扫编》里记载说，包拯刚到开封府任，府吏们想整整他，于是每人都抱着一大沓新旧相杂的文书向他“汇报工作”，其实是想把他脑子搞乱，这样大主意就仍能由吏人们拿了——归根结底还是要揽权，从中得好处。要知道，在任何朝代里，吏都是比官坏得多的一群恶棍，十件坏事儿有九件半是“吏”们干的。包拯一看这阵势，心里明白怎么回事儿了，于是命人把府门关上，听他们一个一个地详细“汇报”。凭着包拯的为官经验，找他们点儿破绽还困难吗？于是一天下来，被老包“峻责”了几十个猾吏，剩下的全都老实了。此后开封府的办事效率成倍提高，“吏莫敢弄以事，文书益简矣”。

这么一讲就明白了，包公在开封府的功劳并不在于亲自审理案件，他做的其实主要是另外两件事：一是整顿吏治，包拯把吏治整顿一新，等于是让政府在万民之中树立了威信；二是打击豪强势力——老包当了开封府尹，最不舒服的应该是那些平日里横行霸道的宗室、外戚和达官显贵及其子弟。《宋史·包拯传》里说他“立朝刚毅，贵戚、宦官为之敛手，闻者皆惮之。人以包拯笑比黄河清。……中官、势族筑园榭，侵惠民河，以故河塞不通，适京师大水，拯乃悉毁去”。这比他亲自审理鸡鸣狗盗的小案子，收效不知要大多少倍。其实社会的治与乱，完全是由强势群体的贪与廉决定的，一个清廉的官府，本身就具有最大的威慑力和感化力，甚至不言自威；相反，一个充满贪渎和肮脏的官府，却要让平民百姓个个儿守身如玉，那可能吗？包拯最清楚身为开封府尹的“工作重点”是什么：先得让京城里密布如云的贵戚、宦官、势族别太猖狂，小蟊贼们自然就不敢胡来了。由于工作出色，包拯六十岁那年被任命为御史中丞（御史中丞是御史台里的最高长官）。

不知道他是干公检法这一套干腻烦了，还是更关注国家的经济问题，第二年年初，他突然向当时担任三司使（国家最高经济部门长官，地位相当于副丞相）的张方平发难，说他趁机贱买富民的房舍。按说张方平不至于如此下作，架不住这话出自御史中丞包大人之口，谁能辩白得清？张方平忍着一肚皮委屈，被下放到应天府（今河南商丘）去当知府，朝廷打算让成都知府任满的老臣宋祁接替三司使职务。宋祁紧赶慢赶还没到任，包拯又朝他开炮了，上奏说宋祁在成都经常和属下“游宴”，他哥哥宋庠又是现任执政，三司使绝不能交给宋祁干。仁宗实在找不到合适的人选，灵机一动，干脆把这把交椅给了包拯。嘉祐四年（1059）三月己未，“权御史中丞包拯为枢密直学士、权三司使”（“权”带有临时代理的意思）。包拯这一连串举动，让一向敬重他的欧阳修实在看不过去了，责问他是不是“蹊田夺牛”（牛踩坏了田禾，就把人家的牛强夺过来，比喻做过了头）？两人的关系从此恶化。

没到两年，包拯再升为枢密副使，进入了宰辅的行列。一年后的五月十三日，包拯正在办公，突发急症，二十五日，死于心脑血管病。享年六十四岁。

人们称包拯为“包公”可不是从近代才开始的。《孝肃包公墓志铭》里就说：“其声烈表爆天下之耳目，虽外夷亦服其重名。朝廷士大夫达于远方学者，皆不以其官称，呼之为‘公’。”可见“包公”之称早在北宋当时就已经相当普遍了。

臧懋循编纂的《元曲选》和《元曲选外编》中一共收录了元朝人写的十一出包公戏。我们来看看这些元朝戏文中是怎么称呼包拯大人的。《包待制陈州粜米》中道白称："老夫姓包名拯，字希文，本贯金斗郡四望乡老儿村人氏（宋朝没有金斗郡，应该是元朝剧作家瞎胡编的），官拜龙图阁待制，正授南衙开封府尹之职。"《包龙图智赚合同文字》第四折："包待制云：'张千，将一行人都与我带到开封府里来。'"这两出戏里说包公当开封知府的时候都是官"龙图阁待制"。其余《神奴儿大闹开封府》《包待制三勘蝴蝶梦》《包待制智斩鲁斋郎》《包龙图智赚后庭花》等剧，也都如此称呼。

看来元朝人对包公的认知，主要是他当开封府尹的那段时间，官称都是"龙图"或"待制"。对不对呢？宋朝的官制十分复杂，简单用对和不对，都不能做出准确的评判。为了弄明白这个问题，还得从宋朝的学士官说起。

宋朝最高统治者有个很好的习惯，就是尽量完整地保留历史档案材料。怎么保存呢？最好的办法，也是最常规的办法，就是设立专门机构，派专人来整理这些材料。这个专门机构，当时取名叫龙图阁。为啥叫这么个名儿呢？因为中国古代有个"河出图洛出书"的传说。《周易·系辞上》说："河出图，洛出书，圣人则之。"《尚书·顾命》篇孔安国注解说："伏牺王天下，龙马出河，遂则其文以画八卦，谓之'河图'。"意思是说伏羲氏王天下的时候，黄河里跃出一匹龙马，背上有一片星星点点的图案，于是伏羲氏按照这个图案画出了八卦的卦象。后来这个图案就称为"龙图"。八卦是中国古代文化的源头，也是古圣人对"天下"解说的最杰出贡献，所以把这个收集保管前代帝王档案的阁叫作"龙图阁"，是再恰当不过的了。

龙图阁究竟是什么时候修建的，《宋史》本身的说法就自相矛盾。《宋史·职官志二》明确地说："龙图阁学士、直学士、待制，大中祥符中建。在会庆殿西偏，北连禁中，阁东曰资政殿，西曰述古殿。"照此理解，龙图阁修建于大中祥符三年（1010），也就是真宗完成了封泰山、祠后土等一系列超级大祭祀活动之后修建的。按《职官志》所说，阁中专门收藏太宗赵光义在世时所有的资料，包括御书、御制文集以及当时出现的各种典籍、书画、珍宝祥瑞之物，还有宗正寺所进的宗室属籍、世谱等。一言以蔽之，凡是和太宗那一朝的人和事有关的，哪怕只是太宗一两个字的批示、闲暇时的舞文弄墨之作，群臣的赓和、奏章等也统统收集起来，作为一代皇帝的全面“总结”留给后代。而《宋史·杜镐传》却说：景德初（1004），置龙图阁待制，因以命杜镐，加都官郎中。四年（1007），拜右谏议大夫、龙图阁直学士。大中祥符三年（1010），又置本阁学士，迁杜镐为工部侍郎，充其职。按这种说法，龙图阁早在景德元年（1004）就开始设官了，不过设的只是“龙图阁待制”。如果以此为准的话（根据《杜镐传》的说法，应该以此为准才对），则龙图阁建成应该不晚于景德元年——这和大中祥符三年相差七年呢。

阁建好了，档案资料也在陆续入库，这些文献只存放在阁里面没有任何意义，于是真宗下旨：选派卓有学识的大臣到阁里上班，具体工作嘛，当然就是主持整理业已搜集到阁的文献资料。

北宋最早到龙图阁上班的大臣有两位，一位名叫杜镐，另一位名叫戚纶。《宋史·职官志二》说：“（龙图阁）有学士、直学士、待制、直阁等官。学士，大中祥符三年置，以杜镐为之，班在枢密直学士上。……直学士，景德四年置，以杜镐为之，班在枢密直学士下。……待制，景德元年置，以杜镐、戚纶为之，并依旧充职。四年，诏班在知制诰下，并赴内殿起居。自改官制，为学士初复之职，或知制诰平出除之。”这话说得太专业也太绕嘴，而且官称从前往后说，任职的时间却是从后往前说，乱七八糟的，所以必须加以解释。其意思是龙图阁里的工作进入正常化之后，杜镐和戚纶从景德元年开始就到龙图阁里主持工作了。这并不奇怪，杜镐本来就是江南秀士（江苏无锡人），南唐李煜时期，就在伪政权里担任过“澄心堂学士”（相当于宋朝的翰林学士）。

入宋以后，又当过国子博士（国家最高学府特聘教授）。太宗在秘阁观书，曾向他询问经义，杜镐对答如流，太宗非常赞赏，不但给他升职，还“加赐金帛”。又问他：“西汉赐与悉用黄金，而近代为难得之货，何也？”杜镐回答说：“当是时，佛事未兴，故金价甚贱。”太宗又问到唐玄宗时期梨园的本末，杜镐回答得有理有据。不久，杜镐与朱昂、刘承珪编次馆阁书籍，修《太祖实录》，受命“检讨故事，以备访问”。这么一位大师级学者，当之无愧应该进入龙图阁工作。

和杜镐比起来，戚纶算是小字辈。此人是河南商丘人，太宗太平兴国八年（983）进士，一直在基层州县工作。真宗即位后，本来命他到泰州任通判，经大臣举荐，将他留在了秘阁。在此期间，戚纶拟定了《州县职田条制》。真宗极为欣赏，所以龙图阁工作一开始，真宗便把他安排进去了。不过戚纶在此阁只有一年多，就被抽调出去了，又是知贡举，又是修纂《册府元龟》，紧接着真宗又设了个新部门叫“总管在京诸司库务”，掌管京城一百三十多座仓库，于是他又去“主管在京诸司库务”，不再到龙图阁上班了。

再说杜镐，因为其工作做得极为出色，三年多以后（自景德元年至景德四年），他由龙图阁待制晋升为“龙图阁直学士”。其实他的工作性质和环境都没有改变，只是在名义上提高了一个档次而已。到了大中祥符三年（1010），真宗一高兴，又给他加官进职，成了宋朝历史上第一位“龙图阁学士”。

这么一摆列就清楚了：在龙图阁里，学士是最高级职称，直学士次之，待制又次之。也可以这么理解：学士是名副其实的阁学士，直学士则是“值班的常务阁学士”，待制则是“临时等待宣召的见习阁学士”。

《宋史·戚纶传》说：“（景德元年）十月，拜右正言、龙图阁待制，赐金紫。时初建是职，与杜镐并命，人皆荣之。”“人皆荣之”这四个字很值得关注，它说明官员被选入龙图阁工作，是人人都非常羡慕的。原因很简单：那可是份亲手整理前朝皇帝文献的神圣工作呀，有什么工作还能比这份工作更荣耀？再说宋朝本来就是个重视文臣、重视学士的朝代，所以这个“龙图阁待制”一设立，不知馋坏了多少文人。

不过真宗想得更深：你们这些家伙不是都想要这玩意儿吗？好哇，就拿这东西吊着你们的胃口（真宗大概是从唐太宗李世民那里取得了真经：李世民为了笼络士子之心，每年举行一次科举考试，把士子的注意力都吸引到这上面来，谁也顾不上和朝廷作对了，所以他曾得意地说：“天下英雄入吾彀中矣！”彀是装箭的筒子）。于是大中祥符末年，朝廷把龙图阁待制扩大到四员，此外又增加了“直龙图阁”一职——当时只要和龙图阁沾上边儿，没人不踊跃争取（龙图阁学士为正三品，直学士为从三品，待制为正四品，直龙图阁只有正七品）！李攸的《宋朝事实》记载，当时“龙图阁学士一员，龙图阁直学士七员，龙图阁待制三员，直龙图阁五员”。不数不知道，一数吓一跳，小小的龙图阁里，光领导就十六位之多了，再加上办事员、勤杂工、看门的、守夜的，还挤得下吗？唉，有办法，挤不下就不让他们挤嘛，规模非但不能缩减，还得继续扩大呢。

这荣耀无比的“阁学士”头衔，到后来不但没有“压缩指标”，反而有所增加，您猜怎么增加法儿？朝廷授予阁学士，但无须到阁里去上班，该任什么职务还任什么职务，只不过增加一个新头衔——既然你们喜欢这个头衔，那就让你们戴上这顶帽子去当知州，当转运使，当在朝的官儿，无所谓嘛，你们感觉到了朝廷的抬举，朝廷也不担心你们捣乱了，一举两得，有啥不好？于是仁宗时期便出现了一定数量的外任“阁学士”。举例来看，比如《宋史·李柬之传》说：“侍御史知杂事（李）柬之自少受知于寇准，……拜天章阁待制、河北都转运使，加龙图阁直学士。……知荆南、河阳、澶州。”意思是李柬之本来担任的是侍御史知杂事（御史台最高长官御史中丞的副手），朝廷觉得碍事，想放他外任，于是给了他一个“天章阁待制”，让他带着这顶光环到大名府去当河北转运使。一段时间之后，朝廷又要把他调到荆南府（今湖北江陵）

当知府，于是又升两级，给了个“龙图阁直学士”。不论是天章阁待制还是龙图阁直学士，李柬之都不用也不允许到阁中供职，甚至龙图阁和天章阁的门儿朝哪边儿开，他都未必知道，他也没必要知道。《宋史》的传记中如果不专门强调“落”学士，那就一直带着，比如李柬之，以龙图阁直学士知荆南府，之后还是以龙图阁直学士之职调任知河阳（今河南孟州），再以龙图阁直学士之职调任知澶州（今河南濮阳）。职务变了，职位没变：平调。

这里提到的“天章阁”是怎么回事呢？这正是我们要说的第二个问题：真宗本来想再建一座天章阁收藏太祖赵匡胤一朝的文献资料，谁想此阁天禧四年（1020）开始筹备，不久他就病倒了，乾兴元年（1022）三月，真宗病逝，仁宗即位，于是干脆把天章阁改成了收藏真宗赵恒一朝文献资料的阁楼了。由于有了龙图阁的经验，天章阁的处置方式完全可以照葫芦画瓢：有在阁里上班的，也有只授学士头衔放外任的。最先设置的仍旧是天章阁待制，天圣八年（1030）开始除授，从四品，初置两员，往后便视“需求”而定，没定编了。随后在庆历七年（1047）置天章阁直学士，从三品，无定员；同日置天章阁学士，正三品，也无定员。为啥？这样朝廷想怎么掌握就怎么掌握，想给谁就给谁呀。

现在返回头来看咱们包大人：《宋史·包拯传》记载，他最初被授予“天章阁待制”是在仁宗皇祐二年（1050）他五十二岁担任知谏院的时候。这个待制光环一直戴到皇祐四年（1052）三月他出任河北都转运使为止，此后知瀛州、庐州、池州、江宁府、开封府，则都是以“龙图阁直学士”之职赴任的。本文前面提到过，元杂剧里称开封知府包拯为“包龙图”和“包待制”既对也不对，现在就可以说清楚了：包拯的确当过“待制”，但那是他知开封府之前的事儿，而且是“天章阁待制”，不是“龙图阁待制”——包拯压根儿就没当过“龙图阁待制”。知开封府的时候，他的学士职是“龙图阁直学士”。虽然“龙图”两个字不能算错，但称他为“龙图阁待制”就错了，正确的称谓应该是“包学士”——龙图阁直学士的简称。看来元朝人是把老包的“天章阁待制”和“龙图阁直学士”给糅在一块儿用了，您说应该算对呢，还是应该算错？

顺便再说几句：自打龙图阁、天章阁建立，以后每去世一位皇帝，下一代皇帝便在大内修建一座新“阁”（也有因特殊情况没建阁的）。比如仁宗去世，英宗建了一座宝文阁；英宗去世就没建阁；接下来还有显谟阁、徽猷阁、敷文阁、焕章阁、华文阁、宝谟阁、宝章阁、显文阁等一共十一个阁。宋朝文献当中诸如“敷文阁学士”“显谟阁直学士”“徽猷阁待制”之类的名目满天飞，究其根源，就是从修建龙图阁开始的。只不过越到后来，这类学士、待制就越多。

北宋的经略安抚使

《水浒传》里有个“鲁提辖拳打镇关西”的故事，让人看着很过瘾，还曾入选了中学语文课本。鲁达听金翠莲说“郑大官人”就是当地杀猪的郑屠，大怒道：“呸！俺只道那个郑大官人，却原来是杀猪的郑屠！这个腌臜泼才，投托着俺小种经略相公门下做个肉铺户，却原来这等欺负人！”教材上对“经略”的注释说：“官名，掌管边疆军民大事。”显得过于简略。“经略”是北宋“经略安抚制置使”的简称，什么叫经略安抚制置使？又不是一两句话能说清楚的。我们还是从唐朝开始看吧。

今人瞿蜕园《历代职官简释》说：“唐初，于沿边诸军有置经略使者。肃宗时，贺兰进明除岭南五府经略兼节度使，此后虽有置观察使者，仍兼经略使。宋代则自仁宗时对西夏用兵，始命陕西沿边大将皆兼经略，此后多以经略安抚使为总辖军民之方面重臣。”我们把这段话再掰开了解释一下：首先，“经略”本身带有“经营治理”甚至“镇抚”的意思，充满霸气。《左传·昭公七年》：“天子经略，诸侯正封，古之制也。”杜预注解说：“经营天下，略有四海，故曰经略。”众所周知，唐代最后的灭亡，根本原因是大大小小的观察使、经略使、节度使们踞地称雄，不买皇帝的账。这些家伙实际上是些手握军、政、民、财乃至监察大权的土皇帝。

宋太祖赵匡胤建立宋朝以后，接受唐王朝灭亡的惨痛教训，果断夺去了地方官的军权，所以北宋早期的路份、州郡长官手里都不掌握军队。当然也有特事特办的情况，比如边境地区的地方官，不但给他们兵权，还慷慨地赋予他们“便宜处置”的特权（便宜处置指的是遇到紧急情况可以先行处置再向朝廷汇报，有点像今天常说的“先斩后奏”）。正是由于赵匡胤如此雄才大略，外御强敌，内安百姓，所以宋朝建立后的几十年，日子一直过得挺安稳。这些老将去世之后，则往往换成文人守边，更多的职责就是“知州事”了。

真宗景德（1004—1007）年间，契丹皇帝耶律隆绪和萧太后突然向宋朝发起全面进攻，虽然说天命佑宋，契丹大元帅萧挞览被宋人一箭射死，宋朝取得了胜利，但外敌的发难，还是给宋朝君臣敲了一次警钟，所以接下来的大中祥符年间，开始陆续在边地和内地一些容易发生外患和内乱的地区设立帅司，让这些帅臣掌握一定数量的地方军队，给他们的权限是以某路“马步军都总管”的身份担任所在州知州。

仁宗宝元（1038—1040）年间，西夏主元昊突然向宋朝发难，紧接着北方强国契丹也趁火打劫，对宋朝虎视眈眈，甚至派使臣来讨要“关南之地”（即后晋石敬瑭出卖给契丹的山前八州地区被后周收复的瓦桥关一带）。为了应对严重的外部威胁，又要讲究策略，所以朝廷在河东（以今山西太原为中心）、陕西（以今陕西西安为中心）两路正式设置了两个经略安抚使司，任命帅臣一人主管全路军政，并兼管当地的民政。为了避免西、北两面紧张，面临河北的大名府暂时保持原状，没有立即设立经略安抚使司。皇祐（1049—1054）年间，广西南境广源州（在今越南境内）人侬智高入侵内地，于是朝廷又在广南、湖南设置了两个经略安抚使司。

这些经略安抚使司最初的设立大都是在边境地区。《宋史·职官志》说：“经略安抚司，经略安抚使一人，以直秘阁以上充，掌一路兵民之事。皆帅其属而听其狱讼，颁其禁令，定其赏罚，稽其钱谷、甲械出纳之名籍而行以法。……帅臣任河东、陕西、岭南路，职在绥御戎夷，则为经略安抚使兼都总管以统制军旅，有属官典领要密文书，奏达机事。河北及近地，则使事止于安抚而已。”这里特别强调的是“河东、陕西、岭南”三路的经略安抚使要“统制军旅”，以便“绥御戎夷”。而河北及近地，似乎无须舞枪弄棒，只管安抚一方百姓就行了。其实这段话讲得挺模糊，时间跨度也过长——宋朝的经略安抚使司本来就是陆续设立的。后来为了统管内地，从仁宗末年到神宗年间，陆陆续续在内地各路中也都设置了经略安抚使司或类似的职司。

这些经略安抚大使一般兼任所驻州府的最高行政长官，形式上与唐朝的方镇差不多，只是他们的权力比唐朝的节度使小得多：一是宋朝的经略安抚使只有管兵之权而没有发兵之权，又要受其他官吏的监察和制约；二是宋朝各路中还设有转运使司、提点刑狱司和提举常平司，主管一路中除兵、民两政之外的其他事务；三是北宋这些路份大员的官称都不一样，有的路称为“经略安抚使”，有的路称为“马步军都总管”，有的路只称“安抚使”，有的路则称“兵马钤辖”，但当时的俗称倒是很统一，都叫“帅司”。

北宋一朝前后共设置了二十九个帅司，分别是：

1. 京东东路安抚使、兵马巡检［兼知青州，今山东青州，仁宗庆历二年（1042）始置］；

2. 京东西路安抚使、兵马巡检［兼知郓州，今山东东平，仁宗庆历二年（1042）始置］；

3. 京西北路安抚使、兵马巡检［兼知许州，今河南许昌，仁宗嘉祐七年（1062）始置］；

4. 京西南路安抚使、兵马巡检［兼知邓州，今河南邓州，仁宗嘉祐七年（1062）始置］；

5. 大名府路安抚使、兵马都总管［兼知大名府，今河北大名，仁宗庆历二年（1042）始置］；

6. 高阳关路安抚使、马步军都总管［兼知瀛州，今河北河间，仁宗庆历八年（1048）始置］；

7. 中山府路安抚使、马步军都总管［兼知定州，今河北定州，仁宗庆历八年（1048）始置］；

8. 真定路安抚使、马步军都总管［兼知镇州，今河北正定，仁宗庆历八年（1048）始置］；

9. 河东路经略安抚使、马步军都总管［兼知太原府，今山西太原，从宋朝建国时始，初时称并代都部署，仁宗宝元三年（1040）改为河东路经略安抚使、马步军都总管］；

10. 永兴军路经略安抚使、马步军都总管［兼知京兆府，今陕西西安，从宋朝建国时始，初时称永兴军节度使，仁宗宝元三年（1040）改为永兴军路经略安抚使、马步军都总管］；

11. 鄜延路经略安抚使、马步军都总管［兼知延州，今陕西延安，仁宗庆历元年（1041）始置］；

12. 泾原路经略安抚使、马步军都总管［兼知渭州，今甘肃平凉，仁宗庆历元年（1041）始置］；

13. 环庆路经略安抚使、马步军都总管［兼知庆州，今甘肃庆阳，仁宗庆历元年（1041）始置］；

14. 秦凤路经略安抚使、马步军都总管［兼知秦州，今甘肃天水，仁宗庆历元年（1041）始置］；

15. 熙河路经略安抚使、马步军都总管［兼知熙州，今甘肃临洮，仁宗庆历元年（1041）始置］；

16. 两浙西路安抚使、马步军都总管［兼知杭州，今浙江杭州，神宗熙宁七年（1074）始置。早在仁宗皇祐元年（1049），两浙尚未分东西两路时，曾设置两浙路兵马钤辖，至此分为两路，始改为两浙西路都部署、马步军都总管］；

17. 两浙东路安抚使、马步军都总管［兼知越州，今浙江绍兴，神宗熙宁七年（1074）始置］；

18. 江南东路马步军都总管［兼知升州，今江苏南京，真宗大中祥符三年（1010）始置，乃是因祠汾阴而江淮受灾的临时措置］；

19. 江南西路马步军都总管［兼知洪州，今江西南昌，真宗大中祥符三年（1010）始置，乃是因祠汾阴而江淮受灾的临时措置］；

20. 淮南东路马步军都总管［兼知扬州，今江苏扬州，真宗大中祥符三年（1010）始置，乃是因祠汾阴而江淮受灾的临时措置］；

21. 淮南西路马步军都总管［兼知庐州，今安徽合肥，真宗大中祥符三年（1010）始置，乃是因祠汾阴而江淮受灾的临时措置］；

22. 福建路马步军都总管［兼知福州，今福建福州，仁宗嘉祐四年（1059）始置，初时称福建路兵马钤辖］；

23. 荆湖北路安抚使、马步军都总管［兼知荆南府，今湖北江陵，真宗大中祥符元年（1008）始置］；

24. 荆湖南路安抚使、马步军都总管［兼知潭州，今湖南长沙，仁宗庆历三年（1043）始置］；

25. 成都府利州梓州夔州四路兵马都钤辖（兼知成都府，今四川成都，太宗淳化年间王小波李顺起义后置，具体年月不详）；

26. 广南东路经略安抚使、马步军都总管［兼知广州，今广东广州，仁宗景祐二年（1035）始置，初时称广南东路兵马钤辖］；

27. 广南西路经略安抚使、马步军都总管［兼知桂州，今广西桂林，仁宗景祐二年（1035）始置，初时称广南东路兵马钤辖］。

此外，还有燕山府路、云中府路两个经略安抚使司，是北宋末年童贯“收复”燕云十六州之后设立的，没几天北宋灭亡，两路经略司也随之落入金人之手。

读到这里，一定会有人问：为什么大致相同的机构，名称却不一样呢？我们把上面的介绍稍稍做一归纳，就不难看出其中的原委了。二十九路帅司中带“经略”的共有河东、永兴军路、鄜延、泾原、环庆、秦凤、熙河、广东、广西、燕山府、云中府十一路，这十一路帅司所在地中，与西夏相邻的有河东太原、永兴军长安、鄜延的延州、泾原的渭州、环庆的庆州、秦凤的秦州、熙河的熙州七路；与契丹相邻的有河东太原（这一路最为特别，既与西夏相邻，又与契丹相邻），而燕山府（今北京）、云中府（今山西大同）值契丹灭亡而金人尚未发难之间，可以不论。和交趾（今越南北部）相邻的则有两广。很明显，“经略”之设，主要是针对西夏和交趾两个既臣服宋朝又经常闹事儿的陪邻小国的，很符合《左传》杜预注所说“略有四海”、护国安邦之意。北方的契丹岂不比西夏和交趾更强大吗？不错，唯其强大，才不能简单地用“经略”的手段去对付，再说早在真宗景德年间，两国就缔结了互不侵犯友好条约（即人们熟悉的“澶渊之盟”），再在北部边境地区设“经略”，岂不是在显示对友邦的不信任了？所以宋朝对契丹采取的是“内紧外松”的策略，甚至在庆历八年（1048）的时候，把原来一个大名府安抚使扩展成大名府、高阳关、中山府、真定府四个帅司，就是不改名叫“经略”，我不让你契丹抓住小辫子！

再看单纯叫“安抚使”外挂“兵马巡检”或“马步军都总管”的，除了河北四路之外，还有京东东、京东西、京西北、京西南、两浙东、两浙西、荆湖北、荆湖南八路。其实这八路也是从原来的京东、京西、两浙、湖北、湖南五路逐渐分出来的。这些地区明显处在内地，所以只有安抚之责，没有经略的空间——经略谁去呀？再有就是只称马步军都总管的淮南东、淮南西两路，属于内地中的内地，连安抚的必要都没有，挂个“马步军都总管”的名儿，过把瘾而已。比较特殊的是天府之国的四川，叫“兵马都钤辖”，意思是所有四川境内的军队，统统属这位“都钤辖”约束，不得有误！和“经略”“安抚”“总管”等名称相比，钤辖对军队的控制应该是最为严厉和无条件的。这是因为四川僻在西南，交通通信等都极不方便，最易发生突发事件，所以给这个帅臣的权力也是最大的。整个宋朝，在四川干过“都钤辖兼知成都府”的官员，几乎都是副相的第一预备人选，就如同现在在上海、天津当过主要领导的官员，有几个不进政治局的？

然而这也只是一般情况下的设置，宋朝的官制很灵活，一旦遇到紧急情况，很快就可以打破常规。比如宋朝和西夏开战的康定元年（1040），永兴军路就同时派出了三位经略安抚使。《长编》卷一二七说：“（康定元年五月戊寅）泾原秦凤路缘边经略安抚使夏竦为陕西都部署兼经略安抚使、缘边招讨使、知永兴军。”《宋史·仁宗纪二》说：“（庆历元年）四月甲申，以资政殿学士陈执中同陕西马步军都总管兼经略安抚缘边招讨等使、知永兴军。诏夏竦仍判永兴军。”《长编》卷一三二说：“（庆历元年）六月壬午，新知河中府、吏部侍郎范雍知永兴军。”陆游在《老学庵笔记》里提到此事，称这种情况属于“紧急措施”。

当然，以上也只是“经略”“安抚”的大概轮廓。其实内部权力分配还有很多名堂呢。大名鼎鼎的沈括曾经当过鄜延路的经略安抚使，他在《梦溪笔谈》里这样说：“余为鄜延经略使日，新一厅，谓之五司厅。延州正厅乃都督厅，治延州事；五司厅治鄜延路军事，如唐之使院也。五司者，经略、安抚、总管、节度、观察也。唐制，方镇皆带节度、观察、处置三使。今节度之职，多归总管司；观察归安抚司；处置归经略司。其节度、观察两案，并支、掌、推官、判官，今皆治州事而已。经略、安抚司不置佐官，以帅权不可更不专也。都总管、副总管、钤辖、都监同签书，而皆受经略使节制。”意思是在鄜延路这个庞大的帅司里包含着许多类别、许多项工作：有主管经略边地的，有安抚当地百姓的，有总管军队的，等等。而这位“鄜延路经略安抚使兼知延州”的一把手，办公厅却有两处，一处是“正厅”，即太守过问民政狱讼的地方；另一处是五司厅，即经略安抚使运筹决策军事的地方。“太守”和“经略安抚使”其实都是沈括一个人，但属官可就有严格的分工了：正厅里的属官有观察支使、节度掌书记、延安府推官、延安府判官——这些原本在唐朝属于军事参谋干事一类的僚属，在宋朝却仅仅“治州事而已”。我们简单地模拟一番：当同一个沈括来到五司厅办公时，属下又是另一拨儿人：马步军都总管、副总管、兵马钤辖、兵马都监。其实沈括是个读书人，而那几位总管、钤辖、都监才是武将呀。宋朝就是这么怪，懂得打仗的武人必须无条件服从不懂打仗的文人指挥，难怪宋朝虽然没有出现过武装政变，可打仗也没有打出多少彩来，就是这个原因造成的。

现在再回到《水浒传》里看“经略”，就很容易明白了：第一回里，当高俅欲加罪教头王进，而王进打算逃离汴京的时候，想到“只有延安府老种经略相公镇守边庭，他手下军官，多有曾到京师的，爱儿子使枪棒的极多，何不逃去投奔他们？那里是用人去处，足可安身立命”。本文刚开始提到的郑屠“投托着俺小种经略相公门下做个肉铺户”，是在说种师道、种师中兄弟分别担任着“鄜延路经略安抚使兼知延州”“泾原路经略安抚使兼知渭州”，强调的是种氏兄弟都是一方土地的军政一把手。稍微需要提几句的是，历史上真实的“老种经略相公”种师道并没有担任过鄜延路经略安抚使，《水浒传》所描写的宣和这段时间，种师道已经七十多岁了，担任的官是“泾原路经略安抚使兼知渭州”；“小种相公”种师中年纪也不小了，担任的是“环庆路经略安抚司”属下的邠州（今陕西彬县）知州。

宋朝的提刑官

记得几年前看过一部电视剧，片头赫然出现了一块匾额，上书“提刑司”三个大字，心里就有点儿不舒服。接着往下看，只听一个县令轻蔑地对提刑官说“你一个小小的州县官员”如何如何，于是不打算再往下看了。因为仅此两点，已经足见编剧对宋朝的典章制度是很不熟悉的。

为什么我见到“提刑司”的牌子心里不舒服呢？因为在宋朝，“提刑司”只是该官衙的俗称，它的全名应该是“提点某某路刑狱公事司”。

为什么听到提刑是“州县官员”就不想再往下看了呢？熟悉中国历史的人都知道，“州县官员”是明清以后，尤其是清朝对县里属官（还不是县太爷）的统称，因为宋朝的中级行政区划大都叫作“州”或“府”，明代把所有中级区划统统改成了“府”，比如宋朝的“福州”，明朝以后就叫“福州府”。宋朝的徐州，明朝以后就叫“徐州府”。而宋、元时期的某些“州”，到了明朝并没有保留中级政区的资格，只能依旧叫“州”，但实际上仅和当时的县同级。比如两广地区的高州、白州、化州之类。因此才出现了州、县并称的情况。这类“州”和各县的属吏，就统统称为“州县官员”了。这么称呼还有一个心照不宣的理由：“州县官员”往往都是用钱“捐”来的，属于“买缺儿”

性质的官。而堂堂大宋朝的提刑，怎么突然就和这类小吏联系到一起了呢？

也许按照电视剧编剧的理解，州县（姑且按照宋朝真正意义上的州县来说吧）里的小官，最多和县令是同一级的官，所以才敢和他分庭抗礼。事实却完全不是如此，宋朝的行政区划大致分为四级：1. 中央中书省（元丰改制以后分出尚书省），2. 路，3. 府、州、军、监，4. 县（当然下面还有乡，和现在的县统乡性质相同，不再多说）。不过宋朝的路里不设最高行政长官，而是分别设经略安抚使司、转运使司、提点刑狱公事司。王安石变法后，又增设了一个提举常平茶盐公事司，北宋末年又设了提举学事司，俗称为帅司、漕司、宪司、仓司（又叫庾司）和学司。除掉学事司之外，帅、漕、宪、仓四个司的最高领导人之间没有从属关系，谁也没资格领导谁，而是各司其职，分别直接对中央政府负责［宋朝完全不是“官大一级压死人”的一线式官吏制度。关于这一点，《宋会要辑稿·职官》四五之四〇说得很清楚：置部使者之职，俾之将王命，以廉按吏治。至于职事，则各有攸司：婚、田、税赋则归之转运（司），狱讼、经总则隶之提刑（司），常平茶盐则隶之提举（常平司），兵将盗贼则隶之安抚使司］。可以这样理解：这四个司的最高首长都是路一级的最高长官，又都不是路一级的最高长官，这是最典型的分权而治的管理模式。宋朝皇帝之所以如此设置路份官员，完全是接受了唐朝节度使、观察使们权力过于集中，最终导致大小军阀都有能力和中央政权分庭抗礼的惨痛教训。

弄清了这个特殊模式（该模式在宋朝之前是没有出现过的），提刑官的定位就大致清楚了：他既不属于州府官员，更不属于县级官员。用现在的概念打比方，人家提刑官可是省部级的高官哪！一个小小的县令，借给他十个胆儿，也断然不敢在提刑大人面前那么张狂放肆。

宋朝是个崇尚文治、重视民命的朝代，赵匡胤建国之后，出的第一张牌就是“杯酒释兵权”，奠定了不准乱杀人的文治基础。经过太宗一朝，外患基本清除，所以从太宗晚年开始，办好国内的事就显得迫在眉睫了。尽管太祖建隆四年（963）就出现了由法学专家窦仪主持编写的《大宋刑统》，但因为当时国家还处于初创阶段，从五代野蛮残暴中走过来的不少官吏还不能理解什么叫文治，什么叫民生，经常出现错杀、误杀人命的事件。太宗赵光义觉得这样发展下去，地方官吏舞文弄法，欺瞒朝廷，就是有十部百部《刑统》，也是有名无实，于是接连采取了一系列重大措施，来保证判决量刑的公正性和准确性。

《宋史·太宗纪》载，淳化二年（991）的五月，“置诸路提点刑狱官”——当时全国分为十几个路，大致相当于今天的省。当年八月，又在中央设立了一个叫审刑院的机构，负责复核各地上报的重特大案件。为什么要这样做呢？《长编》卷三二说太宗担心“大理、刑部吏舞文巧诋，置审刑院于禁中”。审刑院的职责是“凡狱具上奏者，先由审刑院印讫，以付大理寺、刑部断覆以闻，乃下审刑院详议，中覆裁决讫，以付中书，当者即下之；其未允者，宰相复以闻，始命论决”。这段话的意思是：凡是各地呈报上来的已经审结的死刑案件，先要交到新设置的审刑院严格审查，确定无误，由审刑院加盖公章，交到大理寺和刑部复查。大理寺是从秦朝就设立的九寺之一，专一审理重大案件，是个相当成熟的审理机构。宋初的刑部则基本上是个空架子，尽管如此，为了“慎刑”，不错杀无辜，还是要求该部门再过一道手。刑部过完手，重新发回审刑院做最后的复核，然后呈交中书省，由中书省最高长官签署死刑令。其间稍有疑点，中书省仍可以发回审刑院重新核查，再交宰相签署死刑执行令。单从这套繁复的程序就能感觉到：宋朝判处一个死刑犯是何等审慎，完全不像某些文学或影视作品描写的那样任情率意。

此外，朝廷又大力加强登闻鼓司的作用，人们常说的“击鼓鸣冤”，就起于宋朝。《长编》卷三四有则小故事，颇能体现当时最高统治者的良苦用心。说有个名叫牟晖的人“击登闻鼓”，啥事呢？原来他家被人偷走一口猪。太宗亲自审理，因为是件无头案，只得命官府拨给牟晖“千钱”，以偿其直。事后太宗对宰相说：“似此细事悉诉于朕，亦为听决，大可笑也。然推此心以临天下，可以无冤民矣。”看了这番话，太宗为什么要在诸路设提点刑狱司的用心就非常清楚了——此前历代，地方案件都是由州郡、县主要官员负责审理的。虽然一些朝代也规定死刑案件须呈报中央核准，但中央的刑部、大理寺面对几百个州郡、几千个县，怎么可能一一认真审核呢？为了弥补上与下的严重不对接，在州郡和中央之间再设一个“提点刑狱司”，无疑是个良策。

宋朝的提刑官主要职责是什么呢？《宋史·职官志》中说：“掌察所部之狱讼而平其曲直，所至审问囚徒，详核案牍，凡禁系淹延而不决、盗窃逋窜而不获，皆劾以闻，及举刺官吏之事。”也就是说，提刑官的主要职责并不是代替州县官员亲自断案或参与破案，只是对一些特别重大、涉及人命的案件进行详细审慎的复核。在复核过程中，有权重新提审犯人，以求案件定性有据。当然朝廷也没有忘记：提刑司既然是路份长官，也有权监察州郡乃至县级官员的一举一动——宋朝监察的眼睛遍布任何角落，几乎所有官员的背后都有无数双眼睛在盯着他，这也正是宋朝前期官府难以形成腐败的原因——天下之弊，只有不认真治的，没有治不了的。

提点刑狱司的设置本应是件大好事，设置初期，的确起到了遏制地方官草菅人命的作用，也给平民百姓拓开了一条告状申冤的新路。但提刑之设毕竟还属于新鲜事物，派出去的官员往往不知道如何行使自己的正当权力，所以两年之后便被取消，其复谳冤狱的职权暂时归并到转运使司里去了（《宋大诏令集》卷一六〇）。

到了宋真宗景德四年（1007），朝廷下令“复置诸路提点刑狱官”。真宗对宰相王旦说：“勤恤民隐，遴拣庶官，朕无日不念也。所虑四方刑狱官吏，未尽得人，一夫受冤，即召灾沴。”真宗虽然算不上是位多么圣明的天子，但此人的心地还是比较善良的。为了国家不受“灾沴”，他必须要“勤恤民隐，遴拣庶官”，于是亲自点了陈纲、李权、李及三个“性度和平有执守者”的名。这些新提刑上任之前，真宗还特意在长春殿接见他们，要求他们“所至专察视囚禁，审详案牍。州郡不得迎送聚会。……在系久者，即驰往案问”。充分体现了宋朝统治者体恤民隐的仁义之心。尤其“州郡不得迎送聚会”这句话很值得注意，别看只有八个字，含义却极其深刻：人命关天的大事，绝不允许掺杂吃吃喝喝、拉拉扯扯那一套（贪污受贿、徇情枉法之类就更是不在话下了）。此后的一段时间里，提点刑狱司罢了又复，复了又罢，有时专设文官提刑，可文人的威慑力不够，于是增设武官提刑；武人难免专断，于是又罢武官提刑，直到仁宗即位后，这一司才算基本稳定下来，直到南宋灭亡，没有再罢。根据笔者多年的研究，理出一个宋朝提刑司设置和罢废的简表，供宋史爱好者参考：

文提刑：太宗淳化二年（991）五月至淳化四年（993）十月置司。真宗景德四年（1007）七月至仁宗天圣六年（1028）正月置司。仁宗明道二年（1033）十二月至宋亡（1279）置司。

武提刑：太宗淳化二年（991）五月至仁宗嘉祐五年（1060）八月置司。徽宗宣和三年（1121）至高宗建炎四年（1130）置司（仅限淮南、江南、福建三处）。孝宗乾道六年（1170）至孝宗淳熙末年（1189前后）置司。

需要说明的是：武臣担任提刑官，从一开始就是“同提点”，也就是“副提刑”——宋朝从来就没有武臣全面掌管提刑司的情况。

宋朝提刑司的设置，在很大程度上体现了统治者对人民生命权利的高度尊重，他们很清楚地认识到：人的生命权才是最大的人权。事实上，宋朝的提刑多如牛毛，宋慈为什么名气独大呢？就因为这个人写过一本《洗冤集录》，这本书可以说是中国法医学的开山之作，至今已经被翻译成多种文字，流传于世界各国。然而他毕竟不是什么大人物，所以《宋史》里没有为他立传。从刘克庄为他写的墓志铭看，此人曾担任过广东、江西、湖南三路的提刑，洗雪冤屈无数。六十四岁时，死于广州知州兼广南东路经略安抚使仕上。这个人一生俭素，“疏食缊袍，萧然终身，可与辛弃疾相颉颃焉”。看来他虽然生活在南宋末年，却始终遵循着真宗的教诲，不吃请，不受贿，立身刚正，“望之可威”。好官！

有些年轻朋友单纯地认为：封建社会里没有好官，因为那种社会制度本身就是腐朽的。这可真是极大的偏见，最简单不过的道理：如果那时的官全都是害人精，如何能把一个王朝维持数百年之久？翻开宋朝的文献，好提刑比比皆是。比如宋朝范镇《东斋记事》里记载仁宗庆历年间广东提刑周湛，就是位解救被拐卖人口多达二千余人的好官：“湖南之民，掠良人逾岭卖为奴婢，湛为广东提点刑狱，下令捉溺，及令自陈，得男女二千六百余人，还其家，而世少知之，盖古良吏也。”《宋史·齐廓传》说齐廓任荆湖南路提刑时，潭州（今湖南长沙）“鞫系囚七人为强盗，当论死。廓讯得其状非强，付州使劾正，乃悉免死”。意思是长沙的七个罪犯轻罪重判，幸亏齐廓重审此案，否则这些人的脑袋早就搬家了。

宋朝有操守的提刑官大都能洁身自好。如司马光的同年进士，也是他的好友邵必，当过淮南路提点刑狱官。《宋史》本传说他“居官震厉风采，始至郡，惟一赴宴集；行部，但一受酒食之馈。以为数会聚则人情狎，多受馈则不能行事，非使者体也”。意思是说邵必当提刑官严于律己，每次行部巡察，只吃一顿便餐。原因很简单：吃吃喝喝的事儿多了，就难免碍于人情，无法秉公办案，那绝不是提刑应有的行为。一千多年前的古人就能如此谨慎，不得不令人称道。

仁宗时期的齐恢，“提点成都府路刑狱三年，徙河东。凡公帑格外馈饷之物，一无所受。单车而东”（《宋史·齐恢传》）。

神宗时的京东路提刑官马默则表现为另一种刚正。《宋史·马默传》说：“默性刚严疾恶，部吏有望风投檄去者（一听说马默上任，知道不好糊弄，赶紧辞官先溜了）。金乡令以贿著，其父方执政，诒书曰：‘马公素刚，汝有过，将不免。’令惧，悉取不义之物焚撤之。”这段话对于那些逢迎长官枉法断案的人是个很好的教育：马默的刚正，令当朝宰相都给他当县令的儿子偷偷写条子：“马默可是个六亲不认的主儿，你若是犯在他手里，小心吃不了兜着走，为父虽然身为宰相，也救不了你！”吓得这位金乡县令赶紧把赃物焚烧，毁灭罪证，勉强逃过一劫。

南宋高斯得任湖南提点刑狱时，攸县富民陈衡老以粮食资助盗贼劫杀平民。高斯得到任后，首吏（县里主管审理此案的头目）因受贿而为陈衡老掩盖罪行。高斯得经过缜密调查，弄清了首吏的受贿事实，判他黥配之罪。陈衡老的女婿吴自性等人给朝廷上书，污蔑高斯得盗取官木，一时间闹得沸沸扬扬。高斯得却不慌不忙，获取了吴自性等与宦官及省部胥吏交通的罪状，事实真相终于大白，黥配吴自性及省寺高铸等二十余人（《宋史·高斯得传》）。为官者只要是胸有正义，就不怕恶人栽赃陷害，怕就怕自己屁股上有屎，那就怎么擦也擦不干净了。

通判是个什么官

喜欢宋朝文史的朋友一定见过“通判”这个官名，它是州府里的主要职官之一。宋朝州府里的一把手既然叫“知州”“知府”，依理推之，通判似乎应该是知州、知府的副手，也就是今天所说的“二把手”。事实是不是如此呢？这么说吧：既不算全错，也不能算全对。为什么呢？

从形式上看，通判有协助知州、知府工作的职责。宋朝的知州、知府和通判分厅办公，比如《淳熙严州图经》（南宋淳熙年间编纂的严州地方志。严州在今浙江建德）就明确点出：“州衙（知州办公地）在子城内正北。”“通判廨舍在遂安军门内街西。”聪明人一眼就能看出：如果通判真是知州的副手儿，不可能让他另立门户；既然另立门户，一定有分而治之的意味。

事实的确如此，宋朝设立通判的本意，最初就是想让这个官儿对知州、知府起到监察的作用。瞿蜕园《历代职官简释》说：“宋代初设通判之时，职权几与知州、知府无异，名为佐官，实际是共同负责，甚至还是知州、知府的监视者。”讲得相当准确。咱们来看看《宋史·职官志七》是怎么说的：“宋初惩五代藩镇之弊，乾德初，下湖南，始置诸州通判，命刑部郎中贾玭等充。建隆四年，诏知府公事并须长吏、通判签议连书，方许行下。时大郡置二员。余置一员。州不及万户不置，武臣知州，小郡亦特置焉。其广南小州，有试秩通判兼知州者，职掌倅贰郡政，凡兵民、钱谷、户口、赋役、狱讼听断之事，可否裁决，与守臣通签书施行。所部官有善否及职事修废，得刺举以闻。”说得更明确的是《宋史·职官志一》：“外官则惩五代藩镇专恣，颇用文臣知州，复设通判以贰之。”啥意思呢？干脆就是针对着唐五代时期地方军阀的专横，给他们戴上一道紧箍咒：你不是想一手遮天吗，如今朕派个心腹跟在你屁股后头盯着你，你的一举一动都有人给朕汇报。打个比方说，通判实际上是皇帝的千里眼和顺风耳。

我们不得不佩服赵匡胤治国的眼光和智术，他是从军阀堆里摸爬滚打历练出来的，军阀那一套他太熟悉了：哪个军阀不是天老大他老二？有几个真把皇帝放在眼里的？如今赵匡胤当了皇帝，他能容忍在朝在野各路军阀轻蔑他吗？能眼睁睁等着军阀们腰粗胆壮之后把他推翻吗？所以他很清楚：夺取军阀的兵权，是新朝稳定的关键一步。“杯酒释兵权”把那些大军阀的军权拿掉之后，散在各个州郡里的二级军阀——刺史、团练使、防御使、知州知府们，也必须要严密地监管起来，免得他们翅膀长硬了不听使唤。说到这儿，赵匡胤的文治和监察思路就更清晰了：所有官员，只要有可能指挥军队跟朝廷发难的，统统看管起来，只许他们老老实实干事儿，不许他们舞枪弄棒趾高气扬！

宋朝无论是知州还是通判，都不是“一刀切”式地在同一时间施行的。赵匡胤治国很稳健，初建国时，为了稳住阵脚，原有不少军阀性质的州府长官都没有轻易变动，他采取的是分批逐个儿解决的方式：比如有的军阀死了，那就换一位文臣去知州；有的出去打仗了，就临时派一位文臣去顶替他。通判的任命也并非一日之间就在全国范围内铺开，最初只在新收复的地区设立。《宋史·李穆传》说：“宋初，（李穆）以殿中侍御史选为洋州通判。”洋州在今陕西的洋县，本属十盂衪的后蜀国。很显然，这里所说的“宋初”，指的是太祖乾德年间收复后蜀之后无疑。知州、知府尚且可以灵活，没有“定编定员”

的通判更可以“权宜”设置了。

从上面引的《职官志》我们还可以发现：通判的设置比知州灵活多了。每个州府里只能设一名知州或知府，而通判呢？大的州府可以设两名，小的州军也可以不设，但武臣知州的州军则不管大小，统统要设通判，至于边远地区的小州，还可以以知州、知军兼任通判，这说明什么呢？说明知州、知府的级别越高，他们掌握和指挥军队的可能性就越大，监视也就必须更加严密。这就是通判设置的基本出发点。当然，捎带脚儿还要麻烦通判们对知州、知县等人的经济问题略加过问，因为赵匡胤很清楚，毁掉一个政权除了军阀之外，还有大大小小的贪官们。

这一招儿虽然很高明，但也带来一些问题：一个州府里大小事情究竟谁说了算？唐朝和五代三四百年的规矩是：大到各道的节度使观察使，中到州郡的刺史，小到县长县令，都是纯粹的“一元化”领导模式，人们早就习惯成自然了。况且中国的职官制度一向十分森严，“官大一级压死人”几乎可以称为官场的通则。如今朝廷任命了一批“四不像”，究竟怎么摆置他们才算合适呢？

通判设置的初期，在州府里引发了不少矛盾。欧阳修《归田录》中说：“国朝自下湖南，始置诸州通判，既非副贰，又非属官。故尝与知州争权。每云：‘我是监郡，朝廷使我监汝。’举动为其所制。”是啊，知州说了：“老子是朝廷任命的本州一把手，通判你算老几？”通判说了：“本官乃是朝廷派来监视本州的，监视的第一个人就是你知州大人，难道本官还能被你驱使不成？”看来这个官司，只有麻烦赵匡胤亲自出面调解了。

《归田录》接着说：“太祖闻而患之，下诏书戒励，使与长吏同押。凡文书，非与长吏同签书者，所在不得承受施行。自此遂稍稍戢。”赵匡胤对于知州、通判势同水火也深感头痛，于是下旨：都给朕好好工作，至于州府的文件嘛，知州、知府必须和通判联合签署才能生效，任何一方单独签署的都不作数！赵匡胤毕竟是开国之君，说话有分量，能镇得住，所以知州、知府和通判们暂时压抑了心中的委屈，按“联合签署”的模式执行。这个规定说起来容易做起来难：有一点儿意见不合，文件就签不下来，只好反复商量，直到两个人都认可了才能签署，麻烦死了！很长时间里，知州、知府和通判彼此敌视，彼此猜疑，即使会来事儿的，十有八九也是貌合神离。

《归田录》举了个很生动的例子：“往时有钱昆少卿者，家世余杭人也。杭人嗜蟹，昆尝求补外郡。人问其所欲何州，昆曰：‘但得有螃蟹、无通判处则可矣。’至今士人以为口实。”看来这位钱昆大人是宁可官居下等，也不愿意和讨厌的通判打一天的交道。

有人会问：这样的局面岂不是使“领导班子”严重失和吗？一点儿不错，知州、知府和通判互相扯皮，哪里还有工夫和精力联合起来与朝廷分庭抗礼呢？从某种意义上说，这不恰恰是赵匡胤及其后来为帝者所需要的吗？

宋朝的通判有点儿像汉武帝时期派出的刺史：汉朝的地方管理制度是郡国制，即朝廷之外设置若干的郡，每个郡里派一个太守负责全面管理。汉朝的太守级别相当高，其俸禄仅在九卿之下，合禄米两千石，所以当时的太守又被称为“二千石”。这些人都靠得住吗？皇帝很不放心，所以汉武帝想了个招儿：由朝廷再派出数位“刺史”巡行诸州，监察“二千石”们的一举一动。他把天下郡国划分成十三块儿，派了十三位钦差的刺史下去监察郡县。这些刺史的级别很低，只有六百石，可他们个个儿手里拿着尚方宝剑，太守级别再高，升迁贬黜的命运却牢牢攥在这些刺史的手里：敢和刺史过不去？那就找你点儿麻烦，摘了你的乌纱帽！我们看《三国演义》里，刺史的实权比太守大多了——几乎所有的太守都要拼命地巴结刺史，以致那时候大权在握的都是刘表、袁绍、刘备、刘璋等刺史，而像孔融、黄祖这些太守，大都屈居于刺史之下。

宋朝的通判，级别也比知州、知府低得多，但这些人的选派，却是经过朝廷认真考虑和筛选的。按照朝廷规矩，科举考试每科的一甲前三名无须待缺，除了授予京官的之外，大都可直接授予州府通判。比如太宗淳化三年（992）

状元孙何，当年被任命为陕州（今河南三门峡）通判；真宗咸平五年（1002）状元王曾，被任命为济州（今山东济南）通判；仁宗天圣五年（1027）进士第二名韩琦，被任命为淄州（今山东淄博）通判。陕州、济州在当时属于大郡，而淄州则相对小一点儿。天圣八年（1030），欧阳修以国学试、省试皆第一的资格准备“连中三元”，夺取殿试第一，可惜没能如愿，在最后一关仅排在第十四名。那一科状元王拱辰顺顺当当地做了怀州（今河南沁阳）通判，而欧阳修仅被授予河南府留守推官——比王拱辰低了一大截。

要知道以上这些新贵通判们的年纪都在二十岁上下，王拱辰更是年少，当时只有十八岁。把这些人放到地方上去担任通判起码有两层意义，首先是让这些后备高级干部到基层锻炼，积累阅历，符合培养年轻干部的基本规则；其次，这些人都是刚刚沐浴过皇恩的主儿，能不铁了心忠于皇上吗？这些人个个儿前途无量，只要不夭折，基本都能爬到宰辅的高位，他们任职的州府首长敢惹他们吗？敢不规规矩矩地忠于职守吗？

关键的时候，通判往往会由皇帝亲自选定。比如太宗的弟弟赵廷美被贬到房州（今湖北房县）时，赵光义经过认真考虑，最后决定“以崇仪副阎彦进知房州，监察御史袁廓通判军州事，各赐白金三百两”（《宋史·太宗纪》）。因为赵廷美这个案子是当时天字第一号大案要案，不派心腹去看管，赵光义能放心得下吗？袁廓此前担任过楚州（今江苏淮安）知州，级别不算低了。吴越王钱俶归国时，他是宋朝派出的接收大员，活儿干得非常漂亮，太宗极为欣赏他，每次大宴的时候，都要给他特设一席，“以宠异之”（《宋史·袁廓传》）。又当过郓州（今山东东平）知州，级别相当高了，而此番任命一个房州通判，岂不是“连降三级”了？表面上看的确如此，但其特殊使命，则是他和太宗心照不宣的。直到赵廷美死在房州，袁廓才回到朝廷，担任了更高一级的三司判官（类似于今国家发改委的高官）。

再比如赵廷美死后，赵光义需要做出仁义的姿态：将赵廷美的儿子们安排到地方上去任职（当然也有把这些危险人物赶出京城监视起来的因素）。《宋史·宗室传》说："廷美卒，复以德恭为峰州刺史，弟德隆为瀼州刺史。……雍熙元年十二月，诏以德恭为左武卫大将军，封安定郡侯，判济州；德隆为右武卫大将军，封长宁郡侯，判沂州。诸弟皆随赴治所。……命起居舍人韩检、右补阙刘蒙叟分任二州通判。上临遣之，曰：'德恭等始历郡，善裨赞之。苟有阙失而不力正，止罪尔等。'"这段话说赵廷美死了以后，赵光义先给赵廷美的两个大儿子分别封了个遥领刺史的头衔，紧接着叫这两个侄子分别到济州（今山东济南）、沂州（今山东临沂）去当知州。宋朝以高资任低职叫"判"，赵德恭以宗室之贵放为知州，显然不能再叫"知"了。两个大的打发出去，剩下那些小的也都必须跟着他们的大哥、二哥分别到济州、沂州去，彻底将他们扫地出门了。需要特别注意的是，赵光义专门委派了韩检、刘蒙叟两个人分别担任两州通判。严格地说，这两位老臣再惨也不至于惨到当通判的份儿上，这显然是要他们完成一项"特殊任务"。

帝王重视通判，权臣也重视这个职位。王明清的《挥麈后录》卷八就记载着这样一个故事："李釜，字元量，淮水人。家世业儒。……既长，乃负才名于未第时。建中靖国龙飞，遂魁天下（龙飞的意思是说哲宗元符三年驾崩。建中靖国是元符三年之后改的年号。据《汴京遗迹志》载，李釜为元符三年的省元和状元，所以说他'魁天下'）。政和末，自省郎出牧真州（今江苏仪征）。向伯恭为判官，忤漕意，对移六合尉，伯恭但书旧衔。时蔡元长之甥陈求道为通判郡事，釜席间戏语云：'此所谓终不去帝号者也。'是时语禁正严，求道告讦于朝，兴大狱，釜坐免官。"说向伯恭当时任真州判官，因为得罪了转运使，被对调为六合（今江苏六合）县尉。可这向伯恭不识趣，还坚持要署"真州判官"的旧官衔。当时蔡京的外甥陈求道当真州通判，李釜开玩笑说："这止是《晋书》里所说的'死都死了，还不肯去掉帝号'！"这话多少有影射之嫌，所以陈求道立刻把李釜的话报告了朝廷，害得李釜就因为这么一句玩笑话被罢了官。

通判这个官是宋朝的特产，宋朝之前是没有的。按赵匡胤的说法，他就不相信天底下有管不了的人和事儿，就看你想不想管了。当然，啥事都不是绝对的，也有郡守、通判都不干正经事儿，沆瀣一气，互相包庇的。《挥麈余话》卷二说：“丁广者……尝任保州（今河北保定）教授。郡将武人，而通判者戚里子，悉多姬侍，以酒色沉纵。会有道人过郡，自言数百岁，能炼大丹，服之可以饱嗜欲，而康强无疾，然后飞升度世。守、贰馆之，以先生之礼事之。选日创丹灶，依其法炼之，四十九日而成。……不数日，郡将、通判皆疽发于背。道人宵遁。守、贰相继告殂。”瞧这两个家伙，一个是没文化的武夫，一个是纨绔成性的外戚，正事儿不干，只想长生不老享乐无极，结果双双断送了性命。

任何好的制度行之既久，都会出现问题，需要不断地进行调整。宋朝从王安石变法开始把人们的心理引向贪婪，任命通判时也是任人唯亲，通判的监察作用便大大减弱了——再好的制度也得好人去执行嘛，如果通判本身都是些势利小人，监察谁去？

这里再顺便补充说明一下通判的“别称”：宋朝人把这个官又叫作“倅”“倅贰”“小倅”“通守”以及“别驾”等。倅读作翠，本身表示“副手”的意思，既然是副手，当然也就是“贰把手”了。“小倅”就是年纪小的“贰把手”，多少带点儿亲昵的味道。宋朝的通判一般情况下都由年纪较轻或资历较浅的官员担任，比如上面提到的王曾、孙何、王拱辰等人，十几二十岁就当上了地市级高官，当然是“小倅”。“通守”的叫法源于“太守”。宋朝的知州大致上相当于汉朝的太守，所以人们也称知州叫“郡守”。既然如此，那么次于郡守的通判当然可以称为“通守”。至于“别驾”，也来源于汉朝，当时郡太守的副手儿叫别驾，意思是太守派出代行自己职权的另一驾车。宋朝的通判形式上和别驾相当，也就“仿古”而称之了。

宋朝独有的祠禄官

“祠禄官”这三个字，可能有人连听都没听说过。这种官只在宋朝出现过，其他朝代基本上都没有设置。说它“基本”，是因为这种官在唐朝时偶尔出现过，但那只是加在宰相头上的一个兼官，严格地说，和本文所指的只享受俸禄不干具体职事的祠禄官不属于同一个概念。

所谓“祠禄官”，简单来说，就是以主管某座道观为名、没有具体职事，但领取相应俸禄的纯闲散官员。这么说大概还是无法让读者得其要领，那就只能从什么叫“祠”什么叫“禄”，以及这类官的设置说起了。

“禄”比较好理解，就是俸禄，用现在的话说，就是养家糊口的薪水。“祠”指的是道教的宫观，又叫宫祠。朝廷官员和道教宫观有什么关系呢？理论上说的确沾不上边儿，可宋朝的皇帝硬是把二者联系在了一起，也够神的了。

《唐会要》等典籍记载，唐朝的宰相（唐玄宗天宝年间以后）有个兼职——兼任太清宫使。太清宫是个什么宫呢？其实就是亳州（今安徽亳州）的老子庙。这座庙原本是供奉老子的，后来辗转相传，就变成神仙居住的地方了。唐朝皇帝姓李，老子也姓李，于是这两者就发生了必然的联系——不用多说，读者也能明白。啥东西一旦和皇帝联系到一起，那身价当然就蹿到天上去了，于是护卫和管理太清宫就成了宰相一项义不容辞的神圣职责了。说归说，做归做，堂堂宰相怎么可能整天泡在亳州看管老子庙呢？不过是个名义罢了。后来唐朝灭亡，这个“太清宫使”的兼职也就失去了意义，所以五代和宋初都没有类似的宫使。一直到宋真宗时期，此类宫使的头衔才又因为偶然因素死灰复燃了。

景德年间，宋朝和契丹打了一场大仗，订立了“澶渊之盟”，算是和契丹归于友好，互不侵犯了。可这个盟约订得着实有点儿窝囊——明明是宋朝大获全胜，却签订了每年要给契丹缴纳银十万两、绢二十万匹的卖国条款。回到汴京的真宗皇帝越想越不对劲儿，整天愁眉不展。当时正在修《册府元龟》的前参政王钦若察觉出真宗的心事，又出于对政敌寇准的嫉妒，于是在真宗面前进了谗言，同时出了个馊主意。他先对真宗说：“陛下敬寇准，为其有社稷功邪？”真宗点点头，因为他认为银十万两、绢二十万匹的最低数目是寇准逼着特使曹利用争取来的，否则会更多。王钦若接着说：“澶渊之役，陛下不以为耻，而谓（寇）准有社稷功，何也？……城下之盟，《春秋》耻之。澶渊之举，是城下之盟也。以万乘之贵而为城下之盟，其何耻如之！……陛下，寇准之孤注也，斯亦危矣。”（《宋史·寇准传》，引文略有删节）不久，寇准果然被贬到陕州（今河南三门峡）当了知州。王钦若这家伙见真宗好糊弄，越发肆无忌惮，他明知真宗厌倦打仗，却故意激他说：“陛下以兵取幽、燕，乃可涤耻。”真宗当然不可能同意。王钦若又说：如果想洗刷耻辱，还有一个办法，就是封禅泰山，夸示外国。只是自古以来，封禅必须要得到天瑞稀世之宝，方可进行。既而王钦若又“献策”说：祥瑞之物不是想得到就能得到的，不过我们可以人力为之，“则与天瑞无异也”（《宋史·王旦传》）。于是他挖空心思伪造了一份“天书”，假装降落在了左承天门南鸱尾上。守门的士卒涂荣迅速将此“祥瑞”报告了朝廷，于是真宗“召群臣拜迎于朝元殿启封，号称天书”（《宋史·真宗纪》）。此后在王钦若的一手操作导演下，真宗封泰山、祠汾阴后土、祭老子庙，又特地在京郊修建了一座规模宏大的“玉清昭应宫”，来供奉所谓的“天书”。有了玉清昭应宫，就要有主管的“宫使”，这个角色当然得宰相来兼任，于是宰相王旦成了宋朝第一位名副其实的“祠禄官”——玉清昭应宫使。这场闹剧到仁宗时期，已经臭名昭著，连玉清昭应宫都被大火烧了个干干净净，谁还惦记着当什么玉清昭应宫使啊？

话虽这么说，真宗时期形成的对道教的崇奉和弘扬，还是使当时一些士大夫对这个兼官有了很浓厚的兴趣：不当玉清昭应宫使，还可以当别的“宫使”“观使”嘛。所以从真宗末年直到英宗时期，陆续又出现了“管勾会灵观公事、会灵观使”、“管勾祥源观公事、祥源观使”、“集禧观使”、“提举万寿观事”、“提点东太一宫”、“提点西太一宫”（太一宫，又叫“太乙宫”）、“景灵宫使”、“提举景灵宫太极观”等名目。以上这些宫观大部分是在京宫观，偶尔也有在京城以外的，如“景灵宫”，就在山东的兖州。当然，担任宫观使、提举宫观的不是宰辅就是外戚，图的是个“荣耀”嘛。

此时的宫观使已经不全是兼官了，很多情况下成为优礼老臣或外戚的一种特殊待遇。如庆历五年（1045），仁宗的亲娘舅李用和患病，被授予“景灵宫使”居家养病，不再点卯盯班儿，却依旧可以拿到很高的俸禄（《宋会要辑稿·职官》五四之三五：“祠馆之任，家居而食原禄，本出朝廷礼贤优老之意。”北宋前期的祠禄官大都是拿原官俸禄的）；同年，京东提刑耿从正“言年齿已高，乞提举兖州景灵宫太极观，从之”（《宋会要辑稿·职官》五四之五）。请注意：耿从正是由于自己年事已高无法正常当官，才请求宫观的。他的心思很清楚：官是当不了了，但又不甘心致仕，取其两者之间吧。

我们再看《宋史·职官志十》的说法：“宋制，设祠禄之官，以佚老优贤，先时员数绝少，熙宁以后乃增置焉。”意思是宋朝确实设有祠禄官，但熙宁以前“员数绝少”。王安石变法之后，才多了起来，而且不限员数。为什么会出现这样的变化呢？朱熹的《朱子语类》卷一二八有句一语中的的话：“于是创为宫观祠禄，以待新法异议之人。”原来王安石见反对新法的官员实在太多，这些人又没有别的“罪行”可以罢免，于是给他们加上“祠禄”，让他们回家歇着白拿俸钱，只要不再妨碍新法实施就好。

熙宁之前的宫观数量的确不多，除了上面介绍的那些名目之外，在外州的也只有岳庙（包括东、西、南、北、中五岳庙）、西京嵩山崇福宫（在河南洛阳）、舒州灵仙观（在安徽舒城）、凤翔府上清太平宫（在陕西凤翔）和兖州的太极观。熙宁三年（1070）以后，陆续又增加了杭州洞霄宫（在浙江余杭）、亳州明道宫（在安徽亳州）、华州云台观（在陕西华阴）、台州崇道观（在浙江台州）、建州武夷山冲佑观（在福建建瓯）、江州太平观（在江西九江，又称江州太平兴国宫）、洪州玉隆观（在江西南昌，又称玉隆万寿观）、建昌军仙都观（在江西南城）等。因为祠禄官越来越多，后来人为了有所区别，便称提举京城的祠禄官为“在京宫观”，在外地的自然就称为“在外宫观”了。

接下来是几个很实际的问题。第一，这么多祠禄官的名目，其中还分“级别”吗？回答是：当然要分。古代任何一种官制，一定要有高下之分，否则就无法操作，祠禄官也是一样。

比如上面说到的“提举东太一宫”“提举西太一宫”“集禧观使”等，就属于最高一级的祠禄官，通常授予过了气儿的宰辅大臣，或者名望较高的外戚。王安石罢相回到江宁府的第二年，朝廷为了表示没把老臣忘到脑后，授予他“集禧观使，封舒国公”（《宋史·王安石传》）。《宋史·宰辅表》说徽宗崇宁五年（1106）二月，“蔡京自左仆射以守司空、安远军节度使、开府仪同三司领中太乙宫使”。这时候的蔡京是宰相，朝廷不想再用他，却也给足了他面子，让他享受最高级别的祠禄“中太乙宫使”。同书又提到另一位失去宠信的宰相赵挺之，也就是李清照的老公公。大观元年（1107）三月，过了一年宰相瘾的赵挺之“自尚书右仆射兼中书侍郎以特进、观文殿大学士领佑神观致仕”——宋朝的官员不怕吃祠禄，就怕致仕，吃祠禄还可以东山再起，比如蔡京，没过一年，重新当了宰相，而一旦致仕再想复出，就比较困难了。

中级祠禄官无疑是为中级官员们预备的，上面提到的那些在外宫观大都属于这一级——从宰辅大臣往下，直到路份官和知州，基本都可以享受本级宫观的待遇。比如神宗时期与新法势不两立的司马光，放弃了提拔为枢密副使（相当于副相）的绝好机会，宁为玉碎不为瓦全。《司马温公年谱》说他从京城出去，干了几个月的陕西帅臣，便一头扎到洛阳闲居去了（先任主管西京留守司御史台，也属于闲官）。这一年是熙宁六年（1073），“公年五十六岁，以端明殿学士兼翰林侍读学士提举崇福宫”。大家习惯上都说司马光被“闲置”了十五年，司马光自己也这么说。他这么长时间闲居，怎么存活？难道一大家子人都喝西北风活着吗？不是的，他其实一直还是朝廷的正式在编官员：熙宁四年（1071）至熙宁六年（1073）这两年多里，任判西京留守司御史台；熙宁六年至元丰八年（1085）五月，任提举西京嵩山崇福宫。整整十三年吃祠禄，这在整个宋朝历史上也不多见：人生有几个十三年哪！

这又涉及第二个问题：宋朝的祠禄官有任期吗？答案还是肯定的：有。宋朝的官员任期名义上是三年，实际上只有三十个月左右。朝廷很会算账：在三十个月里，无论怎么计算，一定会跨过三个元旦（古人所说的“元旦”，指的是如今我们所说的每年正月初一，即传统春节），既然过了三个年节，当然也就是“三年”了。官员正常任期三年，祠禄官的任期同样规定为三年。如此说来，司马光吃宫祠十三年，应该是任满再续，再任满再续，一共担任了五任“提举西京崇福宫”！

另一位长期任祠禄官的是南宋名臣辛弃疾。《宋史》本传记载，他先后两次被迫“提举武夷山冲佑观”：第一次是从湖南安抚使任上遭到弹劾，时间是孝宗淳熙九年（1182）。直到光宗绍熙二年（1191），才被重新起用，担任福建路提点刑狱。这段“闲官”生活前后十一年。第二次是光宗绍熙五年（1194），“台臣王蔺劾其用钱如泥沙，杀人如草芥，旦夕望端坐闽王殿。遂丐祠归。庆元四年（1198），复主管冲佑观”（《宋史·辛弃疾传》）。直到宁宗嘉泰三年（1203）复出知镇江府，前后又是九年，“职务”依旧是“主管冲佑观”。另《嘉定镇江志》记载，辛弃疾还在“开禧元年六月十九日改知隆兴府（今江西南昌）。七月初五日宫观”。说得有鼻子有眼儿。如果算上这一次，他一生中三度吃宫祠，时间长达二十余年。

大州知州、通判以上的中高级干部享受宫祠大都叫“提举某某宫”“提举某某观”，听起来还算排场。那么，小州知州、通判及知军、县令等低级官员以及小使臣，如果也想光吃不干，怎么办呢？可以给他们一个“监某某岳庙”之类的名义。

第三个问题是，既然祠禄官不限员数，小小的宫观里装得下这么多人吗？答案是，吃宫祠的官员不用到宫观里去上班，爱在哪儿待着就在哪儿待着，爱干什么就干什么，一句话：除了领俸禄，其他什么事都不用做。

还拿司马光和辛弃疾来说吧：嵩山崇福宫在登封，而司马光一直住在洛阳，还在洛阳尊贤坊买下一座小园，取名为“独乐园”。那些年里他除了撰写《资治通鉴》之外，啥事儿都没有，完完全全一个大闲人。当时洛阳是人文荟萃之地，聚集了大批离退休以及吃宫祠的高级干部，这些人大部分属于不与王安石、吕惠卿等新派人物合作的老臣，凑在一起，诗酒唱和，遗落尘世，如同活在世外桃源一样。辛弃疾主管武夷山冲佑观，也不必亲自到武夷山去，他选择了江西的上饶铅山为赋闲之地。一个满怀报国大志的神武将军，只能欣赏“大儿锄豆溪东，中儿正织鸡笼，最喜小儿无赖，溪头卧剥莲蓬”的乡间美景了。

第四个问题是，祠禄官根据什么授予？这就不是只有一个答案了，也就是说宫祠的授予是双向的：官员个人可以提出申请，朝廷也可以强行授予。按照一般当官人的心理，谁都不愿意光吃不干，那滋味儿其实不好受。于公而言，心里有愧："不稼不穑，胡取禾三百廛兮？"于私而言，手里没了权，那还算什么官儿啊。但有时候形势所迫，有些人也不得不退而求其次，比如当年的司马光，他丢了官帽就活不下去，当官儿又不想违心地去迎合新法，只能凑合着拿祠禄养家糊口。还有些官员自知前途渺茫，身体不好，或者为了孝顺父母，也就放弃了手中的权力，拿干俸度日了。更多的是朝廷强行将宫观授予某些犯了错误又够不上严惩的官员，或者已经受到严惩快活不下去的官员。

宋朝文献里这样的例子俯拾皆是，如《宋会要辑稿·职官》七十之十二："黄龟年罢给事中、提举临安府洞霄宫；李与权罢刑部侍郎、提举江州太平观。言者论与权决狱议刑一用私意；龟年文学浅陋素无直声故也。"这就是罢免实职授予祠禄的理由。人们熟知的苏轼也吃过祠禄，不过他这个祠禄吃得可比黄龟年、李与权之流艰难多了。六十多岁的苏轼被贬到海南，九死一生终于盼到返回内地的那一天。当他走到广东英州（今广东英德）的时候，皇天开眼，朝廷传旨，授苏轼"复朝奉郎、提举成都府玉局观，任便居住"（随便在哪里居住，朝廷没工夫管这闲事）。把个饱受折磨的东坡老先生感动得热泪盈眶，不知说什么好。因为这个任命虽然仅仅是个祠禄官，总算回归到"朝廷命官"的行列当中，而且有俸禄了。这种情况完全属于照顾性质，朝廷很清楚苏轼已经不具备重新起用的价值和东山再起的能力了。

以上这些介绍，或许能让一些读者联想到曾经见过的一句话：宋朝冗官太多。的确，冗官的大量堆积，直接的负面作用就是增大了朝廷的开支，当然也就加重了老百姓的负担。但也不是一无是处，起码体现了宋朝统治者以仁治国的理念是何等的强烈。在宋朝，把官员一棍子打死的情况极为少见，即使蔡京、秦桧等大奸臣当政之时，也不敢胡乱杀人（岳飞父子是个例外），充其量是贬官或授予祠禄晾起来而已。

百事杂谈

宋朝有几人“连中三元”

在足球比赛的解说员嘴里，经常能听到“连中三元”这个词，意思是某球员接连踢进对方球门三个球。其实这只是借用罢了，真正的“连中三元”是古代科举方面的一个专用术语，指某举子在进士科的乡试、会试和殿试中均取得第一名。这可不是简单的事儿，在整个科举的历史上，这样的杰出人才可谓“百年一遇”。那么，宋代有多少个这样的大才子呢？

唐代以后，进士科取得乡试第一的人称为“解元”。金代有部戏文叫《西厢记》，作者是“董解元”。这并不是说此人姓董，名叫解元，而是“一位姓董的解元”——此人的大名已不得而知，也可以叫作“无名氏”吧，因为到今天为止，我们只知道他曾中过乡试第一名。为什么叫“解元”呢？因为这次考试属于地方性考试，被录取的举子须由地方政府出资“解送”到京城，参加国家级的进士科考试，故而称“解送”的头名为“解元”。国家级的大考称为“会试”，即会合天下人才的考试（又叫“省试”，即尚书省主持的考试），所以这次考试取得头名的人就叫作“会元”了（也可以称为“省元”）。接下来是皇帝亲自主持的“殿试”，被天子亲自点中的头名，才能称为“状元”。解元加会元再加状元集于一身，可不就是“三元”了嘛。

中国古代科举制度从隋朝确立，到清末宣告废除，一共持续了1300多年。这期间曾出现过700多名状元（不含御赐状元），这不奇怪，因为每科进士考试一定会产生一位状元（黄梅戏《女驸马》中的女状元绝对属于杜撰，她连参加殿试的资格都没有。所以不管严凤英和马兰唱得多好，也是“戏”）。如果任谁一拍脑袋就能参加国家大考，岂不是乱了套？能在三级考试中都夺得第一，那可就是真本事，不是撞大运能够解释的。

历史上究竟有多少“连中三元”的大才子呢？清人陆以湉《冷庐杂识》卷八有这么一段记载：“赵云松观察《赠三元钱湘舲阁学》诗云：‘累朝如君十一个，事迹半在青史留。’盖指唐张又新、崔元翰；宋孙何、王曾、宋庠、杨寘、冯京、王岩叟；金孟宗献；元王宗哲；明商辂也。”赵云松即清代大学者赵翼，钱湘舲阁学名叫钱棨。整段话意思是说，截止到钱棨之前，连中三元的人只有上述十一位，平均一百年出一个。陆以湉认为赵翼还少说了一个辽代的王棠，他这段话一出，遂成为后人了解“连中三元”者的权威依据。

不过宋朝的宋庠是否属于“连中三元”，却很值得怀疑。据《汴京遗迹志》卷十二记载，仁宗天圣二年（1024）宋庠中状元的那一榜，会元名叫吴感。而《宋史·宋庠传》却说：“庠天圣初举进士，开封试、礼部皆第一。”他弟弟宋祁的传里说：“（祁）与兄庠同时举进士，礼部奏祁第一，庠第三。章献太后不欲以弟先兄，乃擢庠第一，而置祁第十。”究竟哪种说法准确呢？我看还是《汴京遗迹志》所载为确，因为该书作者是根据历史档案如实记录的，他不可能胡乱编出一个叫吴感的人，这是第一个理由。第二个理由是，北宋宰相王珪为宋庠所作的神道碑（见《华阳集》卷四八）仅仅提道：“（知安州夏竦）一见公所为文，大器之。仁宗在亮阴，诏礼部贡举，公与其弟祁皆奏名廷中，已而擢公为第一。”如果宋庠真的是连中三元，王珪绝不可能对如此殊荣忽略不书。这么看来，赵翼的“十一个”之说总数暂可不变，但需要把宋朝的宋庠替换成辽代的王棠（还有人说宋代陈尧叟、彭汝砺也属此类，据《汴京遗迹志》及二人本传、墓志铭等考察，他们只是中了二元而不是三元），即唐代二人，宋代五人，辽代一人，金代一人，元代一人，明代一人（再加上清代的钱棨和陈继昌，整个科举时代连中三元者共计一十三人）。然而宋代的五个人里，还应该把王岩叟剔除，实际上是四个人（见本文下面的辨析）。如此说来，赵翼的诗句也应该改成“累朝如君一十个”才算贴切。为什么要把王岩叟排除在外，这里先留个悬念。

宋代第一位连中三元的才子叫孙何（961—1004），太宗淳化三年（992）壬辰科的状元，蔡州汝阳（今河南汝南）人。他还有个弟弟叫孙仅，可谓天生一对神童。孙仅是真宗咸平元年（998）的会元、状元。北宋名臣王禹偁所作《孙庸墓志铭》里有段话十分有趣，说他和毕士安同任知制诰的时候，得到孙何递上来的行卷（古代举子希望得到名臣荐扬而投献的自荐性诗文），盛赞于同官。不久又得到孙仅的投献，交给毕士安看。毕士安还没看完，便大呼道：“吓死老夫矣！”难怪《宋史·孙仅传》称“兄弟连冠贡籍，时人荣之”。的确，像这样的亲兄弟，几百年未必能出一对。尽管孙何“十岁识音韵，十五能属文，笃学嗜古，在贡籍中甚有声”，但他中状元时，已经三十一岁，他弟弟中状元也在三十几岁，真应了唐朝人那句谚语：三十老明经，五十少进士（意思是说三十岁考中明经科就算很没出息了，五十岁中进士还算年纪轻的呢）。

说起孙何这个状元，来得颇具传奇色彩。欧阳修《归田录》、魏泰《东轩笔录》均载，按照当时的约定俗成，一般殿试的排名，大多依照交卷的顺序来定。谁知太宗在这一榜破了规矩，出了一道很难的题目，叫《卮言日出赋》。同试的李庶几最先交卷，孙何很靠后才答完。太宗且怒且喜地定了调儿：“李庶几学风轻浮，后边儿歇着去！孙何非常认真，就让他当状元吧！”

按照北宋科举制度，一甲前几名进士不需要长时间待阙，可直接授以州通判一级的官（副地市级官员），所以孙何刚中状元，便担任了陕州（今河南三门峡）通判，任满回朝，在史馆工作了几年，旋即出任京西转运副使，再回朝担任右正言、右司谏等谏官。咸平二年（999），因契丹入寇，真宗不得已御驾亲征，孙何作为皇帝近臣随驾而行，给真宗上了一道《论边事书》，真宗非常欣赏，回到汴京后，任命他为三司户部判官（宋代主管经济的部门属官），屁股还没坐稳当，又被任命为京东转运副使［《长编》卷四十七：“（咸平三年六月）乙亥，孙何出为京东转运副使。”咸平三年为公元1000年］，没多久，又改任两浙转运使，由副使到正使，提升了一级。北宋风流才子柳永曾写过一首脍炙人口的《望海潮》词，就是为巴结两浙转运使孙何而作，只不过因写景太美，读者往往把他的用意给忽略了（柳永的词是这样写的：东南形胜，三吴都会，钱塘自古繁华。烟柳画桥，风帘翠幕，参差十万人家。云树绕堤沙，怒涛卷霜雪，天堑无涯。市列珠玑，户盈罗绮，竞豪奢。重湖叠巘清嘉，有三秋桂子，十里荷花。羌管弄晴，菱歌泛夜，嬉嬉钓叟莲娃。千骑拥高牙，乘醉听箫鼓，吟赏烟霞。异日图将好景，归去凤池夸）。

景德元年（1004），孙何任满代还，与陈尧咨等同被任命为知制诰，当年病死于汴京。如果我们说孙何之死和近视眼有关，人们大概不会相信，近视眼怎么可能要了人命呢？

事情是这样的：孙何的性情十分急躁，反应却不机敏（别以为大才子都是口若悬河的，韩非子还是个结巴磕子呢；相反，那些张开嘴巴就收不住的人，恰恰未必肚里有货，说得差不多都是车轱辘话），所以但凡上朝或皇帝召见时回奏，都要事先把写好的稿子记诵在心里——别人可以带着稿子读，他不行，写在笏板上的小字儿他看不见。有一回他实在记不住要说什么了，赶紧取下笏板，由于太紧张，手一哆嗦，笏板竟掉在地上了。在宋朝，这叫“御前失仪”，所以立即遭到御史的弹劾。孙何本来已经有了病，再受这么一顿委屈，病情骤然加重。郎中说他的病必须要针灸才能治愈，孙何赌气说：“父精母血给了我生命，你把我的身体扎个乱七八糟，岂不是逼我不孝？死生有命，吃药治不好那是天意，我不抱怨！”（见宋僧文莹著《玉壶清话》）像他这样跟自己性命过不去的人，古往今来真不多见，那不是干等着呜呼哀哉吗？

其实学问好未必人品好，这完全是两回事。孙何担任过好几任转运使，在哪儿都没落下好名声，主要问题是聚敛钱财过于“刻剥”，次要问题是对属下过于“刻薄”，这么两个“刻”叠加在一起，还能有谁说他是个好官儿呢？

俗话说，当官要为民做主，百姓才能拥戴你。“当官不为民做主，不如回家卖红薯”（这是《七品芝麻官》里演员牛得草的一句名言。其实这话说得很有问题：明朝严嵩专权、唐知县审诰命的时候，整个中国还找不到红薯可卖。红薯是明朝末期才从吕宋传进福建的，直到清乾隆年间，才在内地试种）。如果一味以搜刮百姓钱财为“政绩”，向上司邀功请赏，求得自己的升迁，肯定是要被老百姓唾骂的，古今一个道理。《宋史·孙何传》说他“性褊急，不能容物。在浙右专务峻刻，州郡病焉”。不过浙江人心眼儿很够用，整他没商量。司马光《涑水纪闻》里记载着一个故事，堪称“整官典范”。书中说：孙何生性落拓而酷好古文，担任两浙转运使时，颇为苛峻，州县吏深感患苦，乃求古碑字磨灭者纸本数联钉于馆中。孙何至则读其碑，辨识文字，以手搔发垢而嗅之，“遂往往至暮，不复省录文案云”。大概意思是说，孙何性情比较随意，平生最喜欢古雅文字。当两浙转运使时对属下非常苛酷，州县属吏大为不满，于是他们找来不少字迹模糊不清的古碑拓钉在他的办公室里。孙何一进办公室就去看这些东西，辨识上面的古文奇字，急起来常常抓耳挠腮，往往从早到晚都顾不上过问本司事宜——你不是喜欢这些破玩意儿吗？让你看个够，别总折腾我们就行。

宋代第二位连中三元的才子是王曾（978—1038），青州益都（今山东青州）人，字孝先，真宗咸平五年（1002）壬寅科的状元。俞文豹《吹剑录外集》载，他父亲（据宋祁所撰《文正王公墓志铭》，他父亲名叫王兼，母亲姓何）一生特别看重书籍，见到破旧古书，一定要把它修整好。家里啥都可以送人，唯独圣贤书决不拿出去。大概是因此感动了神明。一天夜里，梦见孔老夫子托梦给他说："你如此敬爱珍惜我的书，我就让弟子曾参投胎做你的儿子吧。"不久他夫人果然怀孕，生下一子，于是取名为"曾"。南宋吴曾《能改斋漫录》又载，王曾状元及第后，其家乡父老引以为荣，知州特地选派了有头有脸儿的父老和鼓乐队到近郊去迎接他衣锦还乡。谁料王曾却穿着便服骑着毛驴儿，从小门进了州衙，拜见知州李继昌。李知州大惊，以为王曾是来怪罪他简慢，赶紧好言解释。王曾却说："晚辈怎敢劳父老相迎？晚辈唯恐惊动父老，才有意换了便服，绕道儿进城的呀。"

王曾担任的第一个官是济州（今山东济南）通判，任满回朝，宰相寇准对他非常欣赏，专门召他到政事堂口试，除授三司户部判官。此后又担任过知制诰、翰林学士、知审官院等职，真宗大中祥符九年（1016）正月，担任了参知政事（副宰相）。干了一年，遭到大奸臣王钦若的暗算，被贬到应天府当知府去了。不久再次回朝，仍任参知政事。

王曾不愧是个山东汉子，秉性耿直，遇事不屈，甚至在帝、后面前也敢于坚持原则，从不苟且让步。真宗驾崩后，王曾奉命草写遗诏，有"以明肃皇后（即前面提到的真宗刘皇后）辅立皇太子，权听断军国大事"这样的话。奸相丁谓想巴结刘太后，要求王曾把"权"字抹掉（权即临时代理之义），王曾凛然反驳说："太后临朝，斯已国家否运。称'权'犹足示后。且增减制书有法，表则之地，先欲乱之邪？"意思是说皇帝少年，太后临朝，已经是国家之大不幸了。太后垂帘称个"权"字，才好对后人有所交代。况且遗诏自有遗诏的规矩，当宰相的岂能先把规矩破坏了？一席话把丁谓说得哑口无言，对刘太后也是很大的震慑。直到她十几年后辞世，也没敢把那个"权"字去掉。《宋史·王曾传》说："时真宗初崩，内外汹汹，曾正色独立，朝廷倚以为重。"这就是人们经常说的朝中有诤臣，谁也不敢胡来。那段日子，王曾对朝廷及政局稳定起到了中流砥柱的作用。

《宋史·王曾传》又说他"多所荐拔，尤恶侥幸"（最恨跑官要官的无耻之徒）。范仲淹曾对王曾说："明扬士类，宰相之任也。公之盛德，独少此耳。"意思是说王曾德业甚重，只是奖拔后进方面尚有欠缺。其实这是范仲淹对王曾的误会，因为王曾"进退士人，莫有知者"（举荐别人从不张扬，何必非要让人家感恩戴德呢）。范仲淹本人就是王曾极力举荐的优秀人才之一。北宋很有争议的宰相吕夷简，也多次得到王曾的奖拔，只是后来吕夷简蹿升得比王曾还高，却事事和王曾过不去，害得王曾不得不离开朝廷，到郓州当知州去了（提拔干部的问题上，以怨报德的情况古往今来比比皆是，寇准、欧阳修等人都是被自己提拔起来的人置于死地的，老百姓把这种人叫作"白眼狼"）。宋人田况《儒林公议》中说：王曾很有宰相的肚量，每奖拔人才，"不欲人归恩"。任参知政事的时候，举荐苏惟甫可以担任繁难的工作。苏惟甫到汴京后，多次请求拜见王曾，想跟他套近乎儿，王曾从来不提举荐他的事，苏惟甫当然也不好意思主动开口。有一天苏惟甫实在憋不住，又跑到王曾府上诉苦说：丞相再不给我口饭吃，我都快饿死了。王曾依旧"答以他语"。苏惟甫认为王曾这个人太冷酷，不肯帮忙，快快回到家，谁知任命他担任江淮都大发运使的圣旨刚好送到。"惟甫惭歉久之"。江淮都大发运使是朝廷设在真州（今江苏仪征）的唯一一个发运机构，掌管着江南六路粮米北运的繁重任务，没有超人的魄力，是根本干不了这份苦差的。

王曾死后，仁宗亲笔为他撰写碑额"旌贤之碑"，这是宋朝皇帝为大臣撰写碑额的第一例。

按照宋朝制度，每位帝王去世之后，要议定二至三名大臣"配享"，也就是陪着先皇帝享受后人供祭的"血食"，是文武大臣至高无上的荣誉。比如赵匡胤死后，配享者为宰相赵普和大将曹彬；太宗死后，配享者为宰相薛居正、石熙载和大将潘美；真宗死后，配享者为宰相李沆、王旦和李继。仁宗死后，大臣们一致以为，当以王曾配享。人活到这份儿上，真该知足了！

宋朝第三位连中三元者名叫杨寘（1014—1044），庐州合肥（今安徽合肥）人，仁宗庆历二年（1042）壬午科的状元，《宋史》有传。不过此人实在没什么可说，因为他中状元后，刚刚任命为颍州（今安徽阜阳）通判，他母亲就病死了，所以没有赴任。丧事办完，他也一病不起，不久去世，年仅三十，太遗憾了。

第四位“三元”得主名叫冯京（1021—1094），鄂州江夏（今湖北武昌）人，字当世。仁宗皇祐元年（1049）己丑科状元。此人是个很淘气的神童，据说少年时放荡不羁，经常饮酒，而且一饮就是酩酊大醉。还喜欢“薄游里巷”，就是今天所谓迷恋酒吧夜总会之类，外带干点儿风流事的意思吧。

吴曾在《能改斋漫录》里记载，有一回冯京从里巷里出来，因为违反了宵禁令，被巡逻的士兵逮起来了。当时鄂州的知州名叫王素，见此人相貌不凡，谈吐儒雅，出于惜才把他放了。数年之后冯京做了官，出使西北，王素正当着渭州（今甘肃平凉）的节帅，二人饮宴甚欢，冯京当场作诗云：“吞炭难忘当年事，积薪深愧后来恩。”感谢恩人之情溢于言表。

不过吴曾对冯京的评价并不高，他说：“京所至嗜利，西人目为‘金毛鼠’，以其外文采而中实贪秽也。”如果吴氏所言有据，冯京可能是个挺贪婪的家伙。但《宋史·冯京传》所记却正好相反：“时犹未娶，张尧佐方负宫掖势，欲妻以女。拥至其家，束之以金带，曰：‘此上意也。’顷之，宫中持酒肴来，直出奁具目示之。京笑不视，力辞。”张尧佐是仁宗最宠爱的张贵妃之父（仁宗的老丈人），当时可谓权势熏人，“宫中持酒肴来，直出奁具目示之”，证明张尧佐没说瞎话，真是出于仁宗的本意，单身汉冯京如果趋炎附势顺竿儿爬，用得着绞尽脑汁到西北去敛点儿小财吗？冯京后来娶了宰相富弼的女儿，而富弼是当朝公认的清廉正直之臣。这说明冯京的境界还没那么低下，吴曾很可能是在恶意诽谤。

还有一件事很能说明冯京的情操：英宗即位（1063）之后，冯京被任命为开封府知府。当时的首相韩琦有一次和富弼聊天，问道：“贵婿任开封知府数月，为什么连一次都不到政事堂来？是不是太傲慢了些？”富弼回到家，赶紧让冯京到宰相府拜见韩琦。冯京不得已去见韩琦，诚恳地说：“公为宰相，从官不妄造请，乃所以为公重，非傲也。”意思是说韩大人身为宰相，属官没事儿无须拜谒，完全是替韩大人的威信考虑，绝不是下官狂傲。韩琦听罢大为感动，从此更加看重他。试想，这样的骨鲠之人，怎么可能是个贪渎无厌的货色呢？该死的吴曾，不准再胡说八道了！

冯京是个很有操守的人。王安石变法开始后，他不顾遭贬的危险，接连上疏论说新法失当，请求缓行（当时神宗对王安石着了魔，谁也不可能阻止。冯京之可贵也正在于此）。王安石大怒，指责冯京为“邪党”，请求神宗把他贬得远远儿的。神宗虽然年纪轻，还算比较仁义，不但没贬他，反而任命他担任了枢密副使，把王安石气得鼻子直冒烟儿。当时对新法持怀疑态度的韩琦、欧阳修等人都被贬到地方当知州去了，留在朝中敢和王安石死扛的大人物，只剩下冯京一个人。不久，冯京又改任参知政事，继续反对新法的推行，“数与安石论辩”，又举荐刘攽、苏轼担任天子喉舌的知制诰，摆足了和王安石势不两立的架势。王安石要推行保马法（所谓“保马法”，简言之，即朝廷把养军马的事交给农民，待马长成，官府再行收回，其养马费用抵扣租税。如果其间马病死或走失、被盗，则由养马人负责赔偿），冯京认为那样做会使很多农民背上一生都还不清的债务，绝对不可行。就在这时，奸邪小人吕惠卿利用郑侠诽谤案故意牵连上冯京（参看下一节《北宋文字狱第一大案》），最终把冯京贬到亳州（今安徽亳州）作闲散知州去了。从此以后，直到神宗驾崩哲宗即位，冯京一直在地方官任上迁来迁去。太皇太后高氏垂帘、司马光执政之后，“范祖禹言：‘（冯）京再执政，初与王安石不合，后为吕惠卿所倾，其中立不倚之操，为先帝称挹。且昭陵（神宗陵名）学士，独京一人存，若付以枢密，必允公论。’时京已老，……乃拜太子少师致仕。绍圣元年（1094），薨，年七十四”。这样一个人才被长期闲置在外藩，朝廷里却充斥着全首领保妻子、看风使舵、唯奸臣马首是瞻的庸才，真是太糟糕了。

也有人贬损冯京一生为政平平，没什么建树。这种说法有点儿过于绝对。在地方官任上，冯京并没有倚老卖老，还是兢兢业业、一丝不苟地履行着一个郡太守的职责。《宋史》本传说：“其为郡守，诸县公事至，即历究之。……报下捷疾，一无壅滞，人服其敏云。”意思是说所属各县报上来的材料（所谓诸县公事，指赋税、狱讼等。那时候郡太守主要就是完成这两方面的工作），六七十岁的老人反应还这么敏捷，至少说明他那个“连中三元”不是蒙上的，也不是找后门儿拉关系跑来的。

第五位“三元”（我之所以要把“三元”用引号引起来，是因为王岩叟其实并不属于真正意义上的“连中三元”。上面已经交代过，宋朝真正连中三元的只有四位，不包括王岩叟）名叫王岩叟（1040—1093），字彦霖，大名府清平（今山东临清）人。《宋史·王岩叟传》载：“仁宗患词赋致经术不明，初置明经科，岩叟十八，乡举、省试、廷对皆第一。”可见王岩叟是个名副其实的神童。不过请各位注意，王岩叟的所谓“连中三元”和上面四位，无论从性质上还是质量上，都不能同日而语。说得苛刻一点儿，王岩叟实际上并非“三元”得主，而是个“伪三元”，包括赵翼、陆以湉以及后来几乎所有人都弄误会了——传统所谓“三元”，仅仅指进士一科而言，至于其他如明经、明法、明算、童子举、武举等考试，即使数次考试均居第一，也不能算是“连中三元”，这是个概念问题。

现在再来体会一下《王岩叟传》里所谓“初置明经科”，便不难理解，原来王岩叟夺得的魁首，都是“明经科”第一，而并非进士科之冠。《宋史·仁宗纪》载，仁宗初置“明经”一科在嘉祐二年（1057）十二月戊申。史书里并没有确载王岩叟的出生之年，我之所以断定其生年在1040年，就是根据以上两条史证：明经科于嘉祐二年十二月颁布，那么王岩叟参加考试必在次年的嘉祐三年（1058），而这一年他十八岁，倒推十八年，应该是1040年无疑。

可能有人对于我把王岩叟冷冷地排除在“连中三元”名单之外有所怀疑：大家都这么认为嘛，你凭什么把人家给灭了？除了上面列举的理由之外，还可以以《汴京遗迹志》的“宋登科记总目”为依据：该书明确记载着那段时间的省元和状元名单：至和元年（1054）、至和二年（1055）、嘉祐元年（1056）并停贡举；嘉祐二年省元李寔，状元张衡；嘉祐三年（1058）停举；嘉祐四年省元刘挚，状元刘煇；嘉祐五年（1060）停举；嘉祐六年（1061）省元江衍，状元王俊民；嘉祐七年（1062）停举；嘉祐八年（1063）省元孔武仲，状元许将。根本找不到王岩叟的大名。实际情况是：嘉祐三年（两年一考进士的空当儿），为贯彻仁宗的旨意，国家举行了明经科考试，王岩叟夺魁，时年十八岁。

此人既然属于“伪三元”，他的事迹也就从略了。只说两句，第一句，王岩叟算个骨鲠大臣，敢怒敢言，是名副其实的燕赵爷们儿；第二句，他属于反对王安石新法的保守派，所以蔡京执政之后，把他归到司马光为首的“元祐党人”黑名单里，属于遭受残酷迫害的好干部、好同志。

北宋文字狱第一大案

俗话说“病从口入，祸从口出”，用在一些文人身上，就成了“祸从文字出”——不管你是用嘴巴讲出来还是用笔墨写出来，只要是触动了某些人的神经，或者是某些人需要利用这些文字给你制造点儿罪名，这些文字立刻会变成比刀剑更锋利的锐器。文字狱，这个充满阴谋和血腥的词语，只有亲自尝过它苦头的人，才明白它的真正内涵。这里介绍的“监安上门郑侠案”，就称得上北宋时期文字狱的第一大案。

郑侠，字介夫。这个名字现在听起来有些生疏，可在神宗一朝，几乎是无人不晓。此人的官儿做得并不大，但就是这么个小官儿，却牵连到当时上至宰相下到吏员数不清的人——就因为一道奏疏和一幅画卷，改变了几十位大臣的命运。

郑侠是福清（今福建福清）人，英宗时随父进京，深得翰林学士王安石的欣赏，某种意义上说，也算是王安石的私淑弟子。中进士之后，调任光州司法参军（光州治所在今河南潢川。司法参军是州郡中负责审理狱讼的官员。此时王安石已经升任执政了），他上报的所有复核案件，王安石几乎一律依准。郑侠任满回到汴京，王安石本打算破格重用他，不料郑侠对青苗、免役、保甲、市易等新法以及“熙河开边”之举都提出了异议，一下子令王安石大失所望。

不久，郑侠被任命为“监安上门”。安上门是汴京外城一个城门，在南薰门的西边。这算个啥破官儿啊！按现在的概念打比方，最多相当于北京崇文门或宣武门地区稽查队队长。郑侠心里明白，这完全是由于自己没有按照王安石的意志行事，用现在的话说，这叫“不识抬举”。但他有自己的操守，不想为了私利而出卖良心。

他在这个职位上一干就是好几年，随着“熙宁新法”的不断推进，带来的弊端也越来越凸显出来。整天在安上门晃来晃去的郑侠目睹了太多黎民百姓的惨状，他实在忍无可忍，于是把自己亲眼所见画成一幅图画，又写了一封奏疏，假托是外埠急递送到了神宗面前（之所以假托外埠急递，是因为按照正常程序往上送，肯定会被截获，到不了神宗手上）。图画画的是一些流民在风沙之中苦苦挣扎之状：人人身无完衣，羸瘠愁苦，讨吃要饭，卖儿卖女，还有因偿还不起官府债务被戴上枷锁、鞭抽棍打的情景。奏疏大致说：“去年大蝗，秋冬亢旱，麦苗焦枯，群情惧死。……愿陛下开仓廪，赈贫乏，取有司掊克不道之政（指熙宁新法）一切罢去。冀下召和气，上应天心，延万姓垂死之命。……窃闻南征北伐者（指王韶开熙河，这也是王安石的主意），皆以其胜捷之势、山川之形，为图来献，料无一人以天下之民质妻鬻子，斩桑坏舍，流离逃散，遑遑不给之状上闻者。臣谨以逐日所见，绘成一图，但经眼目，已可涕泣。而况有甚于此者乎！如陛下行臣之言，十日不雨，即乞斩臣宣德门外，以正欺君之罪。”神宗看完之后深受震动，第二天便下旨，命司农寺发常平仓赈济灾民，青苗、免役、方田、保甲诸法暂缓施行。第三天果然天降大雨。大臣入贺的时候，神宗忍不住拿出了郑侠的图画和奏疏。众臣明白，王安石更是心如明镜，于是上章请求去位（王安石动不动就拿辞位吓唬神宗，真是一物降一物）。但在吕惠卿、邓绾等变法派人物的阻挠之下，新法很快恢复如初，郑侠则被吕惠卿等人以另外一件“擅发马递”的小事儿弹纠。

王安石离开相位后，吕惠卿执政，犟种郑侠又上了一道奏疏，分别将唐朝忠臣魏徵、姚崇、宋璟和奸相李林甫、卢杞分成两轴，题为《正直君子邪曲小人事业图迹》。还说宫禁之内已经有被甲、登殿之卒，如不尽快清除奸臣吕惠卿等，朝廷迟早会发生不测。这下子可被吕惠卿逮住理了，非要逼郑侠说清“宫禁之内有被甲、登殿之卒”的消息是从哪儿来的——这种绝密之事，肯定有幕后黑手在操纵！

按说“被甲”“登殿”无非是文人脱口而出的警悚之语，意在使帝王提高警惕慎重为政罢了。这种文人笔法，吕惠卿心里不是不清楚，可他为什么时时抓住不放手呢？说穿了就是醉翁之意不在酒——小小郑侠他根本没放在眼里，他想借此整倒的是另外三个人：前宰相王安石、参知政事冯京和王安石的弟弟王安国。这又是怎么回事呢？

原来王安石罢相之后，野心勃勃的吕惠卿一心想得到宰相的高位，又担心王安石杀个回马枪重新返回朝廷主政。要想堵住王安石回朝之路，最好的办法是把他弟弟王安国置于死地，因为宋朝有官吏连坐的条文：弟弟犯了大罪，哥哥就不可能再当宰相了。再说王安国曾经对他吕惠卿极为无礼，当着王安石的面大骂吕惠卿是坑害王家的罪魁祸首，这口恶气岂能咽得下去？再就是冯京，他是前宰相富弼的女婿，一直对吕惠卿之流嗤之以鼻，而且事事都跟变法派对着干。吕惠卿早就对他恨之入骨，恨不得一口把他吞了才解气，于是吕惠卿便在郑侠身上打起了主意。他唆使御史张琥等人对郑侠施以酷刑，逼他承认幕后黑手是冯京和王安国。郑侠受尽非人的折磨，实在打熬不过，只得屈打成招，承认自己和冯京、王安国皆有过从。“狱成，（吕）惠卿议致之死。帝曰：‘侠所言非为身也，忠诚亦可嘉，岂宜深罪？’但徙英州。”（《宋史·郑侠传》）意思是说吕惠卿意欲尽量把郑侠之狱定为头等大罪，只有把郑侠定为重罪，与他相关的冯京和王安国才能惩治得更狠。神宗认为郑侠主观意愿是爱护朝廷，不是为自身谋利，所以不同意把郑侠定为死罪，只将他流放到英州（今广东英德）。俗话说，贼咬一口，入骨三分，此时的冯京就算有一百张嘴也说不清了，只得接受朝廷的惩戒：离开京城，到亳州去担任知州；王安国则“追毁出身以来文字，放归田里”。曾支持过郑侠、与冯京相关的官员如三司副使王克臣、集贤校理丁讽等大大小小几十位官员，均受到了不同程度的惩处和贬谪。

熙宁变法以来，上书反对新法者不计其数，郑侠受祸是最重的。究其原因，还是朝廷内部党争激烈造成的。郑侠只是各派党魁利益争夺当中的一个牺牲品。

是谁挑起了“乌台诗案”

北宋第二件文字狱大冤案不幸让东坡居士苏轼给赶上了，这就是著名的“乌台诗案”。喜欢宋史的人，对这个案子想来都不会陌生，但您可能不会想到，加害苏轼的人中，除了大家熟悉的那几双“黑手”外，还有一个更危险也更阴险的人物，是他挑起了“乌台诗案”！这个人有一部著作叫作《梦溪笔谈》，他的名字叫——沈括。

事情的经过是这样的：王安石推行了一系列新法之后，吕惠卿等人还觉得不过瘾，别出心裁地追加了一个“手实法”，命官府核查所有人户的家产，让户主亲自按上手印为凭，今后即按这份家产向朝廷缴纳税赋。乍听起来似乎没有太大问题，但仔细一想，问题大了：官府核查农民的资产，绝不会选在青黄不接的时候，而一定要选择新粮收下之际上门登记，因为这时候农民的“资产”是最多的。至于日后是否遇到天灾人祸，那是你们的事儿，该向朝廷缴纳多少税，一文钱也不能少。您说缺德不缺德？此时苏轼担任密州（今山东诸城）知州，密州属于贫困地区，他亲眼见到农民被手实法害得家破人亡，心急如焚，却干瞪眼没办法。后来调任徐州知州，遇上了几十年不遇的大洪水，他积极组织抗洪救灾，受到了朝廷嘉奖。但他并没有因此而忘记密州百姓生活的艰难，这期间也写过一些对新法不满的诗词。

元丰二年（1079），苏轼又调任湖州知州。按照宋朝的规矩，地方官到任之后要给朝廷写一份《谢上表》，也算例行公事吧。苏轼在《湖州谢上表》中有这么几句话："荷先帝之误恩，擢置三馆；蒙陛下之过听，付以两州。非不欲痛自激昂，少酬恩造。而才分所局，有过无功。……皇帝陛下天覆群生，海涵万族。用人不求其备，嘉善而矜不能。知其愚不适时，难以追陪新进；察其老不生事，或能收养小民。"意思是说他在仁宗朝曾得到皇帝的重用，被置于三馆之中（宋朝称史馆、昭文馆、集贤院为三馆。凡进入三馆的官员，都属于得到朝廷重用、升迁可待的重点培养对象），如今承蒙新皇帝信任，先后把密州、徐州知州的大任交给了他。他不是不想奋发努力，只因为才干有限，犯的错误远比立的功劳要多。皇帝陛下大度能容，用人不求完备，总会奖其善举而原谅其过错；知道苏某愚笨不合于时务，难以逢迎变法的新贵；明察苏某年事已高还算老实，或许还可以去管理州郡之事。这本是一篇自谦性质的常规性文字，但刚刚担任御史中丞的李定却想借此做文章好好地收拾收拾他，于是交代知谏院张璪，御史舒亶、何正臣等人从《谢上表》入手，搜集苏轼的黑材料。

《长编》卷二九九载，当年七月，李定先上了一道奏疏，称苏轼一贯狂妄无礼，目无朝廷，大罪有四，请朝廷批准逮捕审问。同一天，早就准备好黑材料的舒亶也"愤然"上书，先是揭发苏轼《谢上表》"颇有讥切时事之言，流俗翕然争相传诵，志义之士，无不愤惋"；接着列举了苏轼近年以来的一系列"反诗"："陛下发钱以本业贫民，则曰'赢得儿童语音好，一年强半在城中'；陛下明法以课试群吏，则曰'读书万卷不读律，致君尧舜知无术'；陛下兴水利，则曰'东海若知明主意，应教斥卤变桑田'；陛下谨盐禁，则曰'岂是闻韶解忘味，尔来三月食无盐'。其他触物即事，应口所言，无一不以诋谤为主，小则镂板，大则刻石，传播中外，自以为能。"还把苏轼已经印行的三卷诗集一并呈给了神宗。御史何正臣也火上浇油，说苏轼"愚弄朝廷，妄自尊大"。

实则这起文字狱是这伙儿坏蛋早就策划好了的，他们就是想把名气大嗓又反对新法的苏轼置于死地，来个杀鸡儆猴（其中既有政治因素，又有官场人的阴暗心理，还有私人之间的仇怨）。神宗不了解内情，听了这班人的忽悠，很是生气，于是下旨，命御史台派人到湖州抓捕苏轼，并立为诏狱。

可别小看“诏狱”这两个字：皇帝亲自下诏立的案子，那可是重特大级别的案件，而且审问地点是在御史台！因为御史台在汉朝俗称“乌台”（《汉书·朱博传》：是时御史府吏舍百余区，其府中列柏树，常有野乌数千栖宿其上，晨去暮来），所以史称此案为“乌台诗案”。

倒霉的苏轼自知凶多吉少，仓促间带上大儿子苏迈，被朝廷钦差皇甫僎捆到了汴京。《孔氏谈苑》载，当时“僎促轼行，二狱卒就絷之，即时出城登舟。……顷刻之间，拉一太守如驱犬鸡。此事无颇（湖州通判祖无颇）目击也”。（转引自《宋人轶事汇编》）一路上苏轼寻了个空当儿悄悄对苏迈说：“你在外面勤打听着，如果为父没有被处死的消息，你就给为父送寻常食物；如果听到不利的消息，就给为父送条鱼来，为父也好有个思想准备。”宋朝规矩，州县中的一般案件由狱卒管饭，御史台中的诏狱，则由犯人家属自己送饭——御史台里没有犯人食堂，对不起了。

当时的形势的确非常严峻，按李定、舒亶等人的心思，是一定要把苏轼置于死地才出气的，所以软硬兼施，又是用刑又是威逼，强迫他在供状上签字画押。苏轼至死不签这个字，所以案子一直拖了几个月。这期间前宰相张方平在商丘上书救解，传递公文的士卒接都不敢接，张方平不得已，只得命儿子带着给皇帝的亲笔书信跑到汴京，可当时那种形势，这种信哪能送得进去呀？参知政事吴充比较温和地劝神宗说：连曹操那样的奸雄都能容下狂士祢衡，陛下如此圣明，何必非要诛杀苏轼？

有一天，因为粮食用尽，苏迈到郊区陈留县去借粮，临行前托一个朋友代他给父亲苏轼送饭。朋友出于好心，专门做了一条鱼送进了御史台，把苏轼吓得腿肚子都软了！绝望之中写了两首给弟弟苏辙的告别诗，诉说满腹的冤屈，并托狱卒转交给苏辙——他知道这种东西肯定会被李定等人截获送到神宗面前，这样神宗就能体察到他的冤屈。

其实他这样做也只是要个小聪明儿罢了。真正起关键作用的，倒是一个身份极为特殊的人，此人就是时任翰林学士、后世公认为奸臣的章惇。为什么说此人身份特殊呢？从政治立场上说，章惇属于变法派一个投机分子，应该和李定等人属于同一战壕。而此人又是苏轼的同榜进士，两个人私交一直不错（苏轼一生和不少奸臣关系都不错，比如曾布、高俅）。这一回章惇可真够交情，竟然挺身而出，在神宗面前和宰相王珪大吵一架，硬是凭着一股子蛮劲救了苏轼。

事情的经过是这样的：宰相王珪也嫉恨苏轼，虽然说不上是李定的同谋，但也希望借李定等人之手把苏轼除掉。有一次在神宗面前揭发苏轼的诗确实恶毒。神宗问道："卿何以知之？"王珪立刻举出苏轼的《桧》诗"根到九泉无曲处，世间唯有蛰龙知"两句，答道："陛下飞龙在天，轼以为不知己，而求之地下之蛰龙，非不臣而何？"意思是说当今皇帝就是龙，苏轼心怀怨恨，非要到地下去找仁宗那条已经蛰伏的老龙，这不是反对今皇帝又是什么？如此牵强，是典型的文字狱手段。章惇反唇相讥道："龙非独人君，人臣皆可言龙也。"神宗琢磨过味儿来，也说："自古称龙者多矣，如荀氏八龙、孔明卧龙，岂人君耶？"退下后，章惇指着王珪的鼻子骂道："相公乃欲覆人家族耶？"王珪回答说："我是听舒亶说的。"章惇不屑地讽刺说："舒亶之唾，亦可食乎？人之害物，无所忌惮如此！"（引自《宋人轶事汇编》卷十二）

宋朝的皇帝大都爱犯一个各打五十大板的毛病——为了不挫伤改革派的积极性，神宗虽然最终没有处死苏轼，还是把他贬到黄州，当了个"不签书州事"的团练副使。不仅如此，此案还牵连了几十个和苏轼有过来往的人，驸马都尉王诜、弟弟苏辙、秘书正字王巩贬出国门；张方平、司马光、范镇、开封知府钱藻、亳州知州曾巩、著作佐郎黄庭坚等人均受到罚款的处罚。

乌台诗案中的李定、舒亶、张璪、何正臣坚决要求惩处苏轼并不奇怪，因为这些人都是出了名的邪佞小人。奇怪的是，一向以温厚正直著称的参政王珪，不知道当时吃错了什么药。

还有一个人就更令人无法理解了。南宋人施宿所作的《东坡先生年谱》里有这么一段话："王铚《元祐补录沈括传》：括先与先生（指苏轼。下同）同在馆阁，先生论事与时异，补外。括察访两浙，陛辞，神宗语括曰：'苏轼通判杭州，卿其善遇之。'括至杭，与先生论旧，求手录近诗一通，即签贴以进云：'词皆讪怼。'后李定论先生诗置狱，实本于括云。"意思是说苏轼和沈括曾在馆阁中为同僚，因为苏轼反对新法，意见与沈括不合，所以被放了通判杭州的外任。刚好沈括被派往两浙察访新法落实情况，临行前神宗嘱咐他说："苏轼现任杭州通判，你务必要善待他。"沈括到了杭州，假装和苏轼叙旧，席间向苏轼索求旧诗，抄录了一部分，回到汴京后，便加上写有"这些诗中充满对朝廷谤讪怨恨"的标签儿呈给了神宗。几年后李定等制造"乌台诗案"，就是由沈括最先挑起的。

从《宋史·沈括传》可知，此人的确当过馆阁校勘，而且干了不短时间；也的确察访过两浙农田水利——当时如果不是积极拥护新法的人，王安石是绝对不会派他去干这个差使的。

再说那个写《元祐补录沈括传》的王铚，此人是南宋前期的大史学家，陆游在《老学庵笔记》里盛赞他的学识说："王性之（王铚的字）记闻该洽，尤长于国朝故事，莫不能记。对客指画诵说，动数百千言，退而质之，无一语谬。"这么一位作风严谨的大学者，和苏轼无冤，和沈括无仇，如果没有真凭实据，他能信口胡说吗？我们完全可以推知：沈括为了仕途猛进，为了在名望上压倒苏轼，完全可能使用阴暗手段置对手于不利之地。

事实证明，沈括在熙宁变法中确实属于突飞猛进式人物，写《宋史》的人没忘了描述他的那段辉煌的历史："迁太子中允、检正中书刑房、提举司天监。……加史馆检讨。淮南饥，遣括察访，发常平钱粟，疏沟渎，治废田，以救水患。迁集贤校理，察访两浙农田水利，迁太常丞、同修起居注。……擢知制诰，兼通进银台司，自中允至是才三月。"意思是说沈括担任了这么多职务，仅仅用了三个月的时间，完全属于火箭式提拔了。试想，在那个特殊的年代里，如果沈括没有点"绝活儿"，能蹿得这么快吗？王安石变法初期，火箭式干部的确不少，但像沈括这么神奇的"超音速者"几乎是绝无仅有。只是机关算尽太聪明，反误了卿卿性命——元丰五年（1082），也就是苏轼还待在黄州贬所时，沈括因为给朝廷弄丢了边关重镇永乐城，被贬为均州团练副使——从汴京到均州（今湖北丹江口）恰好经过黄州，苏轼在黄州接待过很多过客，为什么连提都没提过他？当然，说一千道一万，咱还没找到确凿的证据，不过沈括绝对不是个良善之辈，这点是可以肯定的。

一桩没人同情的文字狱

蔡确《车盖亭诗》案，似乎有点儿遭上天报应的意味儿，因为此人恶贯满盈，在熙宁、元丰那段“风起云涌”的峥嵘岁月里，不知有多少人倒在了他的脚下，连提拔他的大恩人王安石，都是被他的暗箭射倒的。而当他到了晚年，已经身为宰相，却因为一首小诗，被他无意间冷落过的一个小官儿送到了岭南炎瘴之地，最后死在那里。说起来他确实有点儿冤，却得不到人们的同情。

《宋史·蔡确传》说，蔡确是福建泉州人，父亲那辈迁到陈州（今河南淮阳），中进士后第一任官是邠州司理参军（邠州在今陕西彬县。司理参军，大致相当于今州检察院的负责人），因为“以贿闻”被罢了官。但此人有两大长处，一是仪表堂堂，二是善于揣摩上司的心思。就凭这两条，他先后得到数位大员的赏识，硬是蹿到了开封府当了个“管干右厢公事”（主管某一方面事务的负责人）。

俗话说“赶早了不如赶巧了”，此时正是王安石大张旗鼓网罗改革人才之际，蔡确有幸得到王安石的赏识，从此走上了仕途的“正轨”——以迅雷不及掩耳的速度当上了监察御史，成为众人侧目的大人物。

《宋史·蔡确传》又说：“确善观人主意，与时上下。”当官儿嘛，啥叫原则？唯主子马首是瞻就是原则中的原则。蔡确深谙为官之道，眼见着变法几年之后收效无多，敛怨却不少，神宗渐渐有种被王安石忽悠了的感觉。就在这个关键时刻，被王安石一手栽培起来的蔡确很明白，再也不能围着祖师爷王安石屁股后面转了！他“知神宗已厌安石，因安石乘马入宣德门与卫士竞，即疏其过以贾直”。

事情的经过是这样的：有一次王安石骑着马上班，因年纪老迈身体不适，经由宣德门入宫的时候没有下马（进大门不下马就是对皇帝的大不敬）。守门卫士让他下马，王安石心里很不受用，心想老夫当年得势的时候，哪个敢这么放肆？如今老夫还没离开朝廷呢，你们这些小蟊贼就敢如此无礼？真是岂有此理！这道风景线正巧被路过的蔡确撞见，他立刻草拟了一份奏疏，弹劾王安石妄自尊大，不守朝廷规矩，目无君上，请求迅即罢免其宰相之职。王安石气得差点儿背过气去，接连给神宗写了几封信辩理。可惜因为他几年以来专横跋扈，得罪人太多，连他的亲信们都巴不得他赶紧滚蛋。蔡确这一手虽然损了点儿，却恰好符合了当时许多臣僚的心思，谁还肯向着王安石说话？倒是有不少人赞扬蔡确铁面无私，神宗也暗暗赞赏蔡确敢于碰硬，好样的！结果没有悬念：王安石托病回家休养，蔡确即时升任了侍御史知杂事（御史台的次长），离副宰相只有一步之遥了。

此后的蔡确真可谓是炙手可热，操生杀予夺之大权了。举个小例子：三司使沈括跑到宰相吴充面前议论免役法，蔡确说：沈括你身为重臣，“不公言之而私语执政”（不在公开场合发表议论，却跟宰相私下议论），啥意思？是不是想暗箱操作？就因为这么点小事儿，一个大官立马儿被贬为宣州（今安徽宣城）知州。

不久蔡确又晋升为御史中丞，更了不得了，因为他敢私下里使用酷刑，御史台几乎变成了一座阎王殿，任谁进去，叫你招什么你就得招什么！为了整垮宰相吴充，他炮制了相州（今河南安阳）判官陈安民案；为了夺取参知政事那把交椅，接着又“审理”了太学生虞蕃讼学官案。“自翰林学士许将以下皆逮捕械系，令狱卒与同寝处，饮食旋溷共为一室，设大盆于前，凡羹饭饼胾举投其中，以杓混搅，分饲之如犬豕。久系不问，幸而得问，无一事不承。遂劾参知政事元绛有所属请，绛出知亳州；确代其位。”（《宋史·蔡确传》）如果不是史书明确记载，谁敢相信这是真的？把堂堂翰林学士都逮进御史台，十多名官员共处一间囚室，在他们面前放个大盆，把“饭菜”倒进盆里用棍子一通儿乱搅和，像喂猪一样命他们吃下去！为了折磨摧残这些人的精神和意志，他很少提审，一旦提审，面对“辣椒水”和“老虎凳”，谁敢不招？结果是参知政事元绛遭到诬陷被罢官，蔡确理所当然地来了个自代其位。

《宋史》本传说：“确自知制诰为御史中丞、参知政事，皆以起狱夺人位而居之，士大夫交口咄骂，而确自以为得计也。”您看明白了吧？意思是说只要他蔡确看中了哪个职位，就可以把那个位置上的现任官员治罪撵走，自己堂而皇之地取而代之。就是这么个无耻无赖的凶残之辈，居然坐到了大宋朝的宰相，而且一坐就是若干年。王安石啊王安石，你变法变出了多少蔡确这样的奸邪狠愎之徒，这样的朝廷，不出问题才怪呢！

有个叫吴处厚的小人物，大有老鼠扳倒大象的“气象”，所以此人不得不提——尽管读者对他未必熟悉。蔡确没发达之前，曾经跟着吴处厚学过写赋。后来阴差阳错，蔡确平步青云，吴处厚却依然没有多大长进。他想到自己咋说也是蔡确的老师，于是厚着脸皮求蔡确提拔提拔。蔡确根本没把他放在眼里，爱答不理地把吴处厚轰走了。吴处厚热脸贴了个冷屁股，气得那叫一个七窍儿冒烟。

吴处厚不惜伏低做小摇尾乞怜，终于巴结上了另一位宰相王珪，王珪把他安排到大理寺当了个寺丞。可别小看这个官儿，级别虽然不高，却是手握实权的角色——相当于审判庭庭长呢！王珪几次想把吴处厚安插在三馆当中（宋朝官员要想高升，没有做过馆职的履历就很不容易），都被蔡确挡在了门外，您说这吴处厚心里啥滋味儿?

因为蔡确是变法派起家，神宗驾崩后，保守派司马光执政，蔡确的好日子基本上到头了。当时朝廷的主要任务就是废除新法，蔡确摇身一变，硬说他早在神宗在世的时候就提出过“蠲除烦苛”。这可把朝臣们惹怒了，纷纷弹劾他两面三刀。哲宗元祐元年（1086）闰二月，朝廷罢免了他的宰相，命他出知陈州。第二年他弟弟蔡硕犯了点儿事，连带上了蔡确，贬为安州（今湖北安陆）知州。

当官就是没准谱儿，得志的时候，趋炎附势的人就像绿豆蝇一样围着你嗡嗡乱飞，轰都轰不走，一旦失了势，甭管真的假的，啥屎盆子都敢往你身上扣，洗都洗不干净。这时候朝廷里又有大臣出来揭发蔡确担任神宗山陵使期间玩忽职守，不亲自押运灵柩，属于对先皇帝大不敬。这一回该轮到蔡确尝尝被板儿砖狠拍的滋味了。

蔡确在安州，写了十首《车盖亭》诗，摘录其中两首如下：“风摇熟果时闻落，雨折幽花亦自香。叶底出巢黄口闹，波开逐伴小鱼忙。”“矫矫名臣郝甑山，忠言直节上元间。钓台芜没如何处？叹息思公仰碧湾。”

天底下的巧合事儿太多了，可巧此时吴处厚被任命为汉阳军（在今湖北汉阳）知军。汉阳军和安州是临郡，安州有部分军队按规定应该转到汉阳军轮戍，蔡确没有及时处理此事，于是吴处厚怒气冲冲地跑到安州质问蔡确：“尔在庙堂时数陷我，今比郡作守，犹尔邪？”意思是你小子当宰相的时候多次陷害我，如今落到这步田地，还想害我吗？您听听吴处厚这话是不是在故意找碴儿？如果两人没仇，耽误几天厢兵轮戍根本就不算什么事儿啊。一听这话来头儿不善。蔡确没犟嘴，咽口唾沫忍了。

谁知道蔡确忍，吴处厚可不忍，他听说蔡确在车盖亭有题诗，如获至宝，把那些诗一字不差地抄录下来，开始人做文章了。数日之后，他给朝廷上书称：蔡确在安州不思悔过，反而大放厥词，怨恨朝廷，辱骂君王，反迹昭昭，请求朝廷从重处置。书信后面，还把蔡确这几首诗逐一进行了详尽的“笺注”。

举第二首为例：吴处厚说：“唐郝处俊封甑山公，上元初曾事高宗。时高宗多疾，欲逊位武后，处俊谏曰：‘天子治阳道，后治阴德。今陛下奈何欲身传位于后乎？’由是事沮。臣窃以为太皇太后垂帘听政，尽用仁宗朝章献明肃皇太后故事，而主上奉事太母，莫非极尽孝道，不似前朝荒乱之政。而蔡确守安州，便怀怨恨，公肆讥谤，形于篇什。处今之世，思古之人。不思于他，而思处俊，此其意何也？”

这里简单解释几句：唐高宗想把皇位传给武则天，郝处俊劝谏道：“陛下怎么能把皇位传给女流之辈呢？”高宗就此作罢。如今太皇太后高氏（英宗皇后，哲宗时以太皇太后垂帘）完全是按照仁宗在位时的老规矩听政的，陛下对太皇太后也极尽孝道。蔡确因太皇太后罢免他的宰相之位而心怀怨恨，用郝处俊的故事来影射当今朝廷（即把太皇太后比成武则天），这是什么意思？

他这段“笺注”一看就属于胡拉硬扯，鸡蛋里面挑骨头。太皇太后高氏还算公允，见了吴处厚这份“检举材料”，问道：“怎么没见蔡确的申诉？”怎奈这世界原本就是墙倒众人推，甭管是对君子还是对小人，概莫能外。此时不论蔡确如何辩解也无济于事，“于是左谏议大夫梁焘、右谏议大夫范祖禹、左司谏吴安诗、右司谏王岩叟、右正言刘安世，进上章乞正确罪”。朝廷见人心一边儿倒，来了个顺应民意，决定将蔡确贬到岭南新州（今广东新兴）安置（“安置”的潜台词就是软禁。新州乃炎瘴之地，流放到那里的人十个有九个得被潮湿闷热的气候和无数的小咬儿折磨死）。当时任宰相的范纯仁、任副相的王存认为蔡确虽然作恶多端，但用这种不光彩的文字狱形式将他置于必死之地，未免有失公允，结果两人均受到朝廷的“通报批评”。没过两年，蔡确便死在了新州贬所。

北宋的党争其实最终都是两败俱伤，而这种自相戕害肇始于王安石：他把不赞成新法的人都用闷棍打晕了。这些人清醒过来，当然要报仇雪恨。待到司马光辞世，继而太皇太后高氏去世，变法派人物立刻反攻倒算当了“还乡团”，也属于正常。蔡确死后不久，蔡京得势，而蔡确的儿子蔡懋是蔡京的女婿，您想，蔡懋能不替他爹报仇吗？这种“打冤家”式的政治恶斗，必然引发不同政治集团之间更深的仇恨，很多有为的士子就这样被党争扼杀，直接的恶果就是丢掉了北宋的半壁江山。

宋朝人起名儿有学问

一个时期的人名一定带有这个时期的特点，也可以叫作“时代的烙印”。拿我们身边的人来说吧，解放初期出生的人，有不少叫“解放”“建国”“和平”的；抗美援朝期间出生的，既有小“抗美”，又有小“援朝”；1954年颁布新中国第一部宪法，出现了很多叫“宪”的。宋朝人的名字也很有特点，在不同的阶段，又有明显的不同。

宋朝建立之初，那些在历史上留下名字的名臣将帅大都是从五代过来的，而五代是个只讲军功的尚武时代，所以他们的名字一般都比较直白有力。翻开《宋史》看，石守信、高怀德、韩崇业、郭从义、李洪信、李洪义、武行德、杨承信、冯继业、李继勋这类名字很多。这些名字直观易懂，没多少琢磨头儿。

宋朝建立后不久，便确立了崇尚文治的大格局，读书人骤然多了起来，文人的政治地位也空前提高，崇尚经术、彰显文化成为时代风气。此后出生的人在取名儿这个环节上，也很快顺应了潮流。宋朝既是中国历史上最“文”的一个朝代，其名字中的文化“含金量”自然也是最高的。总的来看，可以归纳为如下几类。

一、以朴素的向善词语为名

宋朝早期的人名，“经气”和“文气”还不特别重，拿几位宰相来看，普遍都带有这样一个倾向。

太祖赵匡胤开宝六年（973）任宰相的沈伦，原来名叫沈义伦（因为后来避赵光义的名讳，把“义”字抹掉了）：意义清晰可辨，强调的是讲求仁义与人伦大礼。

太祖朝任副相、太宗朝任宰相的卢多逊，名字也不复杂：为人多些逊让，乃大君子之风也。可惜他为人做事的风格却恰恰和名字相反——处处争强好胜，根本不懂得什么叫谦逊。这是一位后周时期就中进士的大才子，宋朝建立后，的确做过不少好事，也立过不少大功，比如用智谋得到南唐偏国的地图、分化瓦解南唐君臣，都是他干的。在治国方面，他也很有见地，先后给赵匡胤贡献了不少良策。有时候真是“聪明反被聪明误”，人太精明了未必是什么好事儿。他自认为无论智术还是出身，都比当时得宠的宰相赵普要强百倍，所以两个人一直矛盾极深，用老百姓的话说，这叫“一个槽上拴不住两头叫驴”。赵匡胤晚年，一会儿卢多逊把赵普整惨了，一会儿赵普又把卢多逊给整翻了。当然最终他还是没斗过赵普，被这个没有“进士出身”光环的赵普整得流放岭南，最终一把老骨头扔在了那里。他如果多少懂些“逊”，也不至于死在炎瘴之地。

太宗时期当宰相的张齐贤倒是名副其实：从名字上品味，他是下决心要听从孔老夫子“见贤思齐”的谆谆教导，力争和古贤人并驾齐驱，这没什么不好，既有志气又不显得过于狂妄——别动不动就“振宇”“治国”的，太吓人。说起张齐贤也挺有意思的。此人从年轻时就卓尔不凡，有一次遇到群盗在饭店里聚饮，吓得百姓四处窜匿，张齐贤却走上前去，朝群盗作揖说道：“各位大哥，贱子很饿，能否和你们一起吃顿饭？”强盗头目瞥着他问：“你是秀才，肯和我们一起吃酒？”张齐贤坐在桌前答道：“非也，为盗者个个都是英雄，根本不是龌龊人所敢为。”接着大口吃肉，如狼似虎，惊得群盗面面相觑，认为他将来一定是位贤宰相，于是再也不敢为非作歹。有一回赵匡胤到洛阳拜谒祖陵，张齐贤把赵匡胤堵在府衙里，非嚷嚷着要进献他写的《治国十策》。府尹无奈，只得把“十策”呈给赵匡胤。赵匡胤看罢，认为其中四策还不错。谁知张齐贤大为不满，口称十策皆善，非要赵匡胤尽快实施他的良策。赵匡胤大怒，命人将他打出府衙。回到京城后，赵匡胤对赵光义说：“我幸西都，唯得一张齐贤耳。”（魏泰《东轩笔录》卷一）

二、取经书中的词语为名

从儒家经典中提取“精华”用在人名字上，既典雅又深邃，令人一听就能感受到一股文雅之气。举例来说，真宗朝当宰相的王钦若，名字就很有讲究：“钦若”二字出于《尚书·尧典》：“乃命羲和：钦若昊天，历象日月星辰，敬授人时。”啥意思呢？孔安国注解说：“重、黎之后羲氏、和氏世掌天地四时之官，故尧命之，使敬顺昊天。”就是说，重的后代羲氏、黎的后代和氏受帝尧之封，命他们敬顺天意，掌管天地四时之事。原来“钦若”有敬顺天地的意思呢。这家伙是北宋前期有名的奸相，鼓动真宗封泰山、祠后土、大兴土木、排斥异己，和当时另一位奸相丁谓沆瀣一气，坏事做了一大堆，根本不懂得啥叫“钦若”，白活了！

有的人名儿现在已经看不出出自经书，那只能怪咱自个儿学问有限。比如太宗朝有个著名的翰林学士叫贾黄中，听起来似乎没什么特别，其实大有来头儿，正所谓“于无声处听惊雷”。《周易·坤卦》称：“君子黄中通理，正位居体，美在其中，而畅于四支，发于事业，美之至也。”孔颖达疏解说：“黄中通理者，以黄居中，兼四方之色，奉承臣职，是通晓物理也。……黄中通理，是美在其中。有美在于中，必通畅于外，故云畅于四支。四支犹人手足，比于四方物务也。外内俱善，能宣发于事业。所营谓之事，事成谓之业，美莫过之，故云美之至也。”好家伙，一个“黄中”居然涵盖了这么丰富的内容！具体什么叫“黄中”呢，说白了就是人的心脏。居心正则美在其中，居心正则四肢通畅，“外内俱善”地从事于事业，当然是“美之至也”。听起来平易简约，却藏深意于其中，高！

太宗朝名臣苏易简，就是大诗人苏舜钦的爷爷，三十多岁就当了参知政事，本来是个前途无量的人才，可惜寿命不永，三十九岁就去世了。“易简”二字出于《周易·系辞上》：“易则易知，简则易从。……易简而天下之理得矣。”这个名字取得真是妙极了，一方面在告诫自己为人处世应该平易简约；另一方面也在劝诫帝王，治理天下应该为政平易简约，只有不扰民不害民，才能真正使“天下之理得”。

寇准当宰相的时候有位御史中丞叫赵昌言，还有个太宗时当同知枢密院的官员叫刘昌言。“昌言”啥意思？很简单，就是善言，美好而又正当的言论。《尚书·皋陶谟》说：“禹拜昌言曰：‘俞！’”意思是大禹拜受臣下的“当理之言”。

再如仁宗朝的宰相陈执中，“执中”二字的意思是保持中庸之道，没有过与不及的偏差，这也是儒家提倡的为人处世的最高境界。《尚书·大禹谟》就有“惟精惟一，允执厥中”的说法（孔颖达疏解说：谓薄饮食，卑宫室。常执谦冲，不自满溢夸大）。《孟子·尽心上》说得更明确：“执中无权，犹执一也。”赵岐注解说：“执中和，近圣人之道。”意思是能持中和之心，就接近圣人之道了。朱熹的《中庸章句序》也说：“君子时中，则执中之谓也。”时中，意思是任何时候都要保持中庸。

仁宗朝有位参知政事叫赵安仁，“安仁”即“安心于推行仁义道德”的意思。《论语·里仁》说："仁者安仁，知者利仁。"意思是说天性仁爱的君子，自然会安于仁义之途，聪明智慧的君子知道仁是最美的品行，所以会积极地履行仁义。

有的名字索性把《诗经》当中风、雅、颂分类名直接用在名字当中，比如欧阳修的老丈人杨大雅，就是取《诗经》中的《大雅》而成。

还有把经典中的祥瑞之器用在名字当中的，如仁宗朝有个叫乐黄目的大臣，名字听起来怪怪的，甚至有人可能会想到，是不是此人生下来眼珠儿是黄色的？咱可千万别露怯了，乐黄目的父亲叫乐史，是宋朝初年数一数二的大文豪，写过的书摞起来足有一人高，能给他儿子取没文化的名儿吗？"黄目"二字也大有来历，它指的是上古一种黄铜铸造的彝器（专门用在祭祀当中的祭器）。据说这种彝器是刻人的眼睛为装饰的，所以叫"黄目"。《礼记·明堂位》说："灌尊，夏后氏以鸡夷，殷以斝，周以黄目。"意思是说奠酒用的器皿，夏代使用鸡夷，商代使用斝，周代使用黄目。（沈括《梦溪笔谈·器用》里有个辨析考证，认为古人解释得有问题："礼书所载黄彝，乃画人目为饰，谓之'黄目'。予游关中，得古铜黄彝，殊不然，其刻画甚繁，大体类似缪篆，又如阑盾间所画回波曲水之文，中间有二目，如大弹丸，突起煌煌然，所谓黄目也。"）不管咋说，"黄目"也是个吉祥物儿而不是黄眼睛。

和"黄目"有点儿类似的是"利用"，现在听起来多少有些别扭——不是被别人利用，就是利用别人，算不上啥好词儿嘛。北宋仁宗初年被垂帘听政的刘太后狠心害死的宰相叫曹利用，太宗时手下有个佞臣叫侯莫陈利用（侯莫陈是个姓儿）。其实"利用"这个词也是从《周易》里出来的。其《观卦》说："观国之光，利用宾于王。"意思是臣子居于帝王亲近之处，明习国家礼仪，故可以宾于王庭，为帝王效力（唐朝有个年轻诗人叫骆宾王，也是根据《周易·观卦》里的这句话取的名字）。

宋朝人以儒家经典词语为名的非常之多，这充分反映出那个时代的基本文化取向。而且我们发现，这类名字有个共同之处，就是看上去平实无华，很少有疑难生僻的字，内容却极其深刻，这才真是取名儿的艺术呢。当今有些家长为孩子取名，搬着字典专门查找生字难字，似乎名字取得越怪越能显示自己肚里的墨水儿多，比如想叫“哲”的，非要写成“喆”字；想让孩子能文能武的，就找出个“赟”字，其实这恰恰反映出家长肚里的墨水太欠缺太可怜。啥叫大雅无痕呢？

三、取诸子当中的雅词语为名

宋朝是个读书的时代，只要是圣贤书都去读——宋朝人有个很朴素的认知：能历经几千年还没淘汰的书一定是好书。同理，眼下狠命炒作的书恰恰是水货。反映在取名上面，我们可以发现，以诸子当中美善词语为名的也不在少数。

在南唐没考中进士而一怒之下叛投宋朝并出主意引领宋军灭掉南唐的那位名叫樊若水，太宗朝有位参知政事叫钱若水，靖康之变中有位烈士叫李若水，南宋理宗时有位誓死不从叛臣吴曦的义士叫邓若水，北宋仁宗时期还有个宦官叫张若水（可别把人看扁了，此人参加过平定贝州叛军王则、广南入侵者侬智高等大型战役呢）。《宋史翼》第二十五卷里还有个叫车若水的。哎，这些人怎么都跟“水”干上了？原来《老子》第八章里有句名言：“上善若水，水善利万物而不争。”如此看来，宋人心目中的美好可不仅仅局限在经书里。

仁宗时有位官不算大但极有名的法学专家叫陈太素。《宋史》里说此人干公检法一干就是二十多年，在这一点上论英雄，要比黑脸包公和“大宋提刑官”宋慈都牛多了。朝廷有大案要案，必得找他参与，才有可能告破。啥是“太素”？这就得请教列御寇老先生了。《列子·天瑞》篇说：“太素者，质之始也。”汉朝班固在《白虎通义·天地篇》里进一步说：“始起先有太初，后有太始，形兆既成，名曰太素。”原来“太素”就是古代最原始的那种物质，当然也就代表着原始的朴素。

太宗、真宗时期的大文豪李虚己（此人受到太宗的赞赏，经常和晏殊唱和），他名字里的“虚己”什么意思呢？简单地说，就是“无我”。人能“无我”，则所有的名利就都无所谓了。《庄子·山木》篇说：“人能虚己以游世，其孰能害之？”成玄英注解说：“虚己，无心也。”李虚己的弟弟叫李虚舟，这个名字也出自《庄子·山木》。庄周先生说：“方舟而济于河，有虚船来触舟，虽有惼心之人不怒。”意思是说有并船过河的人，遇到虚舟来撞也不会发怒——空船嘛，用不着担心会把自己的船撞坏。《宋史·李虚己传》里说，这哥儿俩一向十分清贫，不过呆人自有呆福气。有一回太宗赵光义可怜李虚己清贫守节，一高兴批了个条子——他本想赏赐李虚己五十缗钱（一缗等于一千钱，五十缗钱对于清官李虚己来说真不算少了），谁承想笔下一误，把“五十缗”写成了“五十万钱”，好家伙翻了十倍。事后宰相觉得不对味儿，问太宗为什么赏赐如此之多，赵光义这才恍然大悟，可惜皇帝的话是金口玉言，收不回来了。就这样，贫苦了大半辈子的李虚己被老天爷赏了个盆满钵满。

四、取史书中的高雅词语为名

古人把文献分成了经、史、子、集四大部类。以上举例说明的仅仅是经部和子部，实际上史书的数量也相当浩繁，其中的警语佳句俯拾皆是，宋朝人取名当然不会把这么丰富的资料忽略掉。

北宋的著名宰相，继赵普、吕蒙正、张齐贤、吕端等人之后，还有一位备受争议的名相叫吕夷简，这个人是前宰相吕蒙正的侄子，在仁宗朝里着实当了不少年的宰相。他曾经打击过名臣范仲淹、富弼、韩琦，也曾阻挠过他们的改革（即仁宗时期所谓的“庆历新政”），被人们当成典型的保守派头目，直到今天，称赞此人的也几乎没有。但我觉得此人称得上是一位杰出的政治家——他成功地阻止了刘太后草率出葬仁宗生母李宸妃，并以凛然大义劝告刘太后不准自立为女皇帝，如此等等，事迹甚多。韩琦是深受吕夷简“迫害”的正直大臣，而神宗时，当朝廷商议由谁配享仁宗庙廷的时候，他却出人意料地提出非吕夷简不可。可见在韩琦眼里，刘太后临朝、仁宗幼弱之时，是吕夷简力挽狂澜，很大程度上确保了朝廷大局的稳定，所以直到宋朝灭亡，再也没有人提出吕夷简配享仁宗庙廷有什么不妥。

闲话少说，还是来看看“夷简”这两个字出自何处吧。《晋书·曹志传》里说曹志“少好学，以才行称，夷简有大度，兼善骑射”。《梁书·庾诜传》说庾诜“性托夷简，特爱林泉”。唐僧玄奘的《大唐西域记·摩揭陀国》下篇居然也用上了这个词：“志尚夷简，情悦山林，迹居幻境，心游真际。”夷简，就是平易质朴的意思。为人能做到夷和简，与世无争，崇尚自我修养，那可是相当高的大君子境界呢。

仁宗时有个敢于和宰相对着干、非把宰相陈执中弹劾下马的谏官叫吴鼎臣；神宗时有个因得罪王安石而遭贬的直臣叫龚鼎臣。这么一摆列，“鼎臣”必有出处是毫无疑问的了。“鼎臣”就是重臣的意思，出自《南史·丘灵鞠传》，传中说丘灵鞠劝司徒褚彦回出山主政。褚彦回托以足疾没有答应。“灵鞠曰：‘脚疾亦是大事，公为一代鼎臣，不可复为覆𫗧。’”意思是说脚病对于司徒本人来说的确不是小事，但是别忘了，司徒您可是国家重臣，朝廷寄予无限的期望，万万不能因为个人使国家陷于困境（“覆𫗧”二字出于《周易·鼎卦》，𫗧，鼎中的食物。覆𫗧，指倾覆鼎中的珍馐。喻不胜大任而败事）。

五、以古代名人的名或字为名

太宗太平兴国二年（977）中进士的洛阳才子温仲舒，也当过两年的枢密院高官。其后仕途不怎么顺，一直在州郡里打转转儿。直到六十七岁高龄时，才得到再次入相的任命，可惜天不饶人，还没上任就一命呜呼了。“仲舒”两个字很显然是从汉代大经学家董仲舒的名字里摘取来的。不难想象，当初他呱呱坠地的时候，其父一定希望儿子能像董仲舒一样学富五车，成为国家的栋梁之材。温仲舒虽然没能成为经学家，却成了政治家，总算没辜负他父亲送给他的“仲舒”两个字。

《水浒传》里那位巴结蔡京却被梁山好汉劫了“生辰纲”的梁中书，真实姓名叫梁子美。不用多说，读者一看就明白，“子美”是唐代大诗人杜甫的字。这个名字取得多好，既好听又耐人寻味，外带能激励自身“语不惊人死不休”！可惜此人比《水浒传》里写的还要坏。《宋史·梁子美传》说他攀上了当宰相的大奸臣章惇为亲家，接连在湖南等地当常平、提刑官，搜刮百姓，“纵侈残虐”。徽宗即位之初，地方官风靡“进羡余”，就是从梁子美开始的。什么叫进羡余？就是在百姓正常租税之外二次搜刮，属于账外钱财。这些家伙为了自己的升迁，不惜把从百姓口里剜出来的钱财进奉给朝廷，以博取“能吏”之称。崇宁年间，他担任河北转运使的时候，又别出心裁地从契丹购买“北珠”讨好徽宗和权臣，结果宋朝为此和契丹贵族结下了怨仇，而他却由于有能力弄到北珠而连连高升。要说这行贿受贿真是可恨，小则害己，大则祸国。看来梁子美惯于行贿巴结权臣的臭名声传得挺广的了，连山东农民都一清二楚。这么个狗官，不劫他劫谁！他还有个兄弟叫梁子野，乍听起来也不错——起码是不俗吧。不过“子野”出自何人，就不那么明显了。其实这些大族的老少爷们儿虽然心黑，文化水平还是富富有余的。不少人都知道春秋时期晋国有位大音乐家叫师旷，“子野”就是师旷的字。据说此人辨音的能力极强，“曲有误周郎顾”的周瑜只配当他的小徒弟儿。

还有不少人名取自《左传》所记的“八元”“八恺”——这可都是些大名人啊。《左传·文公十八年》说：“昔高阳氏有才子八人：苍舒、隤敳、梼戭、大临、龙降、庭坚、仲容、叔达，齐圣广渊，明允笃诚，天下之民谓之‘八恺’。高辛氏有才子八人：伯奋、仲堪、叔献、季仲、伯虎、仲熊、叔豹、季狸，忠肃共懿，宣慈惠和，天下之民谓之‘八元’。此十六族也，世济其美，不陨其名。”这十六个人被宋朝人取名“侵权”的情况随处可见，比如大书法家黄庭坚，真宗时期大学士李仲容（据查检，宋朝还有胡仲容、张仲容、宋仲容等很多的仲容。杨家将中杨延昭的儿子杨文广，字仲容），神宗时期敢于抵制王安石的学士官李大临，南宋大臣阎苍舒、向伯奋、曾季狸等。看来这些人的父祖都是“望子成龙”无疑了。还有“望子成仙”的，比如仁宗时期那位不怎么样的副宰相夏竦，给自己的儿子取名叫“安期”。安期生是《列仙传》里的人物，据说他曾经到过蓬莱仙山。《史记·封禅书》说：“安期生，仙者，通蓬莱中，合则见人，不合则隐。”还挺有个性的呢！

宋朝人取名儿的奥妙还可以讲出很多很多，而且都很有文化内涵。其实每个时代都有很多既好听又有意义的名字，只是宋代更加蔚成大观罢了。当然这需要以饱读经史为前提，没时间去读经史的家长，我告诉您一个好办法：买本《十三经注疏》去翻，准比查字典收获大，因为字典里的单字组合搞不好就会闹笑话。

取名是一门学问，又是一门艺术，有个好听的名字，有时候能使人未见其人，先生好感呢。

宋朝的相扑

相扑是日本流行很广的一个体育项目，没有人感到陌生。但如果说此项运动最早起源于中国，大概就会有人感兴趣了。其实相扑不但起源于中国，而且历史还非常久远呢。

高承在《事物纪原》里说："角觝，今相扑也。《汉武故事》曰：角觝，昔六国时所造。"按这种说法，相扑这项运动最迟在战国时期就已经十分风靡了。

汉朝的角觝戏开始进入宫廷。《汉书·武帝纪》中说：元狩三年（前120），"作角抵戏"。文颖注释说，这种游戏是"两两相当，角力角技艺"。意思是说相扑的双方既较量力气又较量技巧，可见相扑在汉朝，已经是一种相当规范的娱乐或竞赛项目了。

到了唐朝，相扑不但依旧是宫廷表演的重要节目，甚至连皇帝祭祀天地祖宗，都要带上这方面的艺人去敬神娱神。唐人赵璘在《因话录》中说："唐文宗将有事南郊，祀前，本司进相扑人。""有事南郊"，就是指祭天的大典。

宋朝的相扑更为普遍，几乎随时随地都可以见到，除了供帝王大臣们欣赏取乐之外，还用于训练军队。《东京梦华录·军头司》中说："军头司每旬休，按阅内等子、相扑手、剑棒手格斗。"这里所说的内等子，即全国各地贡献给朝廷的"大力士"，有点儿像今天所说的"全能选手"，竞赛优胜者可以获得军职。相扑手则属于主要比赛相扑单项的“专业运动员”，让这些人格斗，都带有激励军卒、教练士卒的意味。

当然，这么刺激的项目，更多的还是用来表演赚钱。北宋中后期汴京的城市文化非常发达，各色各样的艺人都能找到展示才能的机会。《东京梦华录·京瓦伎艺》里记载着当时许多行当里的明星大腕儿，比如李师师的“小唱”，张金线的“杖头傀儡”，浑身眼的“手伎”，李慥、杨中立等人的“讲史”，王颜喜、盖中宝的“小说”（今之评书），丁仪的“影戏”（今之皮影戏），刘百禽的“弄虫蚁”，杨望京的“胡旋舞”，特别提到相扑、杂剧、掉刀、蛮牌儿的几个天王巨星级艺人，他们是董十五、赵七、曹保义、朱婆儿、没困驼、风僧哥、俎六姐。从这个豪华阵容来看，相扑和杂戏的观众似乎更多。

同书《六月六日崔府君生日二十四日神保观神生日》一节里又说：六月二十四日灌口二郎神生日这一天（关于灌口二郎神究竟是何人，历来有不同的说法，一说是元始天尊门下徒孙杨戬；一说是秦代蜀郡太守李冰的第二子，称为灌口二郎。还有人说是隋代嘉州太守赵昱，他曾斩杀蛟龙，平息水患，民感其德，立庙于灌口，奉为二郎神，也称为灌口二郎。这里不多辨析。宋朝祭祀二郎神的活动相当普遍），汴京人一大早儿就“呈拽百戏”，如上竿、趯弄、跳索、相扑、鼓板、小唱、斗鸡、说浑话、装鬼、砑鼓、牌棒、道术之类，“色色有之”。听起来比老北京天桥儿、老天津劝业场的把式活儿丰富多了。

这其中还出现了一个叫“乔相朴”的门类，这个词在其他宋朝文献中几乎没有见过。“乔”就是假装的意思。相扑是要比真本事的，怎么能假得了呢？乍一听确实难以理解，但稍加联想，便会恍然大悟：近代民间的百戏杂耍儿里不是有一种一个演员穿着两人联体衣裳表演摔跤打架的传统节目吗？其一招一式不但生动传神，而且时不时还能逗得观众开怀大笑，直到最后表演者脱下那套别出心裁的道具服装，人们才明白：原来这个演员两条腿扮演着一个甲，两只胳膊着地扮演着另一个乙，整个表演过程，他一直是弓着身子的！

最令人感到惊奇的是，宋朝的相扑表演居然还有“女队”。女子相扑，别说在当今中国，就是在日本也绝难找到。司马光《传家集》里有一篇《论上元令妇人相扑》的奏状，是劝诫仁宗皇帝不要保留女人相扑这类不雅游戏的。文中说：“今上有天子之尊，下有万民之众，后妃侍旁，命妇纵观，而使妇人裸戏于前，殆非所以隆礼法，示四方也。”从这段话可以断定，宋朝女人相扑时穿着极少，很有可能是大袍子之内包裹着个“三点式”，谁都知道相扑的袍子根本起不到包裹的作用，故而近乎“裸”，司马光认为帝王朝臣、后宫命妇们观看这样的表演有伤国体，也有伤风化，容易引起外国人的嘲笑，建议仁宗将“女子相扑”一项从节目单里取消。他接着又建议道：“伏望陛下因此斥去，仍诏有司严加禁约，今后妇人不得于街市以此聚众为戏。”由此可以推知，宋朝的相扑在民间已经极为普遍，久已成为人们消闲取乐的保留性节目。您想啊，女人相扑都已成了帝王臣僚们观看的节目，其在民间该有多么普及，是可想而知的。如果不是相当地“普及”甚至“泛滥成灾”，司马光何必大声疾呼今后必须杜绝女人们“于街市以此聚众为戏”？

这样看来，宋朝不但有真正意义上的相扑，还有“女性相扑”和“乔相扑”，可以说是把相扑发挥到了极致。我们再联系到上面介绍过的那些相扑、杂剧名角儿，其中可以肯定的女性就有朱婆儿、俎六姐，或许她们就是女相扑的高手儿，也未可知。正因为相扑在宋朝如此风靡，所以热爱此项活动的人当然不会少，已经成了一种时尚。

北宋后期，吏治腐败，从帝王到百姓都崇尚享乐，文恬武嬉，早把“生于忧患，死于安乐”的古训忘到脑瓜后头去了，所以斗鸡走狗的杂耍儿就极为兴盛。《水浒传》里说高俅“吹弹歌舞，刺枪使棒，相扑顽耍，亦胡乱学诗、书、词、赋。若论仁、义、礼、智、信、行、忠、良，却是不会”。这样的人居然一眼被徽宗看中，青云直上一直做到殿前指挥使，如果不了解那个特殊年代的大背景，你会感到很不理解，但这却是个真实的故事。

宋朝人最喜欢福建茶

唐朝人饮茶已经十分讲究，权势之家饮的好茶名目繁多，比如剑南的蒙顶，湖州的紫笋，洪州的白露，寿州的黄芽，都是难得一见的上等茗茶。到了宋朝，士大夫渐渐开始青睐福建茶，并亲切地称之为“建茶”，他们批评唐朝人没见识，因为陆羽在《茶经》里提到不少州郡出产好茶，却唯独把福建茶放在最后一笔带过。

陆羽倒是个很实在的人，他在《茶经》里说：福（今福建福州）、建（今福建建瓯）、泉（今福建泉州）、韶（今广东韶关）等州郡出产的茶“未详”，不过“往往得之，其味绝佳”。意思是说他对福州、建州、泉州和韶州等地出产的茶没有太多的了解，时而得到一点点，仔细品尝，味道还是极佳的。后来有人说：陆羽这辈子没到过福建，所以他说的好茶和好水，很少提到福建，算不得什么“茶圣”。对陆羽最不满的当属北宋的蔡襄，他在给仁宗呈上的《茶录》中批评道：“陆羽《茶经》，不第建安之品。”意思是陆羽把福建茶排除在好茶之外，算什么“茶圣”？蔡襄是福建人，庆历年间又担任福建路转运使，还做过福州、泉州的知州，当然要对福建茶大加褒扬。建茶到了仁宗朝，已经成为朝野公认的最佳饮品，传统的紫笋、黄芽等，在士大夫心目中一落千丈。

中原人青睐福建茶，可以追溯到五代时期的南唐、吴越和漳泉三个割据政权。这个时期福建的漳泉政权为南唐的陪臣，每年要向南唐进贡。当时南唐主李璟命人在北苑采茶，就地加工，名之曰“研膏”“腊面”。据说李璟原先最爱喝江苏宜兴产的阳羡茶，这倒也不奇怪，吴曾《能改斋漫录》就有记载：“有唐茶品，以阳羡为上供，建溪、北苑未著也。”可自从他品尝过建州的京铤腊茶之后，竟下旨说：“阳羡茶无须再贡。”

太宗太平兴国三年（978），吴越和漳泉两地先后归降大宋，从此福建划入了宋朝版图，太宗命宫廷专门制造了几副龙凤图形的模具交给北苑。从此，北苑开始制作专供御用的龙凤团茶，而且绝对是官营的垄断机构。这种所谓“团茶”其实就是茶饼，和百姓制作的普通茶在外形上有了很大的差别。一代帝王的导向影响当然会远远胜过陆羽，所以宋朝人很少把陆羽这位昔日茶界权威的话再当成一回事儿。

龙凤茶是福建名茶的统称，细分之，则有龙茶和凤茶两大类属。宋初杨亿在《谈苑》中说：龙茶只供皇帝，以及赏赐给执政大臣、亲王、长公主，其余皇族、学士、将帅，只能得到凤茶。所谓龙凤茶，就是用铸有龙、凤的银制模具先制成茶饼，焙干后再描上精美的金丝。初期的龙凤茶形状比较单一，基本上只有方、圆两种。但由于制作流程十分复杂精密，故而其艺术价值和收藏价值大大超过实际饮用的价值。如同今人花十万八万买把檀木太师椅，坐十分钟屁股就硌得生疼，却还是觉得这东西比几千块钱一套的沙发名贵得多。

早在太宗末年（995—996），苏州人丁谓担任福建转运使时，给朝廷奏上一幅《建茶图》，仔细描绘了龙、凤茶片的构图，还亲自设计了好几种形状，得到了太宗认可。此后的建茶，便有了六边形、五出花形、六出花形、十二瓣花形和菱形等数种，更成为豪贵之家的收藏宝物。此时的龙茶数量极少，每年上供之数仅有二斤左右。

庆历七年（1047）至八年，蔡襄担任福建路转运使，向朝廷汇报说：丁谓只注意到了外形的美观，却没有对龙凤茶的内在质量予以关注。臣自幼生长于茶乡，深知制茶之要不仅在其外形，更在其品质。于是写了篇《茶录》，专就建茶的色、香、味加以论述，还细致地讲述了茶的藏、炙、碾、罗等各项工艺。为了讨仁宗的欢心，他跑到北苑去亲自监制。他对茶的制作一丝不苟，致使产量依旧受到很大制约。蔡襄可不管那些，一心要制出他理想中的极品，于是龙茶就分出了大、小两种规格，大的依旧八饼为一斤，小的则二十几饼一斤，其精致程度可想而知。又由于蔡襄最关注的是茶的品质，对其形状要求不高，基本上都制成了圆形，圆就是“团”的意思，所以按照蔡襄工艺制作出来的茶，才真正称为“团茶”。这样一来，单称龙茶、凤茶就显得不够了，比如凤茶开始被称为“凤团”，大规格的龙茶被称为“大龙团”，小规格的龙茶被称为“小龙团”等。

欧阳修在《归田录》中说：“茶之品莫贵于龙、凤，谓之‘团茶’，凡八饼重一斤。庆历中，蔡君谟（蔡襄的字）为福建路转运使，始造小片龙茶以进，其品绝精，谓之‘小团’，凡二十饼重一斤，其价值金二两。然金可有而茶不可得，每因南郊致斋，中书、枢密院各赐一饼，四人分之。宫人往往缕金花于其上，盖其贵重如此。”按照现在的比价计算，黄金二两是三十一克多（十六进制），折合人民币是六千四百多元，可以买小龙团二十五克，每克高达二百五十六元，比当今黄金每克两百多元还要昂贵。即便如此，还不是谁想买就能买到的，因为它不但价格“贵”，身份更“贵”，光有钱没用啊。在《龙茶录后序》里，欧阳修又回忆说：以前国家大庆典，两府（中书省和枢密院）各赐小龙团一饼，回去之后再四个人平分。嘉祐七年（1062）大享明堂，仁宗大发慈悲，正、副宰相每人赏赐一饼，至为难得。自打我做谏官到做副相二十多年里，只获得过这么一次赏赐。足见当时建茶有多么珍稀名贵。

宋徽宗是个特别会玩儿的享乐型皇帝，他在位的时候，建茶的名目增加了许多，而且既具备了丁谓所谓的雅观造型，又具备了蔡襄所谓的优良质地。熊蕃的《宣和北苑贡茶录》记载，当时的贡茶名称达几十种之多，方饼刻龙的叫“龙团胜雪”，圆饼刻龙的叫“御苑玉芽”，圆饼中空的叫“万寿龙芽”，五花刻龙的叫“云叶”，六花刻龙的叫“万春云叶”，下方上圆刻龙的叫“长寿玉圭”，表面布满白色茶丝的叫“银丝水芽”，不一而足。其中“银丝水芽”和“龙团胜雪”是极品中的极品。

简单说一说这两种名茶。宣和二年（1120），福建路转运使郑可简为了邀功，特地监制了“银丝水芽”。此茶将已经精选出来的熟芽再剔去叶子，只剩下一缕茶芯儿，再用专门的器皿浸渍，久之光明莹洁，宛如银线，所以叫“银丝水芽”，可谓名副其实。“龙团胜雪”的制作工艺更令人称奇，它的模具本身就铸有蜿蜒屈曲的小龙之形，模凹里专用银丝茶芽填充，制作出来的茶饼表面凸出部分，像有数条栩栩如生的小白龙，盘踞在茶饼之上，那真叫精美绝伦。除此之外，还要分出该茶制作时用的是银模竹圈，还是银模银圈、银模钢圈，因为圈的材质不同，会影响到茶的味道。这种模具当时叫作“镑”，故而有所谓“贡新镑”“试新镑”。可见宋朝制茶之考究，是今天的我们很难想象，也是很难模仿的。

《水浒传》比《杨家将》更真实

同是写宋朝故事的小说，《杨家将演义》和《水浒传》却全然不能同日而语。按现在的流行说法，《杨家将演义》属于“戏说”之列，是穿着宋朝人的衣裳说明朝的事儿；而《水浒传》则基本上属于“正说”，讲得实实在在就是宋朝的故事，只是在某些史实的基础上进行了一定的艺术加工和处理。

《水浒传》里的宋江在历史上实有其人。《皇宋通鉴长编纪事本末》卷一四一明确说：在征讨方腊的战役中，宋江作为马公直（当时围剿帮源洞三军之一）大将王涣的副将，直接参与了端掉“恐怖分子”方腊老窝的战斗，时间在徽宗宣和三年（1121）的四月，也就是《水浒传》中描写宋江受招安之后的几个月。宋代史籍中关于宋江的记载还是蛮多的，时间、地点上虽不尽相同，但大致脉络则没有太大的出入。如《东都事略·张叔夜传》说张叔夜任海州（今江苏连云港市海州区）知州时，宋江曾“剽掠至海，趋海岸，劫巨舰十数”，张叔夜“伏兵乘之，江乃降”。《宋会要辑稿·兵》中记载，宣和三年五月三日，知海州张叔夜“进职一等”。张叔夜这一次进职，主要功劳就是降伏了“剧贼”宋江。其实宋江闹事儿早在宣和元年（1119）就开始了，李埴《十朝纲要》卷十八明确记载，宣和元年十二月丙申，“诏招抚山东道宋江”。至于宋江究竟是哪位大将招安的，除了《水浒传》和上面所说的张叔夜之外，还有一个版本称是河东大将折可存（《杨家将演义》所说佘太君家族的后代）所为。宋人范圭《河东第二将折公墓志铭》说，折可存在征讨方腊的战斗中充当第四将，勇擒方腊后回师北上，“班师过国门”的时候，“奉御笔捕草寇宋江，不逾月继获”。这种说法未必可信，一是和宋江先受招安后征方腊的史实完全不符，二是类似的记载仅此一见，很可能是范圭故意“犯规”，把别人的功劳硬扯到折可存身上。古人写墓志铭往往有“谀墓”的倾向，得了钱财丧了良心——请人写墓志铭是要大把付钱的呀，所以正直的士子如苏轼、司马光等人极少给人写这类东西。不管怎么说吧，宋江曾经闹事是无可争辩的事实。“宣和三年”这个时间不但和宋江起义相吻合，且与《水浒传》里另一位大人物“梁中书”知大名府的时间也严丝合缝儿。

梁中书，名叫梁子美，“中书”是个官名。此人是山东东平望族梁适的后代。《宋会要辑稿·职官》六九记载：宣和二年（1120）二月九日，大名府知府梁子美“提举西京崇福宫”。《宋史》《东都事略·梁子美传》以及《宋会要辑稿》等书载，这个人在徽宗即位时担任河北都转运使，召为户部尚书兼知开封府。大观元年（1107）拜尚书右丞，迁左丞，加中书侍郎，这是他一生仕宦的巅峰时期。大观二年（1108），因政治倾轧出为郓州（今山东东平）知州，改大名知府。政和三年（1113）再次倒霉，责居单州（今山东单县）。政和六年（1116），再知大名府，四年后致仕。宣和五年（1123）卒，活了七十八岁。梁子美的神道碑如今就在山东东平梁氏家族墓群内，立于宣和七年（1125），碑高7.5米，碑文竖刻43行。民国梁星垣修纂的《江西梁氏家谱》称，梁子美即其家族之始祖，可见这段历史不是施耐庵编造出来的。

为了巴结蔡京，巩固自己的地位，身为大名府知府的梁子美特地献上所谓“生辰纲”，就在情理之中了。《水浒传》作者遣词用语很符合当时的习惯。他给蔡京的礼物为什么叫“生辰纲”，而不叫“生辰礼”呢？第一是因为在宋朝，“纲”就是“纲运”的意思，强调的是成批而不是单件的“运输”之物，譬如书中多次说到的“花石纲”也称为“纲”，就是这个道理。第二是百官在蔡京生日时必须送礼，这在北宋末年已经成了规矩。瞿宗古在《归田诗话》里说：“蔡京生日，天下郡国皆有贡献，号‘生辰纲’。”《宋史·宰辅表》载，宣和二年六月戊寅，魏国公蔡京“以太师、鲁国公致仕”，说明“太师”这个官称，作者也用得非常准确。称高俅为“太尉”，也合于当时制度。《宋史·徽宗纪》：“（政和七年正月）庚子，以殿前都指挥使高俅为太尉。”与《水浒传》所称完全吻合。

在这部小说里，处处都能让读者感受到历史大背景的真实，比如高俅的发迹、徽宗的荒淫、蔡京的书法、汴京城里的彩山、京城名妓李师师等，几乎就是那段历史的仿真写照。北宋四大书法名家本来应该是苏轼、黄庭坚、米芾和蔡京，因为蔡京作恶多端，后人才将他巧妙地换成了蔡襄，都姓蔡嘛。《铁围山丛谈》中说：“绍圣间，天下号能书，无出鲁公（蔡京）之右。”意思是到了哲宗绍圣年间，蔡京被公认为天下书法第一人，并非虚语。

“神行太保”戴宗的出现，也是宋朝特有的一种现象，因为宋朝传递紧急公文的差人很多都是凭着两条腿递相传送（即每个军卒负责一段路程），而不是像唐朝那样一路骑马。这种人当时叫作“急足”或“急脚”，见于沈括的《梦溪笔谈》。该书《官政》卷一说：“驿传旧有三等，曰步递、马递、急脚递。急脚递最遽，日行四百里，唯军兴则用之。”又俗称为“急脚子”（欧阳修、范仲淹等人的文集里都有所提及）。这又说明施耐庵对当时的军事制度乃至风土民情都比较熟悉，说的基本上都是内行话。

再如鲁智深嘴里经常引以为豪的上司“小种相公”和他哥哥“老种相公”，也都于史有证：“小种”指的是西北骁将种师中，“老种”指的是种师道。《宋史·种师道传》说：“时师道春秋高，天下称为‘老种’。”请注意：这个“种”字千万别读成种子的“种”，作为姓氏，要读作昆虫的“虫”

音。这两个人在靖康之变中，都是提兵勤王的大将，可惜朝廷一味懦弱，没有采纳他们的抗金方略，否则宋朝的历史就不至于是那一番惨象儿了。

在历史大背景真实的前提下，作者再杜撰几个西门庆、潘金莲、王婆子之类的小人物，使全书鲜活生动，使读者宛如回到了那个遥远而又真切的年代，既没有欺骗世人，又彰显了作者的好恶，正儿八经地演绎历史，难怪被后人公认为名著，自有它的道理。

《杨家将演义》就不一样了，小说里的几个主要人物虽然也能在史书里找到一些影子，但细细一核对，除了杨业和杨延昭之外，很少能见到与史实相吻合之处。

描写最糟糕的当属潘仁美。历史上真实的他本名潘美，是宋太祖赵匡胤的铁哥们儿，曾参与过陈桥兵变，而且是“核心组”成员之一。赵匡胤从陈桥驿开回汴京城之前，特派潘美打前站，赶到朝廷向后周大臣们宣布周朝结束、新皇帝即位。此后的太祖朝中，他又参加了平定淮南军阀李重进叛乱（担任副帅）、守卫新复领土湖南而阻击来犯之敌（任主帅）、收复两广南汉刘氏（任主帅）、李煜的江南大国南唐（任副帅）、收复刘继元的河东北汉（任副帅，可惜未能收复）等重大战役。太宗即位后，又以统帅的身份一举拿下太原，收复北汉，紧接着挥师北上，攻取燕云十六州，可惜功败垂成。

雍熙四年（987），太宗经过周密的部署，派曹彬为东路元帅，田重进为中路元帅，潘美为西路元帅，向契丹发动了全面进攻。也就是在这次战役中，由于种种原因，潘美没有采纳西路副将杨业的建议，致使大军失利，杨业父子战死在陈家谷口。为了惩戒败军之将，太宗将潘美连降三级，勒令他“居家待罪”。一年之后，才命他担任真定（今河北正定）知府，改任并州（今山西太原）知州。《宋史·太宗纪》记载，淳化二年（991）“六月甲戌，同平章事潘美卒”于太原。

这位为大宋朝立下赫赫战功的开国元勋，在《杨家将演义》里，却成了个千人不齿、万年遗臭的白脸儿大奸臣，这本身就严重歪曲了历史的真实。

其实这本书歪曲甚至颠倒历史，还不仅仅表现在潘仁美一个人身上。在《寇准勘问潘仁美》这一回里，写杨六郎从前线回到汴京告御状，太宗勃然大怒，立马儿派“太尉党进”到雁门关去捉拿潘仁美。党进顺顺利利地把潘仁美押到了太原府，交给太原府尹寇准严加审判。这一段描写真是可笑之极。历史上真实的党进是位目不识丁的武将，太宗太平兴国三年（978），在担任许州（今河南许昌）节帅时误食毒蛇，没几天就死了。太平兴国三年距杨业殉国的雍熙四年（989）还差九年，若按《杨家将演义》的说法儿，党进是死了九年以后又从棺材里爬出来，赶到雁门关去捉拿潘仁美的。

历史上真实的寇准又是怎样一个人呢？此人也算个神童，十九岁就中了进士，当了几任地方小官。回到汴京，又干了几任经济方面的官。此人有点儿愣头青。有一回，他在太宗面前奏事，太宗不爱听了，抬屁股要走，寇准一把拽住太宗的龙袍让他坐下把话听完。太宗感到此人不同寻常，大为赞赏地说道：朕得寇准，如同当年唐太宗得到魏徵！这件事发生在什么时候呢？是淳化元年（990）。而杨业死于公元987年，也就是说，杨业死的时候，太宗根本不认得寇准呢。书里还说寇准是从“左丞相”贬到太原来的（请注意，宋朝前期根本就没有“左丞相”“右丞相”这样的说法）。查查史书，不对呀，寇准第一次入相在真宗景德元年（1004），这一年杨业已经死了十八年；第二次是在真宗天禧三年（1019），这一年杨业已经死了三十三年。其实杨业殉国的时候，寇准刚刚中进士而已。再说寇准一辈子也没做过什么太原府尹（北宋初年的太原叫作并州，还没改为太原府呢）。

小说不是不能虚构，但如此虚构法，一部可歌可泣的中国历史岂不成了橡皮泥，想怎么捏就怎么捏了？

其实早在古代，就已经有人对这本书的荒唐写法深感气愤了。譬如清朝人昭梿在《啸亭杂录》中就说：“委巷琐谈虽不足与辨，然使村夫野父闻之，足使颠倒黑白。如‘关公释曹’‘潘美陷杨业’，此显然者。”人家潘美是元帅级的英雄人物，又是在大敌当前的当口儿担任一路总指挥，从哪个角度也没有必要非把自家的副将杨业害死呀。遗憾的是，昭梿深感气愤的现象在文化畸形繁荣的今天反而愈演愈烈，比《杨家将演义》更邪乎的戏说大量涌现。这种不怕被后人笑话的勇气实在令人惊愕——《杨家将演义》好赖还有一条颂扬忠勇、贬斥邪佞的红线，今天一些所谓博人眼球的“作品”，恐怕只剩下捞银子一个目的了。

历史的真实究竟如何呢？且看《宋史・杨业传》的那段记载：雍熙三年（986），大兵北征，忠武军节度使潘美为云应路行营都部署，杨业为副都部署，蔚州刺史王侁为监军使，顺州团练使刘文裕为护军。当时契丹国母萧太后亲率大军十余万，夺回被宋朝收复的寰州。杨业对潘美等人说：“今辽兵益盛，不可与战。”并拿出了自己的一套行动方案。监军使王侁反唇相讥道：“君侯素号‘无敌’，今见敌逗挠不战，得非有他志乎？”意思是说你杨业素来被人称为“杨无敌”，如今大敌当前，你反倒乱扯因由儿不想作战，是不是怀有不可告人的目的呀？杨业有口难辩，仰天长叹道：“业非避死，盖时有未利，徒令杀伤士卒而功不立。今君责业以不死，当为诸公先！”临行前，指着陈家谷口说道：“诸君于此张步兵强弩，为左右翼以援，俟业转战至此，即以步兵夹击救之，不然，无遗类矣！”潘美采纳了杨业的建议，“即与王侁领麾下兵阵于谷口。自寅至巳，侁以为契丹败走，欲争其功，即领兵离谷口。美不能制，乃缘交河西南行二十里。俄闻业败，即麾兵却走。业力战，自午至暮，果至谷口。望见无人，即拊膺大恸，再率帐下士力战，身被数十创，士卒殆尽，业犹手刃数十百人。马重伤不能进，遂为契丹所擒。业因太息曰：‘上遇我厚，期讨贼捍边以报，而反为奸臣所迫，致王师败绩，何面目求活耶？’乃不食，三日死”。

作为史书，《宋史》的记载不可谓不详细了。从中可以看出，杨业的失利乃至殉国，完全是监军使王侁在起主要作用。难怪杨业死后，太宗的处理意见是“大将军潘美降三官，监军王侁除名、隶金州（今陕西安康）”——潘美负领导责任，降官三等；王侁直接导致战事失利并害死了杨业，所以除名为民，发金州编管。可以证明，杨业所谓的“奸臣”指的是王侁而并不是潘美。

也许有人会问：你潘美不是总指挥吗？凭什么要听从监军使王侁的一面之词？难道总指挥还怕监军不成？还真说对了，自从唐末五代以来，朝廷为了更有效地控制军队，一定要在统帅头上安把刀——派亲信“监其军”，防止统帅胡来或者哗变。这是啥意思？很容易理解。五代末北宋初，偏国后蜀、南汉、南唐的失利甚至亡国，让赵匡胤屡屡得手，都和他们的监军使与统帅搞摩擦有直接关系，看看《资治通鉴》就全明白了。赵匡胤建立宋朝后，这方面不但没有放松，反而越来越严。建国初年收复湖北和湖南时，年轻气盛的监军使李处耘硬是把总司令大将慕容延钊气得吐血而死，你说厉害不厉害？

由于《杨家将演义》以极端的笔法描写忠奸，具有很强的煽动性，所以后人不管三七二十一，在这个基础上不断添枝加叶，离历史的真实越来越远，什么“四郎探母”啦，“三关排宴”啦，都出来了。更可笑的是杨门女将，个顶个儿都是女强人，不但宋朝的男人都成了“废物点心”，连辽国大将也怕得要死。十二寡妇得去征西，连烧火丫头杨排风都能以一胜百，大宋朝的爷们儿都死光了？就敢这么掌握“女士优先”原则？这样的王朝还怎么维持呀？

“戏说”真是害死人。长期以来，调唆得代州杨家和大名潘家的后裔仇怨日深，势同水火，应是《杨家将演义》及后来演绎者之过也。历史上的杨家和潘家本来都是赵宋王朝的大功臣，其子子孙孙本应有资格因宋朝那段历史而引以为豪，却被一本胡说八道、虚假编造的小说搞得反目成仇，实在是天大的悲哀。